趙惠玲，易玄大師　著

風水診療室

水逆？破財？爛桃花？單身魔咒？碰到凶宅？

★最容易犯的辦公室風水禁忌！你中槍了嗎？
★祕技：風水脫魯之術，破解單身魔咒的時刻到了！
★超完整租屋禁忌懶人包，出外族看過來！

目錄

第一章　聽風辨水——風水基本常識與流派

第二章　風水詞典——你不可不知的風水名詞

第三章　最神奇的學科——有關風水的軼聞典故

第四章　好宅好運——買房裝修必知的家居風水

第九章　風水開運——助你有個好運勢的風水絕學

第十章　相由心生——了解一點風水相術

前言

中華民族是一個古老的民族，在歷史上它創造出過足以和世界上任何一種文明比肩的中華文明。在這其中，有很多令人為之折服的奧祕，而風水學無疑是其中頂級的奧祕之一。

現在，我們很多人提倡研究和學習國學，包括風水學，但這裡有一個前提：我們的研究和學習並非囫圇吞棗般的全盤接收，而是有所揚棄，去蕪存菁，有選擇的吸收。

風水學是一門很複雜甚至很複雜的學問、學說或文化，其中包含了一些迷信的或不合理的成分，既有「道」，即形而上的高妙的哲理；也有「術」，即一些形而下的林林總總、分門別類的具體方法。通常所說的風水學中的「迷信」，多半就是對其中一些術數不分青紅皂白的相信到入迷或迷惑的狀態。但風水學的核心 —— 「天人合一」觀念是一種非常高明、高妙乃至偉大的哲學，即人類的生存必須和天地自然、宇宙萬物取得和諧和平衡，這樣才能生存得安寧、生活得快樂。這種盡量減少和大自然的對抗、與自然規律的衝突的行為或思想，與當今整個世界「綠色生存」的思想和潮流是一致的、領先的。

在地球生態惡化、人類生存受到環境的種種制約乃至重壓之下，如果我們能夠將先人的寶貴風水智慧用於今天我們的城市規劃、社區規劃、家居設計乃至日常等各個方面，以此減輕生存危機，讓更多人的生活環境和生活品質能夠得到改善和提高，那麼，我們先人的風水生存智慧在我們這一代人手上得到傳承，是功德無量的事情， 也是利國利民的大好事情。

本書幾乎涵蓋了風水學所涉及的各個方面的內容，並摒棄了玄之又玄的理論與敘述，即使你是一個完全不懂風水的小透明，也能輕易上手風水知識，改變周圍環境中不利的風水因素，進而改善自己的運勢！

第一章

聽風辨水
——風水基本常識與流派

古代人如何定義風水

「風水」一詞的來源，一般公認為語出晉人郭璞著的《葬書》。書中說:「葬者乘生氣也。氣乘風則散，界水則止。古人聚之使不散，行之使有止，故謂之風水。」這部著作還簡明的詮釋了風水的選擇標準:「來積上聚，沖陽和陰，土厚水深，鬱草茂林。」

由金代兀欽仄所注的《青烏先生葬經》中，也有「風水」之說:「內氣萌生，外氣成形，內外相乘，風水自成。」又稱:「內氣萌生，言穴暖而生萬物也；外氣成形，言山川融結而成像也。生氣萌於內，形象成於外，實相乘也。」

明代喬項在《風水辨》中是這樣解釋「風水」的:「所謂風者，取其山勢之藏納，土色之堅厚，不沖冒四面之風與無所謂地風者也。所謂水者，取其地勢之高燥，無使水近夫親膚而已;若水勢曲屈而環向之，又其第二義也。」

明代徐善繼在《地理人子須知》一書中合前人論述說:「地理家以風水二字喝其名者，即郭氏所謂葬者乘生氣也。而生氣何以察之？曰，氣之來，有水以導之；氣之止，有水以界之；氣之聚，無風以散之。故曰要得水，要藏風。又曰氣乃水之母，有氣斯有水；又曰噫氣唯能散生氣；《葬書》的部分注解又曰外氣横行，內氣止生；又曰得水為上，藏風次之，皆言風與水所以察生氣之來與止聚雲爾。總而言之，無風則氣聚，得水則氣融，此所以有風水之名。循名思義，風水之法無餘蘊矣。」

綜合以上「風水」的典出及釋義，可將風水概括為以下內容：考察山水地理環境，包括地質、水文、生態、小氣候及環境景觀等，然後擇其吉而營築城郭室舍及陵墓等，使其達到天地人合而為一的至善境界，實為古代的一門實用技術。

漢晉時期，在有關「陰陽」、「地理」的勘察選址、規劃營建等論述基礎上逐漸形成了初具框架的風水理論體系。第一次將「風水」與「氣」聯繫在一起，「氣」是古代的偉大發現，被視為天地萬物的最基本構成單位，「其細無內，其外無人，充盈天地」，「雜乎芒芴之間，變而有氣，氣變而有形，形變而有生，今又變而之死，是相與為春秋冬夏四時行也」；《老子》一書認為「氣」的「理」即是「道」，「有物混成，先天地生，寂兮廖兮，獨立而不改，周行而不殆，可以為天下母，吾不知其名，字之日道，強為名之日大。」

用現代的觀點來看，「氣」是一種力、一種場、一種波，氣的存在是不斷流動著的。氣的本質應該是超微子。氣生在「天地之始」，為「萬物之母」。一九八七年美國羅絲巴哈小姐著《風水的方位藝術》一書，書中這樣說道：「氣是風水中最重要的因素，」「認識氣，便懂得風水的全部。」

風水學的核心內容是什麼

風水學的核心內容是天地人合一。風水中的擇地、防衛、布局等等與天道自然、人類命運有著密切的關係。所謂「人法地，地法天，天法道，道法自然」，講的其實就是「天地人合一」的原則，風水學排斥人類行為對自然的破壞，注重人類對自然環境的感應，也正是因為風水在協調人與環境的關係上提供了途徑，才成為其長久存在於中華文化中的原因。

風水學中的「氣」指的是什麼

明代蔣平階在《水龍經》論「氣機妙運」時說：「太始唯一氣，莫先於水。水中積濁，遂成山川。經云：氣者，人受體於父母，本骸得氣，遺體受蔭，蓋生者，氣之聚凝，結者成骨，死面獨留，故葬者，反氣內骨，以蔭所生之道也。經日：氣乘風則散，界水則止，古人聚之使不散，行之使有止。」

由此可見，風水所論之氣，有樸素的唯物論色彩。氣是構成世界本原的元素，它變化無窮，變成山，變成水，在天空周流，在地下運行，滋生萬物。風水把氣分為生氣、死氣、陰氣、陽氣、地氣、乘氣、聚氣、納氣、氣脈、氣母等，認為不論是生者還是死者，只要得氣，才能有吉兆。因此，風水的宗旨就是理氣，即尋找生氣。

風水有科學根據嗎？

風水學的存在已有千年的歷史，如今同樣是風行不衰，儘管不少人視之為迷信，但現代學者根據科學加以分析，發現風水學不少地方與地理環境有直接的關係。

人是生物之一，受宇宙支配，離不開宇宙定律，故人所居住地方的好壞與人自身的生息相關，這絕對是有道理的。

科學研究認為，在地球上的所有事物都要受萬有引力的影響，而人體血液中鐵質含量很高，所以人的本性、欲念、行動均受宇宙定律所影響，因而造成人性或奮發，或怠惰，喜怒哀樂情緒變動，直接與人的生活有關聯，這就表明居住環境與磁性感應是直接有聯繫的。

磁性的中和或平衡，甚而強與弱，就造成凶吉禍福的不同。

每個人的一生運勢，都會有起伏無定的表現，升起時我們稱之為吉福，低落時我們稱之為凶禍，陽宅位置處於好方位，事業的興旺和人口的平安，必然沒有什麼問題，在運勢升起時，禍害也大大減少，但並不能說可以根除。反過來，住錯方位，對事業、健康自然是有負面影響的，這時如果能予以適當調節，平衡陰陽，五行均勻，則能產生保護作用，使受創程度減到最少，即所謂的趨吉避凶。

再從人的本質生理與心理因素來看，生理上，機能官能皆有潛伏性，不知道什麼地方在什麼時候會出毛病，與機械一樣，故強弱不同，感應程度不同，吉凶禍福就有異了。

當看風水時，往往在某些地方得來全不費工夫，不由自己不相信。很多古舊的風水設計都有一定的道理，只要深入了解，慢慢自然悟出其方法是經過縝密部署的。如此知其然，更要知其所以然。

當然，我們雖然要科學的繼承風水學，但不能不跟上時代發展的步伐，要相信現代科學的成就，把古舊的傳統盡力消化，再配合現代科學理論，融匯古今靈活運用。

風水的別稱有哪些

☑ 形法

作為風水的別稱，形法是相地相形之意，不過，它的外延更寬廣，還包括相人、相畜。

☑ 堪輿

堪輿一詞較早出現在《淮南子》書中，書中這樣寫道：「堪輿徐行。雄以音知雌。」許君注：「堪，天道；輿，地道。蓋堪為高處，輿為下處。天高地下之義也。」堪字本義為地面高起。《說文解字》：「堪，地突也。謂土之墳起者。」輿就是車。漢唐時代，堪輿興盛，漢代《堪輿金匱》是較早論述堪輿的專著。唐代呂才著《堪輿經》，此書雖然名為堪輿，可是流傳最廣的卻是其中五音配姓氏之說。

☑ 青囊

古代術士存放書籍的布袋，通常是青色，故稱青囊。因而此詞借指術數書籍，如《青囊經》、《青囊序》、《青囊奧語》等。唐代文學家劉禹錫在其詩作《閑坐憶樂天以詩問酒熟未》中寫道：「案頭開縹帙，肘後檢青囊。唯有達生理，應無治老方。」劉禹錫詩中的青囊指醫書。比如：華佗就有《青囊書》。因為「山、醫、命、相、卜」總稱五術。所以青囊並非專指風水。

☑ 青烏

又稱青烏子。青烏子是傳說中的古代堪輿家。晉代葛洪在《抱朴子．極言》中寫道：「（黃帝）相地理，則書青烏之說。」後來逐漸將青烏作為堪輿家的美稱。唐代王維在其著作《能禪師碑》中寫道：「擇吉祥之地，不待青烏；變功德之林，皆成白鶴。」清代黃宗羲《陳令升先生傳》：「先生於書畫古奇器，賞鑒無不精絕，而青烏、素問、龜卜、雜術，皆能言其理。」青烏又稱做青鳥，大概是「烏」字之訛。

☑ 地理

地理從字面上解釋就是土地、山川的環境形勢。唐代孔穎達：「地有山川原隰，各有條理，故稱理也。」《漢書．郊祀志下》：「三光，天文也；山川，地理也。」北魏酈道元的《水經注．濟水》：「人物鹹淪，地理昭著。」地理一詞最早出現在《易經．繫辭下》：「古者包犧氏之王天下也，仰則觀象於天，俯則觀法於地，觀鳥獸之文，與地之宜……」。風水術以伏羲為始祖大概源於此。古人關於地理的理解與現在有些不同，但用其指代風水環境，現在也是可以的。

風水術是如何產生的

秦漢時期，陰陽五行說興盛。陰陽家以五行、八卦、四方、四時、五音、十二月、十二律、二十八宿、天干、地支以及數字、色彩相互配合構成宇宙的總體構架。而陰陽繞行其中使該總體構架周而復始，變化無窮而生萬物。從此這個宇宙構架便成為中華思想無法迴避的背景，亦奠定了風水理論的哲學基石。

早在春秋戰國之際，陰陽學說就開始逐漸滲透進儒家思想，使之染上一層神祕色彩，至兩漢讖緯學說的流行更催化了風水學的神學化。它不僅與陰陽五行說合流，而且吸收了當時廣泛流行的方術，使漢代儒學變成一種專講天人感應的經學。儒家的這一變化加上東漢道教的興起，促進了民間方術活動，如「氣運圖讖」、「占候」、「占雹」、「占筮」、「占星」、「望氣」、「風角」、「看相」等等，這些皆為風水術的興盛提供了普遍而適宜的文化土壤與氛圍。

同時，春秋戰國之際發現了磁石指南的奇異功能，到漢代即依此原理發明了指示方向的工具——司南。於是人們對方位的感受與判斷更加具體而清晰，對方向的分位也由東南西北四方演為八干四維十二支，合稱為二十四山，這正是後世風水羅盤分度的基本單位（航海羅盤亦同樣以此為基本分度單位）。

談到西漢的風水術，有必要先介紹一下漢代的相地知識。空前發達的地學，正是風水術產生和繁盛的基礎。

先秦學者在《禹貢》中把山勢大致劃定之後，漢代學者又在此基礎之上創立了有名的「三條四列說」，它們分別是：

北條：岍——岐（陝境渭河北岸）——荊山——壺口——雷道（陝晉間）——太嶽——砥柱——析城——王屋（晉南）——太行——恆山——碣石（河北）。

中條：西傾——朱圉——鳥鼠——太華（隴陝）——熊耳——外方——桐柏——陪尾（魯南）。

分支：嶓塚（陝南）——荊山——外方——大別（鄂皖境）。

南條：岷山——衡山——敷淺源（廬山）。

第一列：岍——碣石（即北條）。

第二列：西傾——陪尾（即中條主幹）。

第三列：蟠塚 —— 大別（即中條分支）。

第四列：岷山 —— 敷淺源（即南條）。

這些山脈正是後世風水師所說的龍脈。

漢代對地理概念有了更加準確的認識。《爾雅》中有《釋地》、《釋丘》、《釋山》、《釋水》，都是解釋地理現象的，如「下濕日隰，大野日平，廣平日野，高平日陸，大陸日阜，大阜日陵，大陵日阿」。

一九七三年在長沙馬王堆出土了西漢的《地形圖》、《駐軍圖》、《城邑圖》，圖中已能清楚表示出山脈、山簇、山峰、山谷、河流，並且比較精確。

漢代雖然有了豐富的相地知識，但畢竟還是缺乏科學性。人們對地理現象缺乏正確的認識，這種狀況就催化了風水學的誕生。

看風水的要訣有哪些

☑ 觀察形勢

風水把綿延的山脈稱為龍脈。龍脈源於西北的崑崙山，向東南延伸出三條龍脈，北從陰山、賀蘭山入山西，起太行，渡海而止;中龍由岷山入關東，至泰山入海；南龍由雲貴、湖南至福建，浙江入海。看風水首先要搞清楚來龍去脈，順著龍脈的走向去探查風水。

☑ 因地制宜

從古至今都是主張因地制宜，即根據環境的客觀性，採取適宜於自然的生活方式。漢人向來有著務實的傳統，因地制宜正是務實傳統的體現，根據實際情況，採取切實有效的方法，使人與建築適宜於自然，回歸自然，返璞歸真，天人合一，這正是風水學的真諦所在。

☑ **勘測地質**

建築基址的地質及其環境的地質，對人的生存品質有著十分重要的影響。

☑ **依山傍水**

依山傍水是風水學最基本的原則之一。山體是大地的骨架，也是人生活資源的天然庫府；水域是萬物生機之源泉，沒有水，人就不能生存。

☑ **水源分析**

植物需要澆水，人類需要飲用水，而水質決定生命的狀況。風水思想主張考察水的來龍去脈，辨析水質，掌握水的流量，優化水的環境，這條原則值得深入研究和推廣。

☑ **坐北朝南**

中國處於地球北半球，歐亞大陸東部，大部分陸地位於北回歸線以北。一年四季的陽光都由南方射入，朝南的房屋便於採取陽光。所以說，坐北朝南原則是對自然現象的正確認識，可以順應天道，得山川之氣，受日月之光華，頤養身體，陶冶情操。

☑ **順乘生氣**

風水師們認為，氣是萬物的本源，太極即氣，一氣積而生兩儀；一生三而五行具，土得之於氣，水得之於氣，人得之於氣，氣感而應，萬物莫不得於氣。

☑ **適中居中**

適中居中，就是恰到好處，不偏不倚，不大不小，不高不低，盡可能優化，接近至善至美。

☑ 普遍綠化

風水思想主張周圍普遍綠化，古代舊制規定：天子墳高三仞，樹以松；諸侯半之，樹以柏；大夫八尺，樹以欒；士四尺，樹以槐；庶人無墳，樹以楊柳。

☑ 改造風水

人們認識世界的目的在於以世界為自己服務。「革之時義大矣」，「革」就是改造，人們只有恰當的改造環境，才能創造優化的生存條件。

當今四大風水門派指的是哪四個

當今風水門派主要有八宅、玄空、楊公風水和過路陰陽這四大派系。當然還有其他派別，但都是創立時間不長，或是以上四派的分支。

☑ 八宅派

由唐代著名僧人一行所創，他精通曆法和天文，著有《大衍曆》。其理論核心是以八卦套九星配八宅為基礎，結合九宮飛星的流年運轉，把人分為東四和西四兩命，納入整個風水體系當中，真正實現了天（九星）地（八卦）人（九宮）三者合一的完美境界，是河圖洛書最直接的體現。理論深合易理，源於河洛，其內容博大精深、奧妙無窮。經過了一千三百多年的日益完善，至今發展成為風水界的一個重要派別。

☑ 玄空派

此派也是當今風水界的一大門派，以「沈氏玄空學」為最，屬理氣派，其內以洛書九星（一白水星、二黑土星、三碧木星、四綠木星、五黃土星、六白金星、七赤金星、八白土星、九紫火星）為根本，外取自然環境的山水實物為依據，結合三元運氣學說，透過排龍立穴、飛星布盤和收山出煞等獨特的術數運算，往往應事如神，讓人歎為觀止。其理論精髓深刻反應了天道運行、地勢相對的自然法則。

☑ 楊公派

楊公派也是起源於唐朝，是時任光祿大夫的楊筠松所創，當時他掌管靈台地理，在堪輿奇書《禁中玉函》的基礎上結合個人實踐，創立楊派風水。其理論基礎分五大類，即「龍、砂、水、向、穴」，也就是「尋龍、覓水、觀砂、立向、定穴」。由於其實效性立竿見影，在其後相當長的一段時間，風行大江南北，直到今天。

☑ 過路陰陽

此派風水師又有「南方先生」、「識寶奎子」的美譽，稱呼雖異，實質相同，都指此派風水師只要在房子或祖墳周圍走一下，就能一語道破這一家的六親興衰，吉凶禍福，更能定準這家人的一生。

其理論源於先天河圖、後天洛書，強調先天為體，後天為用，先後天通氣、先後天八卦配合來推算陰陽宅的吉凶禍福，真正達到了陰陽不外河洛之理，配合不離八卦之法。過路陰陽派以簡單實用的風水術著稱於世，它斷事的準確度非常之高，只要掌握了這種風水術，在為人斷陰陽宅時，不用羅盤，就可斷出該陰陽宅的吉凶禍福，一目了然。

「形法派」宗師楊筠松是怎樣解讀風水的

楊筠松，風水學「形法派」創始人。據《江西通志》記載：「筠松，竇州人。僖宗朝國師，官至金紫光祿大夫。掌靈台地理事。」「黃巢亡亂」後，「楊筠松竊祕府之書，避地江南，傳其術者如萬伯韶、范越風輩是也。」反映楊筠松為風水傳播做出了貢獻。

《地理正宗》中記載：「楊筠松，字叔茂，竇州（今廣東信宜）人。寓江西，號救貧。先生作《疑龍經》、《撼龍經》、《立錐賦》、《黑囊經》、《三十六龍》等書。」又據《宋史・藝文志》載：「楊救貧《正龍子經》一卷。」說明楊筠松生前為風水傾注了全部心血，為後人留下眾多風水著作。

楊筠松的風水思想以強調「山龍落脈形勢」為主，開創了後世風水中的「形法派」，因傳播地始於江西，故又稱「江西派」。

這裡要說明的是：楊筠松是首倡形勢之說的宗師，但這一派並不完全排斥方位之說，以相地術中的「五行」而論，兩派都講「五行」，但對「五行」有不同解釋，甚至分出「大五行」和「正五行」。對此，宋儲泳在《祛疑說》中有論述：「何為先於卜地，遍叩日者，就參地理之學，雖各守其師說，深淺固未易知。但二十四位之五行，亦有兩說，莫之適從。自古所用之大五行，雖郭璞《元經》亦守其說，謂之山家五行。然先祖皆謂莫曉其立法之因，既無可考之理，古今豈肯通用而不疑者哉？近世蔣文舉只用正五行以配二十四位，壬癸亥子為水，丙丁巳午為火，一如三命六壬之說，自謂得楊筠松之學。」

「理氣派」宗師賴文俊是怎樣解讀風水的

賴文俊為宋代相地大師，浙江處州（麗水）人，曾在福建建陽做過官。「好相地之術」，後棄官遊歷各地，自號布衣子，世稱賴布衣。撰有《催官篇》二卷，後被收入《四庫全書》等大典之中。據《四庫全書總目提要》介紹：賴布衣「曾著有《紹興大地八鈐》及《三十六鈐》，但今均未見。此書分龍穴砂水四篇，各為之歌。龍以二十四山分陰陽，以震庚亥為三吉，巽、辛、艮、丙、兌、丁為六秀，而著其變換。受穴吉凶之應。穴仍以龍為主，而受氣有挨左挨右之異。砂水二篇亦以方位為斷……」

清趙翼在《陔餘叢考》中說：「一日屋宇之法，始於閩中，至宋王汲乃大行，其為說於星卦，陽山陽向，陰山陰向，純取五星八卦，以定生剋之理。」由此可見，賴文俊的方位八卦和陰陽氣說的原理，使他與王汲成為福建「理氣派」的典型代表。

風水形法派常用術語有哪些

☑ 陰陽

陽往往指隆起的地形，動態明顯的水流，日照充足的地方，乾燥的環境，堅硬的地質；陰往往指下陷的地形，靜態的水流，日照不足的地方，潮濕的環境，鬆軟的地質。

☑ 山水

風水形法派中的山除了代表山嶺，在城市風水中同時代表建築物，在概念上有時還代表後方靠山；水除了代表江河湖海，在建築風水中同時代表道路，在概念上有時也代表前方明堂。本書出現的山水概念，都可以理解為建築物和道路。

☑ 形法派中的五行

風水最重視物質的形態，山和水，建築和物品都被賦予五行特性。在山形中，高直為木性，尖刻為火性，低平為土性，圓滿為金性，波形為水性；這五種形態歸納同時適用於河流的前進路線，也適用於現代城市建築，比如大片連體住宅樓往往呈現出土性，高層獨棟辦公大樓經常呈現出木性。

☑ 五行中的正體和變體

當山和水形成簡單完整對稱的五行形態時就被稱為正體，正體山水可以發出強烈的左右吉凶的力量，例如埃及金字塔是典型的正體；當山水形態複雜到不能用單一五行歸類和表達，風水中稱為變體，變體最終會被多種五行綜合表達出來，可是其吉凶的力量則不一定強烈，有時會發揮得很好，有時則一無是處。在城市建築中變體最多，比如有著方形裙樓的三十層圓形辦公大樓，就可能會呈現出木土混合的變體性格。

☑ 龍脈

龍脈是風水中對巨大的主要山脈的稱呼，但按形態和地理分了很多類型，也各有不同的吉凶力量。

☑ 干龍和支龍

龍脈大多從高向低走，從內陸向海邊運行，最高的發源處稱為太祖山，也叫做尊星。比如自古便認為高聳入雲的崑崙山是三大干龍的太祖山。和巨大的太祖山相連，同樣擁有跨州過省大規模的山脈稱為干龍，從干龍分支出來較小型的山脈稱為支龍。干龍的盡頭往往會發源出大城市，支龍的盡頭往往會造就中小城市。

☑ 龍脈三大類型

高山龍：典型的山地，比如地形多為高山地區。

高崗龍:丘陵地帶，介於山地和平原之間高度在一百公尺以下的矮山脈，常見於內陸地區。

平洋龍：平原地帶，多見於沿海地區，在尋龍的時候有特別的方法，往往按水流來尋找龍脈的蹤跡。

☑ 龍脈的常見形態

行龍：山脈不規則的各自延伸，一般來說是支脈向後延伸，好像龍正在向前運動，這種地理還沒有達到結穴的條件；

止龍：支脈延伸時出現互相影響，最明顯的特徵是支脈向前延伸，像龍爪向前按地，剎停前進的去勢，這種地理往往會發現有龍穴結在其中；

肥龍：山脈寬厚呈半圓形，泥土很厚樹木不多，是會使人富貴，利於從商的吉龍；

福龍：山脈不算寬厚，但是泥土很厚，樹木不多卻排列均勻有序，沒有尖利頑石暴露，是會使人成熟，利於做管理工作的吉龍；

生龍：山脈形態奔騰起伏，曲折動感充滿活力，是有利於健康，使人在能發揮個人能力的行業裡成功，也對政府部門的工作很有幫助的吉龍；

瘦龍：山脈上有樹木，可是山形高而狹長，山頂特別瘦窄，會產生誘導向貧窮的不良效果的凶龍；

病龍：無論山脈形態如何，在山上有植被的情況下，不時會見到樹木凋零，容易流失的泥土和鬆散外露的石塊，這種像得了皮膚病一樣的龍脈不利婚姻財運，也會使人長期得病；

惡龍：植物稀少，樹木枯萎，大塊山石嶙峋外露，甚至像刀劍一樣鋒利相交，會誘發分家反叛的惡果，也會使當地人容易產生難以治癒的重病。

以上的龍脈形態並不是全部，但是我們仍然可以看出風水的重點在於保護良好的自然環境，生機勃勃有樹有水的山脈，才利於人類居住生活。

☑ 真龍脈

在眾多龍脈裡，除了有吉凶的區別，還有真假的區別。真龍脈在群山之中必然形態奇特，常見的是昂然高立，特別雄峻有如鶴立雞群；也有另一種是眾山皆高聳，獨它低矮靈秀從下方隱隱而過。但無論是哪一種，都有共同的特點，就是兩旁一定有對稱的山脈護衛著前進，還有主要河溪山泉一路伴行，而且前行的方向曲折靈動，有如活物，這樣的山脈才稱為真龍脈。從真龍脈發揮出來的龍氣最為吉祥有力，發福最快也最綿長。比如北京市北面的天壽山，廣州市北面的白雲山，就是兩種典型的真龍脈。

☑ 開帳

真龍脈在向前運行時氣勢流轉，磅礴向前，可是當前進到山脈橫向展開，山脈前又出現大片空曠的空間（明堂）時，這個地方就具有了結龍穴的可能性，這種地勢的突然變化稱為開帳。

☑ 束咽

真龍脈在開帳之前，山體有一個收窄縮矮的位置，隨後產生一座形態端莊的主山，這座主山又可以稱為開帳的中心、龍穴的靠山，那個收窄縮矮的位置就稱為束咽，其原理就像一條彈力水管被手捏緊一下再放開，水的衝力會突然加強。束咽的出現是開帳結穴的重要信號。

☑ 龍穴

最聚集風水之氣的地點多出現在龍脈運行停止的地方。風水師最重要的工作是選址和修造，選址就是「尋龍點穴」的過程，要從群山中分辨出真龍脈，最終找出由真龍脈結出來的真龍穴地點。就算在現代城市建築裡，同樣可以找出每條街，每棟大廈的龍穴，也就是最利於生活和經營的地方。

☑ 穴場

龍穴只是一個地點，穴場卻是圍繞在龍穴四周，構成龍穴格局的各種元素組成的完美模式，這個模式構成包括四神、龍虎、明堂、朝案、四獸。

☑ 四神

中華文化自古就以四神來代表天象和方向，分別是東青龍、西白虎、南朱雀、北玄武（玄武的形態是背上纏著蛇的龜）。在風水中的四神成為了力量的象徵，而且方向意義更為靈活，以龍穴為中心四神分布為：左青龍、右白虎、前朱雀、後玄武。如果在四方得到吉山吉水和龍穴相呼應，理氣卦象上也得到五行與四神的相生，就會成為風水中的最優秀格局之一。比如北京故宮的設計就是暗合了四神相應的布局。

☑ 龍虎

從龍穴左右包圍向中線，有如沙發上兩道扶手的延伸山嶺稱為龍虎砂手，一般青龍白虎也多指左右砂手，同樣是左為青龍右為白虎。上等格局的穴場會有多重龍虎砂手，古籍中形容為「犬牙交錯」，護穴的龍虎山嶺以圓滿包圍，對稱均勻，不高於龍穴也不低得無力保護龍穴為最好。青龍方代表男性、權力、學歷、精神等概念，白虎方代表女性、財富、物質等概念，有經驗的風水師可以直接從龍虎的形態吉凶看出對人有哪方面的影響。

☑ 明堂

站在龍穴上向前看去，視力可見的範圍稱為明堂。明堂最宜開寬明亮，生機盎然，水土肥沃；在城市風水中必須寧靜整潔，建築物和擺設和諧協調。隨著明堂內的地理變化，從距離上分成內明堂、中明堂和大明堂。內明堂指龍穴前面龍虎合抱的範圍；中明堂指龍虎外的遠景；外明堂指從龍穴看出去極目的遠山。一般來說內明堂可推算二十年內的吉凶，中明堂可推算二十到四十年範圍的事件，外明堂可推測六十年後發生的事情。在古代還有一種測量時間的方法，就是由風水師從龍穴走出去，每四步半為一年，比如在青龍方（左方）九步的位置出現尖利惡形的大石，那麼兩年後這一家人的年輕男性就有重病、訴訟、破財的可能。

☑ 朝案

朝案指龍穴正前方的山，分別稱為案山和朝山。

☑ 案山

案山是在龍虎包圍內，位於龍穴正前方的山丘或山峰，案山如果遠在中明堂或以外，會添加龍穴的福力，可是直接的作用並不大，只有位於龍虎內的案山才發力最強最快。但是有案山並不代表必然是好事，案山會加速龍穴的發力，可是凶形案山只會讓災禍來得更快。風水師最希望見到的案山是由龍虎延伸至龍穴前方，形態清秀低平，不會隱而不見，又不會掩擋遠方視線，這種案山稱為「觸手案」，從左方延伸而來稱為「青龍卷案」，從右方延伸而來稱為「白虎卷案」。

☑ 朝山

龍穴的方向並不會隨意定立，往往會選擇一座形狀吉祥有力的山峰來指向，這座山峰稱為朝山。朝山代表著未來的長遠發展情況，朝山的好壞對龍穴具有長期隱性的影響。一般風水師在選擇朝山時會考慮用者的需要：高大凸起形態完整的朝山利於人脈發展，在城市風水中如果可以朝向形狀吉祥的遠方大廈，這棟大廈的五行又可以和用地本身五行相生，那麼對家庭成員或是客戶的增加、工作上的晉升都會有幫助；山頂有 U 形凹陷的山窩稱為坳峰，如果朝向坳峰的話則有利於財運，特別適合從商或金融業的人使用。

☑ 四獸

除了四神相應的主要山巒之外，分布在穴場的其他山體稱為四獸，也統稱為「砂」，隨位置形態變化分別稱為：官、鬼、禽、曜。

☑ 官星

在龍虎合抱的內明堂範圍內，又在龍穴合水以外的山體或小丘稱為官星，主宰著人際關係，古時認為和官運有關。

☑ 鬼星

在龍穴後面，又沒有退到靠山之後的山體或小丘稱為鬼星，主宰著健康和生活和諧。

☑ 禽星

在龍虎環抱之外，位於中明堂和外明堂的山體或小丘，以及在水中的小丘巨石都稱禽星，禽星主宰著財富和健康。古代風水師認為穴場裡有官星會先貴後富，有禽星會先富後貴。

☑ 曜星

在朝山之外突然跳出的山頭稱為曜星，曜星雖然遠在穴場以外，可是突入穴場視線的活力像太陽星辰從遠方照亮龍穴，代表著長期的繁榮興旺。

風水理氣派常用術語有哪些

☑ 羅經

羅經也稱為羅庚或羅盤，是風水師專用的指南針。羅經的中心是一個精細的指南針，針盤外面刻有幾十層風水師常用的數據，羅經方形的外盤套著可以轉動的圓形內盤，加上外盤上的經緯線，風水師可以輕鬆讀出穴場中每個元素的方向刻度，並利用這些刻度計算吉凶。

☑ 立極

風水師選擇好地點後，就會開始用羅經在穴場測量提取各種數據，無論測量什麼都要有一個原點，也就是說應該在哪裡下羅經，這個下羅經的位置就稱為立極。隨著理氣門派和功能目的不同，立極點會有些出入，比如在室內立極一般會在室內面積的中心點，要測量建築物和外界的關係時，立極點會定在大門，或是主要的陽台窗戶。

☑ 陰陽二十四山

在羅經上最重要的數據就是陰陽二十四山，這是由二十四個天干地支和卦象，把平面三百六十度劃分為二十四等分角度。

☑ 子午線

在陰陽二十四山裡，最著名的中軸線就是子午線。因為陰陽二十四山鑲入了十二地支，這十二支中的子位位於正北方，午位位於正南方，子午線所指的就是南北正中軸線。

☑ 十二地支

十二地支在中華文化中被賦予無窮的意義，我們最熟悉的是十二地支與十二生肖的對應。在風水中，十二地支成為了方向的名稱，風水師會直接用地支讀出方向，比如測量一座住宅時會說這個住宅是「子山午向」，其意思是座正北，向正南。

☑ 太歲

在風水中太歲指當年生肖所在的地支方位，詳細的每年太歲方位是：子鼠年在正北方，丑牛年在東北偏北，寅虎年在東北偏東，卯兔年在正東方，辰龍年在東南偏東，巳蛇年在東南偏南，午馬年在正南方，未羊年在西南偏南，申猴年在西南偏西，酉雞年在正西方，戌狗年在西北偏西，亥豬年在西北偏北。

☑ 犯太歲

當年的太歲方出現過多的變化和震動都會觸動太歲，發作出不利的風水力量，犯太歲會使人在財運、晉升、家庭、健康等各方面都受到不良影響。一般引起犯太歲的情況有：在太歲位動土，拆牆，裝修，放置了大功率的音響，經常運動的器材，甚至有時在牆上釘釘子都會有問題。犯太歲也會由外因引起，比如：太歲方在建房修路，太歲方有形態凶惡的山或汙水，甚至有高壓電箱和強光射燈出現在太歲方，都會出現犯太歲的問題。總而言之，保持每一年的太歲方平靜整潔是最好的避免方法。

☑ 三煞方

三煞方本質上是和太歲對沖的方向，幸好三煞方並沒有很多變化。猴鼠龍年的三煞方在正南方，豬兔羊年的三煞方在正西方，虎馬狗年的三煞方在正北方，蛇雞牛的三煞方在正東方。和犯太歲一樣，犯三煞也是很常見的風水問題，我們可以參考犯太歲的內容來避免。

☑ 紫白飛星

紫白飛星是理氣風水中常用的一套計算系統，紫白飛星可以計算時間和事件，比較易學易用。不同五行不同性質的九個元素像星辰一樣在各個方位按順序流轉，也造成了風水格局中不同的時間發生不同的事件，甚至會完全逆轉一個格局，充分表現了「風水輪流轉」這句老話。但是紫白飛星並非居無定所轉個不停，每一個星都有屬自己的原位。

☑ 九宮飛泊

羅經上八個大方向加上中點構成了九宮，九個飛星分別從屬：一白貪狼星位於正北，屬水；二黑病符星位於西南，屬土；三碧祿存星位於正東，屬木；四綠文曲星位於東南，屬木；五黃廉貞星位於正中，屬土；六白武曲星位於西北，屬金；七赤破軍星位於正西，屬金；八白左輔星位於東北，屬土；九紫右弼星位於正南，屬火。九星從原宮位出發，隨著時間不停向其他宮位運動，被稱為九宮飛泊。

☑ 九星年命

每一年都有一個飛星流轉而來，代表當年的氣數，在這一年出生的人，也就帶有這一年的星命。風水是為人服務的技術，所以在選擇風水地的時候，風水師會以人為本先算出使用者的八字命理，如果是使用飛星風水術布局的話，就要先算出使用者的九星年命。比如一個一白生年的人，在同樣的風水條件下，更適合居住在大廳或主窗戶向北的房間，因為北方是一白貪狼星的原宮位，用自己的生年星和方向對應可以得到更好的運氣。

☑ 星運

九宮飛泊可以代表大跨度的時間，比如一百八十年推進一次的元運。現在正處於三碧元運之中，也就是以東方氣運為最強。它也可以代表中跨度的時間，比如二十年推進一次的星運。現在正處於八白星運中，東北之氣最盛。它還可代表小跨度的年分、月分、每一天的每一個小時。九星就是這樣無窮無盡的流轉著，不斷變化著每個方向的吉凶強弱，風水師正是利用這種星運系統計算出事物的過去和發展。

☑ 得運失運

在飛星法中，最重視坐向的得運和失運。得運是指在目前這個星運中最旺的方向可以為我所用，最衰敗的方向可以得到避免、控制，甚至透過更高層次的飛星布局法逆轉吉凶；失運則與之相反。比如二〇〇四年至二〇二三年是八白星當運，東北方就是最旺的方向，如果可以朝向東北，得運的機會就非常大。二〇〇八年的年星是一白，以北方最旺；二〇〇九年的年星是九紫，門窗開在南方的房屋，或者在南方放置催動旺星的風水法器，也會得到當年旺氣。

什麼樣的地方可以被稱為風水寶地

古代人對風水寶地非常講究，尋得後也從中受益頗多。那麼什麼樣的地方才算是真正的風水寶地呢？

風水學講五大要素：龍、穴、砂、水、向，這也是構成一塊風水寶地的五個重要因素。其本質則是氣。一言以蔽之，尋龍、點穴、察砂、覓水、定向的目的就是在於尋找適合人體的吉氣，避開不利於人體的煞氣。這應該是現代環境學研究者從古人那裡繼承下來的最大的財富。風水寶地的構成，不僅要求「四象畢備」（所謂四象，即指「朱雀、玄武、青龍、白虎」），並且還要講究來龍、案砂、明堂、水口、立向等，也就是風水家常說的龍、穴、砂、水、向。

古人說：「陽宅來龍原無宜，居處須用寬平勢。明堂須當容萬馬......或叢山居或平原。前後有水環保貴，左右有路亦如然。」「更須水口收拾緊，不宜太迫成小器……」這就是一種從大環境而言的風水寶地模式：即要求北面

☑ 山環水抱的風水格局

有綿延不絕的群山峻嶺，南方有遠近呼應的低山小丘；左右兩側則有護山環抱，重重護衛；中間部分堂局分明，地勢寬敞，且有屈曲流水環抱。這樣就是一個理想的風水寶地了。從現代城市建設的角度看，也需要考慮整個地域的自然地理條件與生態系統。每一地域都有它特定的岩性、構造、氣候、土質植被及水文狀況。只有當該區域各種綜合自然地理要素相互協調、彼此補益時，才會使整個環境內的「氣」順暢活潑，充滿生機活力，從而造就理想的「風水寶地」，一個非常良好的生活環境。對於常見的背山面水的城市、村落而言，本身就是一個具有生態學意義的典型環境。其科學的價值是：背後靠山，有利於抵擋冬季北來的寒風，面朝流水，既能接納夏日南來的涼風，又能享有灌溉、舟楫養殖之利。朝陽之勢，便於得到良好的日照；緩坡階地，則可避免淹澇之災；周圍植被鬱鬱蔥蔥，既可涵養水源，保持水土，又能調節小氣候，獲得一些薪柴。這些不同特徵的環境因素綜合在一起，便造就了一個有機的生態環境，也就是古代建築風水學中終極追求的風水寶地。

色彩與風水有著什麼樣的關係

現代社會，很多常見的元素能影響到家居的風水狀況，色彩就是其中的一項。住宅裝修中，最容易受屋主主觀意念支配的，恐怕就是色彩的調配，因此，在這一方面，人們往往也最容易陷入風水的盲點。

傳統風水學中，色彩也有五行的分類：偏紅的顏色屬火、偏黃的顏色屬土、偏白的顏色屬金、偏綠的顏色屬木、藍黑的顏色屬水。色彩的選擇應與

自己的命格相配才算吉利，但其實這只是因人而異的個性風水功能，色彩的共通性風水內涵遠不止於此。

色彩本身具有陰陽動靜的區別，偏明亮或偏淺的顏色屬動色。明亮使人興奮，淺色令人輕鬆，用這些色調裝飾兒童臥房、年輕人的房間，會帶來活力；而深重偏暗的色調屬靜色，較適合上了年紀的中老年人。

色彩還具有輕重感，淺色感覺輕，深色感覺重，房間的色彩調配最好上輕下重。有些新裝修的房子，在入住後，屋主總有頭昏腦脹的壓抑感，原因就是屋主在天花上刷了一層較深的油彩，對比於白色的牆身和淺黃色的地磚，整間房子顯得頭重腳輕，導致居者有天旋地轉的感覺。

色彩的明暗，還與遠近感覺直接相關。有這樣一個人，他處於病後的康復中，又剛好喬遷新居，但入住幾個月後，卻感覺病情反覆、康復較慢。經風水大師發現他所住的臥室面積很大，牆身塗滿灰藍色，問其原因，這個人說藍色可以旺身，希望有利康復。

這其實是適得其反，風水上臥室過大已經不宜，會產生寒冷的心理陰影。根據色彩的特性，明色、暖色可令距離感靠近，冷色卻使視覺拉遠。這個人所選擇的藍色是冷色，冷色使房間變得「更大」，空曠感更加強烈，居住者感覺會更「冷」。而冷感對病癒康復的休養者尤為不利。

風水學的鼻祖是誰

風水學公認的鼻祖是郭璞，他是東晉時代著名的學者、文學家，字景純，河東聞喜（今屬山西）人。郭璞的父親郭瑗擔任過西晉的建平太守。西晉末年郭璞預計到家鄉戰亂將起，於是避地東南。過江後在宣城太守殷祐幕下任參軍，後又從宣城東下，被當時任丹陽太守的王導引為參軍。晉元帝即位後，任著作佐郎，遷尚書郎。後任大將軍王敦的記室參軍。郭璞因預測王敦圖逆必敗，被王敦誣為朝廷奸細而殺害（後王敦果叛逆而被誅），後被追贈為弘農太守。

郭璞在古文字學和訓詁學方面有頗深的造詣，曾注釋《周易》、《山海經》、《爾雅》、《方言》及《楚辭》等古籍。相傳他師從河東郭公，授青囊九卷，洞悉陰陽、天文、五行、卜筮之事。亦有傳說郭璞得到青烏子所授。風水學上的兩部奠基之作《葬書》、《青囊經》相傳皆為郭璞所作。

古代十大驅邪之物指的是哪些東西

☑ 陽剛正氣

自古邪不壓正，正氣屬烈性，可避鬼。剛正之人往往血氣更為陽剛，為鬼之所懼。所以古人云：「不做虧心事，半夜不怕鬼敲門。」平時多做善事，便累積一身正氣。相反，若是做傷天害理之事，內心發虛，陽氣自損。此外，身體越是健康，心情越好，人越是精神，陽氣也就越旺。很多人半夜過墳地，過荒山，住陰地，一點事沒有，就是因為如此，一個人氣正了，心裡就明亮，問心無愧。一身正氣是可以陪你一輩子的，這是其他避邪器物遠不能及的，當之無愧排名第一。

缺點：不正之人大有人在。

☑ 陽光

陽光可增加人的陽氣，驅走邪陰。所以平時要讓屋內多進陽光，引正氣避邪氣。

缺點：因受時間限制，不可能一天二十四小時都有陽光，所以有局限性。

☑ 玳瑁

玳瑁是避邪不可多得的極品，是龜科動物「玳瑁」之精血凝固而成，和玉有不相上下的地位，古代富貴人家必佩戴，但市面上用塑膠和玻璃假冒的不在少數。

缺點：價格昂貴，而且易買到假貨。

☑ 玉

越是天然的純玉，其品質越為高貴，在地裡埋藏多年，集浩然君子正氣於一身，此物之威力，可保人畜平安。令眾邪膽寒，不敢近身，但是市面上用玻璃和塑膠假冒的也不在少數。

缺點：價格昂貴，而且易買到假品。

☑ 父母所賜之物

父母曾經經常戴過的東西，然後賜予你佩戴，貼身之物、飾品都可（媽媽的項鍊、爸爸的皮帶）。親情的盛陽之氣可抱做一團，化為烈火，令邪氣不敢近身。

缺點：現代社會，總有些人和父母的關係不好，甚至無絲毫孝敬父母之心。此招只對相濡以沫、相親相愛的家庭管用。

☑ 鍾馗像

鍾馗是古代傳說中捉鬼的聖人，百鬼見此人，如同小偷遇到警察，不敢近身，要請人專門畫才行，印刷品無用，廢紙一張。

缺點：攜帶不便，而且容易被人說成迷信，威力中等。

☑ 桃木劍

桃木劍，古代驅魔師的必備用品，桃木有避邪之氣，而且有正氣。大的桃木劍，小的劍形桃木飾品，都有避邪之用。

缺點：容易失效（受潮，弄髒等），威力中等。

☑ 狗牙

狗牙。狗夜間狂吠，必定看到了人看不見的東西，狗卻可以全身而退，關鍵在於狗牙有懾邪之威氣。

缺點：對付一般邪氣有效，對付比較強的邪氣則效果不太顯著。

☑ 大蒜

大蒜，氣味香烈，百蟲不招，且有避邪妙用，西方人更是把它和十字架並列在一起避邪。

缺點：對付一般邪物有效，對付比較強的邪氣則效果不太顯著。而且大蒜的氣味並不是所有人可以接受的。

☑ 唾液

人之陽氣最為邪氣所懼，人之陽氣最重在於唾液，古代驅魔師常用此法驅除邪氣。

缺點：威力有限。

什麼是八宅風水理論

八宅風水學是重要的風水理論之一，主要是研究命卦和方位的關係。簡單的講就是嚴格的將家分為八部分，分屬八個卦象，分別是震、離、兌、坎、巽、坤、乾、艮。家宅的八個方位分屬八個卦象。分別是：東方屬震、南方屬離、西方屬兌、北方屬坎、東南方屬巽、西南方屬坤、西北方屬乾、東北方屬艮。

1. 坐東方的家宅是震宅，大門向西。

2. 坐東南方的家宅是巽宅，大門向北。

3. 坐南方的家宅是離宅，大門向北。

4. 坐西南方的家宅是坤宅，大門向東北。

5. 坐西方的家宅是兌宅，大門向東。

6. 坐西北方的家宅是乾宅，大門向東南。

7. 坐北方的家宅是坎宅，大門向南。

8. 坐東北的家宅是艮宅、大門向西南。

在八宅中，可分為東四宅和西四宅。東四宅分別是震宅（坐東向西）、離宅（坐南向北）、巽宅（坐東南向西北）、坎宅（坐北向南）。西四宅則是乾宅（坐西北向東南）、兌宅（坐西向東）、艮宅（坐東北向西南）、坤宅（坐西南向東北）。

常用的風水化煞工具有哪些

☑ 魚缸

「山主貴，水主財」，魚缸有很強的招財作用。但任何事情都有兩面性，水也是雙刃劍，如用之不當，不但不能旺財，而且會損財損丁。因此擺放魚缸一定要請風水明師量度方位。

☑ 財神

財神分武財神（關公）和文財神。財神敬之得當，有助於全家或企業財運亨通；敬之不當，財神則會變為散財之神 —— 耗財破損；尤其是武財神關公，如敬之不當，不但不能帶來財運，關公的那口大刀還可能會敗運。一般原則是，武財神要面向門口，文財神則忌面向門。

☑ 運財童子

顧名思義為運財之物，若全屋皆為未婚男士更為有效。此物忌已婚人士選用。此物放在浴室最為有效，因水為財也。將之放在床頭亦可，但女士避用。

☑ 水晶

水晶分為天然水晶和人造水晶，其中天然水晶的作用更強，效果更佳。如有條件，盡量使用天然水晶。水晶應一般放於病煞星之位，一者可以化病消災，二來可以化病為財。

☑ 金元寶

以生財旺財為主，多以一對並用，用法有二：一是將一對金元寶放在全屋最大之窗口上或窗台上，左右角各放一個，目的為把窗外之財吸納進來，窗口越大財氣越旺。二是放在大門入屋斜角之角落，此處地方藏風聚氣，亦是財位，放上一對金元寶以加強招財進寶之氣。

☑ 石獅子

瑞獸的一種，能解除多種形煞，也能加強官威或屋主之陽氣，過去不少大戶人家均擺放一對在門口。如果窗口見到不利的沖剋物，可放一對石獅子面向窗口，可以化煞，且有生權之意。凡是以口維生之行業，如：律師、藝人等，可在辦公室內擺放一對，以振聲威，有助於生財。

☑ 銅獅子

其性質為化煞擋災，一般放在面向大門的位置。凡是有路相沖或開門見燈柱者可用。銅為金屬，可剋制木的刑剋，窗戶的對面可見大樹者適用。如宅內有屬水之人，放此銅獅更佳，因金能生水，可旺財。

☑ 文昌塔

此物為最常用之法器，利於讀書、功名及事業。香港屏山就建有此類風水塔，據聞該村常出秀才及大官。小孩子可將此器放在床頭，成人則可將之放在台上，學者將它放在書櫃中，有利於文思敏捷。

☑ 貔貅

此瑞獸身無鱗，腳無毛，神態威武，為上等風水擺設，但只適合於偏財或推銷行業（推銷員）選用，凡收入浮動者皆有神效。擺放時只需頭向門或向窗外，有利偏財，正財欠奉，除非加上龍神座一對。

☑ 銅葫蘆

葫蘆化病，人所共知，但銅葫蘆可增夫妻感情則甚少人知道。若夫妻緣薄，可擺放一隻銅葫蘆在床頭，增加夫妻恩愛。另外，凡家中有病人，可擺放此法器，對健康有利，家有小孩及長者更應選用。此物在一定程度亦可化煞擋災，用途廣泛。

☑ 木葫蘆

家中有久病者，不妨掛三隻木葫蘆，會有神奇效應，重病者則需用三隻放在床頭，男女均可選用，可長期掛用。

☑ 麒麟

麒麟與龍神、神鳳、龜神，在古時被稱為四靈獸。麒麟可作為招財添丁化煞之用，用途非常廣泛。頭向外即可，其勢甚勁。宅主財運必佳。以細巧為宜，男女皆旺。

☑ 金蟾

旺財之上等用具，三隻腳，背北斗七星，嘴銜兩串銅錢，頭頂太極兩儀，腳踏元寶山及寫有「招財進寶、一本萬利、二人同心、三元及第、四季平安、五穀豐登、六合同春、七子團圓、八仙上壽、九世同居、十全富貴」等等的銅錢。

☑ 龍龜

瑞獸的一種，主吉祥招財，化三煞。龍龜放在財位可招財，放在三煞位或水氣較重之地最有效，風水學有云：「要快發，斗三煞。」水氣重之風水位主是非口舌，龍龜在位能化口舌兼加強人緣，有部分龍龜法器之背部是活動的，可將之掀起，放入茶葉及米粒，可加強其效應。

☑ 八卦平光鏡

其性質為擴擋戶外不良之建築形狀。用法是放在屋外，忌放在室內照人，因為此物只能對外，不論任何形煞皆可化解，但不宜掛太多，一個方位只能掛一個，全屋不能超過三個，否則必會自傷，不吉反凶。

☑ 八卦虎頭鏡

性質同上。另有純銅虎頭牌，專制大煞、工形煞、丁形煞。

☑ 八卦凸鏡

此法器與平光鏡有所不同，如果發現窗外或對面有化煞工具對著本宅，則可擺放此法器，將對方法器反射，送回家中，不致受到對方影響。此鏡亦放在室外，不可照人及放在門前，否則不吉反凶。

☑ 銅羊

其性質為祛病減災及增加偏財，因羊取「贏」之意，有利競爭運。此外家中有長期病患者或舊患不去者，可將此物擺放在床頭，左右各一隻。此物還可化解工作不如意，減除小人口舌。羊屬和平之物，擺在工作台上效應甚強。

☑ 銅風鈴

專制五黃煞。凡流年五黃飛到的大門、房門，宜掛銅風鈴消除。因五黃煞屬土，故掛屬金的銅風鈴可泄土氣，風鈴的擺動可加強金氣。

☑ 檀香手珠、蜜蠟手珠

護身法器，佛光普照，保平安健康，男女老少皆宜。

☑ 馬

其性質為驛馬，主動、健康馬到功成，凡經常出差或想調動升遷之人，適宜在書桌上或家中財位擺放六或八匹銅馬或木馬。

☑ 五帝錢

五帝錢是指清朝順治、康熙、雍正、乾隆、嘉慶五個皇帝的銅錢，可擋煞、避邪。把五帝錢放在門檻內，可擋尖角沖射、飛刃煞、槍煞、反弓煞、開口煞；放在身上可以避邪，不被邪靈騷擾，或用封包裝著，或用繩穿著掛在頸上，可增加自己的運氣。

☑ 珠簾屏風

可化槍煞、反弓煞、開口煞。

☑ 銅大象

大象善於吸水，水為財，凡家居大窗見海或水池，均稱之為「明堂聚水」，若擺放一隻銅大象在家中，則大財小財均為己所納。象之稟性馴良，放在家中吉祥如意，如將之放在室內財最盛的地方，則全家人受惠。

☑ 銅金雞

針對偏桃花的事情，例如壞女人或令你討厭的性騷擾。此法器宜放在大門對沖之處，例如屏風式擺設架上，可禁絕外來桃花影響。若懷疑配偶有婚外情，可將之放在配偶的衣櫃內，要用一對，放在衣櫃暗角，左右各一。

☑ 龍

瑞獸，生旺化煞，強青龍，吸財氣。

☑ 大銅錢

性質為化煞擋災，出入平安，用法有三，一是放在門口地上，用以對付開門見樓梯或見電梯之開闔；二是放在大門右側，以黃線串上掛起，可防家中女性口舌過重，凡家中有女性吵雜均可掛之；三是將兩個銅錢放在枕頭底下，保夫妻關係良好。

風水真的能改變人的運勢嗎

「風水」為「一命、二運、三風水、四積陰德、五讀書」之第三要點，風水的確可以影響一個人的運勢，風水好的話，可以令一個人做起事來有事半功倍之效；風水不好，會影響一個人的財運、健康、以及身邊的人際關係；因此，風水配合得宜，往往對人生會有意想不到的積極效果。

風水的改動可以改變一個人的運勢，所謂命運，命是與生日結合的，因為我們無法改變我們的生日，所以命是不能改的，但是「運」受多方面的影響，是我們可以人為改變的，其中最有效最快捷的方式就是改動風水，風水可以助運，拿財運來作個例子：

改變風水布置能增加財運，故此有「財位」之說，事實上，一個人的財富多寡是與福報成正比的。有福之人自然能運用風水上的一些小技巧，來增加財運，提升生活的品質。後天人為的努力，風水的調整，可以改善或增加一些財運。

有關影響財運的陽宅風水列述於下：風水學之財位有「象徵性財位」與「實質性財位」，象徵性財位是屬「明財位」，即一般大眾所說的入門的左邊或右邊對角線的位置。該位置最好不是走道通路，而是能形成一個角落聚財之象，然後在該位置擺放一些吉祥物，就有增加財源的機會。適當的裝飾擺設，也能增加客廳的氣場。

財位的吉祥物可擺放的東西，如花瓶、珍玩、財神、元寶、寶瓶、三陽開泰圖、山水圖、鹿群向內（進祿）、如意、蟾蜍、金錢豹、麒麟一對向內、水晶、聚寶盆、百字明咒、菠蘿、柚子、橘子、古錢、盆栽、花藝、發財樹、富貴竹、雞血石、豐收圖、年年如意圖，本命三合生肖陶藝品、檀香、水晶陣、福祿壽三仙、土地公等。可依各人喜好擺置。目的不外乎想借助吉祥物的暗示，來增加福澤。

陽宅風水也有暗財位，暗財位乃是實質性的財位。其求法是要依房子的坐向來決定。依八宅紫白飛星，取生旺方即是。如坎宅（坐北向南），財位在西南方、正北方。離宅（坐南向北），財位在東北方與正南方。震宅（坐東向西），財位在正東方、正北方。兌宅（坐西向東），財位在正南方、西北方、東南方。巽宅（坐東南向西北），財位在西南方、東南方。乾宅（坐西北朝東南），財位在正西方、西北方、正北方。坤宅（坐西南朝東北），財位在正東方、西南方。艮宅（坐東北朝西南），財位在西北方、東北方。如果大門正好是在暗財位，則財源較多。亦可在財位擺放音響、鋼琴、敲動財星，增加財源。

一般在財位，不宜擺放海浪圖，象徵財運起伏太大。大瀑布圖，也象徵財來財去，落差太大。山水圖的水流向宅外，是為順水局不吉。尖葉植物及有刺的植栽或水晶洞，皆象徵進財坎坷艱辛。

宅前明堂開闊，視野廣，自然心胸寬，抱負大，也才能大展宏圖。若居陋巷、窄巷，宅前有巨大建築物高壓，或宅前有擋土牆、高山、大樓，同樣會阻礙氣場，亦有奴欺主、賓勝主之象，易犯小人及露財，賺錢辛苦。因此，擇居應考慮宅前是否寬闊。

如水的流向與宅的坐向相同，即為順水局，為漏財象。如水的流向與宅向相對，即為逆水局，大抵言吉。如水的流向與宅平行，則為平水局，一般而言，左來右往較吉，嚴格而言，財要配合其流向。至於宅內水，則一般人喜歡在宅內擺放魚缸、水庫、石（時）來運轉等來招財與裝飾。因為水為至柔至剛，有化氣轉氣的效果，一般而言，應該是放在衰氣方。

其他的如婚配、學習、出國、事業、疾病等都可以透過方式調節的方式進行改變，風水可以開運，如果調節不好同樣風水也能夠敗運，就像我們生病後吃藥一樣，吃正確的藥可以很快康復，如果吃錯了藥後果可想而知。

風水羅盤應該如何使用

羅盤是風水操作的重要工具，它的基本作用就是定向。在我們認識風水理氣學問時，首先要學習以羅盤定向的基本方法。

☑ 風水羅盤

羅盤學名為羅經，創自軒轅黃帝時代，後經過歷代前賢，按易經及河洛原理，參以日月星辰及天象星宿運行原則，再察地球上山川河流，平原波浪起伏形態，加以修正改良製造而成，用於測定方位和勘察地形，堪輿師及海員大都稱它為「羅盤」或「羅庚」，很少稱為「羅經」。

羅盤是經天緯地的工具，堪輿師使用羅盤尋龍、立向和察砂、覓水，為人們選擇相對理想的居住、喪葬環境。羅盤因流派和產地的不同而不同，層數或多或少，體制複雜，內容各異。各種羅盤的層數加起來共有五十多層。因此，羅盤也就成了堪輿學術的一部大百科全書。然而，羅盤的精髓卻只有少數幾層，最基本的只有三盤：地盤、人盤和天盤。其他諸盤是對三盤的注釋和進一步的具體化，是為三盤服務的。

地盤、人盤、天盤都將地平面三百六十度均分為二十四等份，稱之為二十四山或二十四向。十二地支與八干四維間隔排列。北方壬子癸，東北丑艮寅，東方甲卯乙，東南辰巽巳，南方丙午丁，西南未坤申，西方庚酉辛，西北戌乾亥，每山十五度。但人盤比地盤逆時針旋轉了七點五度，天盤比地盤順時針旋轉了七點五度。三盤各有妙用。

☑ 宜 —— 轉宅運宜用風水羅盤

羅盤為風水測量工具。對於宅運不佳的家庭，適宜擺放在神桌後或客廳靠牆壁的中間，有轉運之效，上南下北擺放。

☑ 忌 —— 磁體旁忌置風水羅盤

羅盤一般在使用上應注意，不可以與磁鐵、磁體等放在一起，也不可放在電視、電腦等有磁場電器的旁邊，否則會遭到破壞。

風水學有著怎樣的源流

早在先秦就有相宅活動。其一方面是相活人居所，一方面是相死人墓地。《尚書》中說：「成王在豐，欲宅邑，使召公先相宅。」這是相陽宅。《孝經》中說「卜其宅兆而厝也」，這是相陰宅。這些都是用占卜的方式擇定地點。

先秦的賢君盤庚、公劉、周公在相地實踐中都作過貢獻。風水師很推崇秦惠王的異母兄弟愣裡子，傳說他曾經預測自己的墓地兩側將會有天王宮殿，並最終應驗了。先秦相宅沒有什麼禁忌，還發展成一種術數，也沒有那麼多迷信色彩。漢代是一個充斥禁忌的時代，有時日、方位、太歲、東西益宅、刑徒上墳等各種禁忌，墓上裝飾有避邪用的百八、石獸、鎮墓文。湖北省江陵鳳凰山墓出土的鎮墓文上記載有「江陵丞敢告地下丞」、「死人歸陰，生人歸陽」之語。還出現了《移徙法》、《圖宅術機》、《堪輿金匱》、《論宮地形》等有關風水的書籍。

魏晉產生了管輅、郭璞這樣的宗師。管輅是三國時平原術士，占墓有驗而聞名天下。現在流傳的《管氏地理指蒙》就是託名於管輅而作。郭璞的事蹟前文有詳細介紹。南朝宋明帝是個最講忌諱的皇帝。宮內修牆必先祭神祈禱。他聽說大臣蕭道成的祖墳有五色雲氣，就暗中派人在墳四角釘上鐵釘，可是蕭道成最後還是當了皇帝。

南齊時，衡陽地方有一怪俗，山民生病，就說是先人為禍，必須挖祖墳、洗屍骨，洗骨除祟。隋朝宰相楊恭仁移祖墳時，請了五六批風水師前往相地。其中有個叫舒綽的猜中了地下之物，受到重賞。當時相地最有名的是蕭吉，他曾給皇后擇吉地，當文帝不聽他的建議時，他準確預測到隋朝運數不長。

唐朝時，一般有文化的人都相信風水，也出現了張說、浮屠泓、司馬頭陀、楊筠松、丘延翰、曾文遄等一大批風水名師，其中以楊筠松最負盛名。他把宮廷的風水書籍挾出，到江西一帶傳播，弟子盈門。當時，風水在西北也盛行。敦煌一帶有許多風水師，當地流傳一本《諸雜推五勝陰陽宅圖經》，書中提倡房屋向陽、居高、鄰水的原則。

宋代時，宋徽宗非常相信風水，曾聽信術士之言，墊高西北地勢，以便得到多子之兆。宋時老百姓普遍講究風水。《朱子家禮》說百姓家裡死了人，三月而葬，先把地形選好，再擇日埋葬。宋代的風水大師特別多，賴文俊、陳摶、吳景鸞、傅伯通、徐仁旺、鄒寬、張鬼靈、蔡元定、厲伯韶等都很有名。

傳聞明代劉基最精於風水，有一本《堪輿漫興》就是託名於他。

縱觀風水發展的歷史，先秦是風水學說的孕育時期，宋代是盛行時期，明清是氾濫時期。近年來，隨著國際上對風水的重視以及它的適用性，使風水這門古老的學科煥發出新的活力，我們說當代是風水整合更新時期，應取其精華，剔除糟粕，結合現代自然科學，實事求是的作出科學評價和闡釋，從而更好讓其為人類造福。

風水學為什麼要講究山環水抱

從風水學的角度來看，好風水的第一大原則是「山環水抱」。也就是說，背後有山作依靠，來旺人；前面有水來環繞，來旺財。風水學中的玄武方，即是一間屋的後面，也就是靠山的地方。因此，靠山之位又叫玄武。如果靠山位置形勢不好，主犯官司賊劫之事。因為玄武星是陰私暗淡之神，更有不正常桃花之事出現。風水學以前面為向，主管財祿，後面為坐山，主管人丁，因此，靠山對於一所住宅來說是非常重要的。一間屋後面有真正的山巒，山形清秀，草木華茂，則代表在這裡居住的人，聰明秀氣，美麗端莊。

「水抱」也很重要，占了風水學很大一部分內容，尤其到沒有「山環」的平原，「水抱」就更加重要。《水龍經》說：「龍落平洋如展席，一片茫茫難捉摸，平洋只以水為龍，水繞便是龍身泊，故凡尋龍，須看水來回繞處求之。」意思是說，風水學中稱為龍的山，到平原不見了，則應以水為準，好氣場表現在彎彎曲曲的地方。

第二章

風水詞典
—— 你不可不知的風水名詞

什麼是《先天河圖》

《先天河圖》是中華各類術數學及風水學的基礎之一。

如今，《先天河圖》雖應用甚少，但如果能記住河圖上的數目，對了解和運用風水還是有非常大的好處的。

《先天河圖》的來歷很具有神奇性。相傳，在伏羲氏治世的遠古時代，有一隻龍馬背著一幅圖自孟河中走出來，圖上共分為五組黑白點。一白六黑在近尾部；七白二黑近頭部；三白八黑在左邊；九白四黑在右邊；五白十黑在中央。

所以有古訣曰：「天一生水，地六成之；地二生火，天七成之；天三生木，地八成之；地四生金，天九成之；天五生土，地十成之。」

另有古訣曰：「一六共宗，二七同道，三八為朋，四九為友，五十同道。」一六居下屬水，二七居上屬火，三八居左屬木，四九居右屬金，五十居中屬土。

如果把上下左右中，改為東南西北中，以下方為北，上方為南，左方為木，右方為金，中央為土。那麼我們便立即知道四方的五行所屬。不過，這還不足夠，因為最簡單的風水學也會採用八方而不是四方，故我們還需要了解一下另一部遠古著作《後天洛書》。

什麼是《後天洛書》

《後天洛書》的來歷同樣神奇。相傳在大禹治世的年代，一隻靈龜背著一幅圖自洛水浮出。

此圖上的彩色的點共分九組：九點紫色近頭部，一點白色近尾部，四點碧色近左肩，二點黑色近右肩，三點碧色在左方，七點赤色在右方，八點白色近左足，六點白色近右足，五點黃色在中央。

此圖像的古訣曰：「戴九履一，左三右七，二四為肩，六八為足，五十居中。」

從方位上說，一在正北屬水，九在南屬火，三在正東屬木，七在正西屬金，二在西南屬土，四在東南屬木，六在西北屬金，八在東北屬土。

根據《後天洛書》，我們可知道八方的五行所屬，即南方屬火，北方屬水，東方及東南方屬木，西方及西北方屬金，東北方及西南方屬土。

清楚了方位的五行所屬，以後若碰到因大門或家宅其他布局引致的五行之煞干犯時，便可以利用五行相生相剋的原理，尋找化解之道。

什麼是八卦圖

八卦圖共分兩種，一種名為先天八卦，又名伏羲八卦，相傳為伏羲氏創作，據說此八卦乃太極圖的演化。另一種則是後天八卦，又名文王八卦，相傳是周文王的創作。

八卦為乾、坤、震、巽、離、坎、艮、兌。先天八卦與後天八卦的排列、象徵方位及所象徵的數，都有所不同。

先天八卦的所主是：

1. 乾居南方，數目為一，與坤相對。
2. 坤居北方，數目為八，與乾相對。
3. 震居東北，數目為四，與巽相對。
4. 巽居西南，數目為五，與震相對。
5. 離居東方，數目為三，與坎相對。
6. 坎居西方，數目為六，與離相對。
7. 艮居西北，數目為七，與兌相對。

8. 兌居東南，數目為二，與艮相對。

伏羲八卦圖（先天八卦）

以上各相對的數字加起來都是九，乾與坤合為九，震與巽合為九，離與坎合為九，艮與兌相合亦為九。

後天八卦與先天八卦所主的方位有異：

1. 離居南方，五行為火，數目為九，與坎相對。
2. 坎居北方，五行為水，數目為一，與離相對。
3. 震居東方，五行為木，數目為三，與兌相對。
4. 兌居西方，五行為金，數目為七，與震相對。
5. 乾居西北，五行為金，數目為六，與巽相對。
6. 巽居東南，五行為木，數目為四，與乾相對。
7. 坤居西南，五行為土，數目為二，與艮相對。
8. 艮居東北，五行為土，數目為八，與坤相對。

八宅風水學所取的卦為後天八卦，此八卦中的每一卦皆主一位家庭成員：乾主父親，坤主母親，震主長男，巽主長女，坎主中男，離主中女，艮主少男，兌主少女。當家宅內某一方位不吉時，我們可根據該方位的卦，推斷其不吉對誰的影響最大，同樣道理，哪一方最吉，亦可據此方位的卦推斷誰獲益最大。

例如：家宅的西方有穿心煞自窗口沖入（穿心煞是什麼，將在之後的章節中介紹），由於西方屬兌，兌主少女，故家中的幼女受影響將較大，其餘可類推。

玄學的定義是什麼

玄學在古代也稱為「五術」，專指以陰陽五行理論發展出來的一系列預測及實用技術。其中五個重要分支簡稱為「山、醫、命、卜、相」。山代表可以讓人開發潛能的修煉系統；醫代表包括中醫在內的各種醫術；命代表以人出生的時間預測命運經歷的系統；卜代表針對一件事情預測出一個結果的系統；相代表透過肉眼對人體、大地或天空觀察來預測事物發展的系統。

什麼是風水學中的擇時

擇時是風水學的重要內容及環節。

風水學認為：「發福由其地脈，催福由於良辰。」只有選好時間，才能發福，否則，福就悶在地裡了。在風水學看來，「龍脈吉穴」是物質，年月日時是精神，有物質還得有精神，缺一不可。

風水學甚至還認為，擇時可以彌補地形的缺陷。「不得真龍得年月，也應富貴旺人家。」只要年月吉，沒有「真龍」，一樣可以富貴。

那麼，擇時的依據是什麼？這首先可以從「堪輿」二字考察。堪是天道，輿是地道，堪輿是天道與地道，堪輿術就是要使天道和地道配合好。要使它們配合好，就要選擇好時間。

那麼，什麼樣的時間好？什麼樣的時間不好？對此，風水界有各種各樣的看法。

比如忌凶神。天地之間有吉神和凶神，當吉神「青龍」「明堂」「寶光」「玉堂」「司命」等值班時，萬事可逢凶化吉，是黃道吉日。此外，還有「天恩」「陽德」「富生」也是吉神，但有宜有忌。凶神是「天是」「劫煞」「天牟」「天火」「災煞」「大敗」「死神」等，凶神值班是忌日。

什麼是風水學中的泉

風水學中以泉為水龍的進出口，水龍運行路線為泉脈。風水學對泉水進行了分類。認為湯泉（溫泉）有硫磺在下，水上出而沸騰，冬暖夏涼，主富貴。礦泉（紅泉）呈紅，其下有礦，早晚必然開掘，毀傷龍脈，不宜作葬地。還有湧泉、濺泉、漏泉、龍湫泉、瀑布泉之分。凡泉水冷冽異常，如竊如射，則屬凶泉。

風水學以泉為穴，作為墓穴的代名詞，如泉下、泉路、泉續、黃泉等，老百姓常說「九泉之下」「黃泉路上」，這些都是受了風水觀念的影響。

風水學又認為，有龍脈就有泉，點穴就是要善於識泉，這樣，葬者才會得到生氣。

泉水與人的吉凶沒有直接關係，但是，飲用泉水，或用泉水沐浴，對身體有不同影響，比如溫泉水在地下運行，含有硫磺、鹽等礦物質，對人體有一定治療效果。

什麼是風水學中的覓龍

風水學把大地看作一個有身體，認為大地各部分之間是透過類似於人體的經絡穴位相貫通的，「氣」則沿著經絡而運行，並聚集於穴位。《葬書》認為，大地中的生氣沿著山脈的走向流動，在流動過程中隨著地形的高低而變化，遇到丘陵和山崗則高起，遇到窪地則下降。穴位（即吉地）則是生氣出露於地表並被藏蓄起來的地方。

因此，考察山脈的走向、形態、結構等就成為尋找「吉地」的最重要的一步。由於山脈在形態上與龍相似，所以風水學把山脈比喻做龍，把山脈的延綿走向稱做「龍脈」，把對山脈的起止形勢的考察稱做「覓龍」。風水學中有「尋龍捉脈」、「尋龍望勢」的說法，都是指覓龍的過程。

山脈有主脈和支脈，龍也就有「干龍」和「支龍」，干龍一般是一個地區最高大的山脈。比如：古人認為，長江與黃河把大地劃分為三大區域，每個區域都有一條干龍，長江、黃河之間的為「中龍」，黃河以北的為「北龍」，長江以南的為「南龍」。三大干龍的起點均為崑崙山。每條干龍從起點到入海又按遠近大小分為「祖山」、「少祖山」等，風水學認為，大地的生氣就是從祖山向少祖山等依次傳遞過來的，越靠近起點生氣越老，越靠近海邊生氣越嫩，因此吉地應當在少祖山尋。當然，平地也有龍脈，其標誌雖然不如山地龍脈那麼明顯，但仍然有跡可循，那就是微地形和水流：「高一寸為山，低一寸為水。」

由此可見，「覓龍」就是去尋找能夠傳遞「生氣」的山脈，那些來龍深遠、去脈奔騰的山脈才是好的，風水學對此設置了一系列複雜細緻的規則。

什麼是風水學中的點穴

吉祥地往往是一塊區域，而「穴」則是這塊區域中最吉祥的那個點。風水學認為，生氣就是在這裡從地下冒出來的。「點穴」就是指在綜合考慮了山水狀況之後，準確找到山環水抱的這塊區域中「龍」、「砂」、「水」種種景觀意象最完美的那個點。站在這個點上，人們能得到最豐富的心理感受。

在尋找「穴」的過程中，還有一種輔助性的方法 —— 相土石，也就是要借助考察土質的好壞來判斷該地點生氣的旺衰。

「穴」被點中之後，將成為建築群落中核心建築的基址，如城鎮主街道的十字交叉處、都城的朝殿、州郡的公廳、宅舍的中堂等。

老黃曆中的各種風水術語該如何解讀

祭祀：指祭拜祖先和神明等。

安葬：舉行埋葬等儀式。

嫁娶：結婚的日子。

出行：外出旅遊等。

祈福：祈求神明降福或燒香還願之事。

動土：建築房屋時第一次動起鋤頭挖土。

安床：指安置床鋪。

開光：佛像塑成後、供奉上位之事。

納采：訂婚時受授聘金。

入殮：將屍體放入棺材。

移徙：搬家、遷移住所。

破土：指埋葬死人。

解除：打掃房屋。

入宅：搬入新家。

修造：修理建造房屋。

栽種：種植作物。

開市：商店開張營業。

移柩：移動棺材。

訂盟：訂婚儀式的一種，俗稱小聘。

拆卸：拆毀房屋。

立卷：訂立各種契約互相買賣之事。

求嗣：向神明祈求後代。

上梁：給房屋裝上大梁。

納財：購屋產業、進貨、收帳、收租、討債、貸款、五穀入倉等。

起基：建築時第一次動起鋤頭挖土。

齋醮：廟宇建醮前需舉行的齋戒儀式。

赴任：走馬上任。

冠笄：男女年滿二十歲所舉行的成年禮儀式。

安門：放置正門門框。

修墳：修理墳墓。

掛匾：指懸掛招牌或各種匾額

什麼是風水學中的三元九運

風水學在記時方面有三元九運之說。

相傳從黃帝開始，使用六十甲子干支來推算曆法，一個花甲六十年，六十年為一元，三元共一百八十年。

在玄空風水中，把五百四十年稱為一個大元，每一百八十年稱為一個正元，每個正元分三個單元，便是上元、中元及下元。而上、中、下三元每元分為三運，二十年為一個運，我們現在的元運便是一個大元中的最後一個正元，即從西元一八六四年至二〇四三年。二〇〇三年屬下元七運，二〇〇四年為下元八運。

至於小運方面，分為一白、二黑、三碧、四綠、五黃、六白、七赤、八白及九紫運，一直循環不息。

現將近代「三元九運表」列出：

☑ 上元

一運：西元一八六四年～西元一八八三年（甲子年至癸未年）

二運：西元一八八四年～一九〇三年（甲申年至癸卯年）

三運：一九〇四年～一九二三年（甲辰年至癸亥年）

☑ **中元**

四運：一九二四年～一九四三年（甲子年至癸未年）

五運：一九四四年～一九六三年（甲申年至癸卯年）

六運：一九六四年～一九八三年（甲辰年於癸亥年）

☑ **下元**

七運：一九八四年～二〇〇三年（甲子年至癸未年）

八運：二〇〇四年～二〇二三年（甲申年至癸卯年）

九運：二〇二四年～二〇四三年（甲辰年至癸亥年）

三元九運完了，又開始另一個新的正元（三元九運）。

現代天文學證實，三元（一百八十年）是「九大行星」的會合週期。風水學稱之為「九星連球」。

什麼是風水學中的五行相生相剋

五行相生相剋在風水學及中醫學中，有著舉足輕重的影響力。

五行相生相剋圖

其實它不單是風水與術數的重要基礎，它更是中醫學的藏象學說和辯證施治的依據，由於五藏皆有其五行所屬，因此，風水學也可以按照不吉利的風水，以其方位是什麼推斷對人體哪一藏象產生影響，此不是無稽之談，而是經歷代各風水師驗證獲得的結論。

五行相生的秩序是：火生土，土生金，金生水，水生木，木生火。

火生土，因為火燃燒物體後，物體化為灰燼，而灰燼便是土；

土生金，因為金蘊藏於泥土石塊之中，經冶煉後才能提取黃金；

金生水，因為金若被烈火燃燒，便溶為液體，液體屬水；

水生木，因為水灌溉樹木，樹木便能欣欣向榮；

木生火，因為火以木料作燃料的材料，木燒盡，則火會自動熄滅。

五行相剋的秩序是：火剋金、金剋木、木剋土、土剋水、水剋火。

火剋金，因為烈火能溶解金屬；

金剋木，因為金屬鑄造的割切工具可鋸毀樹木；

木剋土，因為樹根苗的力量強大，能突破土的障礙；

土剋水，因為土能防水；

水剋火，因為火遇水便熄滅。

以下是五行所主的事物：

一、金——主西方、秋天、燥、白色、鼻孔、皮毛、肺臟、大腸。

二、木——主東方、春天、風、青色、綠色、筋、眼睛、肝、膽。

三、水——主北方、冬天、寒、黑色、藍色、骨、耳朵、腎臟、膀胱。

四、火——主南方、夏天、暑、紅色、紫色、脈、舌頭、心臟、小腸。

五、土——主中央、長夏、濕、黃色、咖啡色、肉、嘴巴、脾臟、胃。

以上僅是略略舉例而已，實際上，讀者可嘗試將每一件事物推斷，看看其五行所屬。如果多讀一些術數與風水學的著作，亦可以找到更多有關資料。

風水學中的祖山指的是什麼

風水家把發脈的山稱為「祖」，有經驗的人可從河流的起源來尋找，也可從地圖的標高來判斷。

古代的交通不便利，要尋找祖山，必須花費很長的時間，經歷險境，現代則輕而易舉。

從衛星照片、空測圖及各種地圖，就可迅速查得。通常說的祖山包括：

太祖山：龍之初發脈，是一個大區域（全世界或整個國家）的最高峰；如世界最高峰的喜馬拉雅山脈的珠穆朗瑪峰（聖母峰），中國最高峰的崑崙山，日本最高峰的富士山，臺灣最高峰的玉山……都是太祖山。其山高大，石骨嶙峋，為群山之特拔者;遠望聳秀，可愛，近覷巉岩，可畏。據鎮一方，乃群龍之所從出，大則為邦國都郡，小則為縣邑。山體端嚴方正，則一方所產之人，多賢能俊秀；偏斜低小，則一方所產之人，多愚蠢粗頑。太祖山之喜馬拉雅山

少祖山：是太祖山發脈之後，再沖起的高山，又稱為「應星」；其形狀與太祖山不同，或尖、或圓、或方，精神飽滿，形象秀麗。風水家以此種山定龍脈的美惡。

列祖山：「列祖」是總舉先人的稱謂，少祖山發脈之後再起高峰，三三兩兩、五五六六，這些中間相間的山峰都叫做列祖山。此山多屬斜身旁落，開腳分龍的山峰。

八字命犯桃花指的是什麼

「桃花」是民間通俗的稱謂，它的正式名稱叫「咸池」，桃花有好有壞，有不同種類。桃花主人漂亮、瀟灑，這是好的一面，同時，桃花在年月支，為牆內桃花（或稱年支為金釵桃花、月支為銀釵桃花）。這樣的桃花運主要是指婚前多受異性追捧，有不當之舉動（指比較輕浮），桃花在日支則為騎牆桃花，一生好色但不會與自己的配偶離異，桃花在時支為牆外桃花，主一生婚姻態度不忠誠，婚後也有與異性亂交之嫌疑，牆外桃花相對接受方而言為最差之配偶。

「桃花」的查法，以地支中的年支為主，日支次之。方法有歌訣如下：

申子辰見酉，寅午戌見卯。

亥卯未見子，巳酉丑見午。

如生年為猴，其八字地支中有酉，既為有桃花，在何支就謂何種桃花。

「命犯桃花」是八字子、午、卯、酉多，因為子、午、卯、酉是四桃花。只要八字中有子、午、卯、酉，不管是生年地支取、生日地支取，都屬命犯桃花。「命犯桃花」在三妻四妾的年代專指女性，因此也才有「牆內」、「牆外」桃花之分。但是現在的女性已走入社會，生活圈擴大，與男人平起平坐，八字中沒有一點桃花，還真有點可憐呢！

其實「騎牆桃花」、「牆外桃花」，並不見得都一定婚前亂交，婚後偷人。沒人追求，小姑獨處的大有人在。因為子、午、卯、酉是四桃花，也是四旺。

因此「命犯桃花」除了八字地支子、午、卯、酉多外，尚需考慮當事人整個八字的組合、當事人的人生觀價值觀，綜合後才能判斷。

現在的年代與以前已大不同了，從事影視歌的人沒有「桃花」，就沒有人氣，所以「命犯桃花」有時並不是壞事。

桃花其實就是異性緣，有桃花的人，多有異性緣，這樣的人不論醜俊，對異性都有一種莫名的吸引力。所以容易被異性追求，就看八字中有沒有適當的正官來規範其人的言行舉止。

什麼是風水學中的黃道吉日

用天干、地支記年、月、日，是中華特有的一種方法。這種曆法，即是現在仍在用的農曆，也多記在《曆書》即過去的《黃曆》上。在老《黃曆》上，除了干支記日外，同時把日期上又加上了另外十二個字並成口訣。即：建滿年好黑（黑道），除危定執黃（黃道），成開皆可用（黃道），閉破不能行（黑道）。就這樣，人為的把每天劃分成「黃道吉日」和「黑道凶日」。

太陽在天圖上位移的路徑，稱為黃道，這是一條波形路徑，其中夏至時太陽落在波形曲線的最高點，冬至則落於最低點。太陽日行一度，每天所在的位置都不同，它所在位置的旁邊還有很多星星，太陽與這些星星形成某種局面、影響力，可以影響地球上的人，有時是好的影響，稱為吉；有時是壞的影響，稱為凶。當太陽走到黃道某個位置上，並與星圖形成吉祥影響力時，就是所謂黃道吉日。

曆法上的吉凶之說雖然有一定程度的迷信色彩，甚至於荒誕無稽，但它包含中華古代哲學、天文、地理、自然生態等諸多方面豐富的內涵，並蘊藏著人們如何順應自然的論述。重要的是，我們不能否認其中蘊含的心理因素。迷信附會和不加分析的批判都是不恰當的，我們今天以科學態度去深入探究它，對闡明中華古代傳統風水文化應會有所裨益。

風水學中的十不葬指的是什麼

「十不葬」是風水學術語中的九歌十訣之一，是風水家關於葬地之龍、穴、砂、水的十種忌諱之形。

其歌曰：

「一不葬粗頑塊石，

二不葬急水灘頭；

三不葬溝源絕境；

四不葬孤獨山頭；

五不葬神前廟後；

六不葬左右休囚；

七不葬山岡繚亂；

八不葬風水悲愁；

九不葬坐下低小；

十不葬龍虎尖頭。」

粗頑塊石者，地多惡氣。

急水灘頭，水煞直沖穴場而氣隨水泄，為空亡絕滅之地。

溝源絕境，水脈到頭而絕，氣亦隨變為死。

孤獨山頭，四顧不應，缺依少憑，主生人孤苦，無依無靠。

神前廟後，與神祇先靈爭地氣，多凶多煞。

左右休囚者，形狹局促，穴受逼迫而不安。

山岡繚亂者，主客不分，真假莫辨，有喧賓奪主之嫌。

風水悲愁者，風嘯水鳴，如泣如訴，主多慘痛之事。

坐下低小者，如坐井觀天，氣象無尊嚴之意而多卑微之態，主子嗣作下賤事。

龍虎尖頭者，主桀驁不馴，於主不利。

什麼是風水學中的三煞

「三煞」是風水學中的常用詞。

何謂「三煞」？三煞為劫煞、災煞和歲煞。十二地支中，寅午戌對應火，火旺於南方，北方（亥子丑）為其沖，為三煞（亥為劫煞，子為災煞，丑為歲煞）。申子辰對應水，水旺於北方，南方（巳午未）為其沖，為三煞（巳為劫煞，午為災煞，未為歲煞）。亥卯未對應木，木旺於東方，西方（申酉戌）為其沖，為三煞（申為劫煞，酉為災煞，戌為歲煞）。巳酉丑對應金，金旺於西方，東方為其沖，為三煞（寅為劫煞，卯為災煞，辰為歲煞）。

這三煞是怎樣運用的呢？以年為說，凡農曆寅午戌年，北方均為年三煞。申子辰年，南方均為年三煞。亥卯未年，西方均為年三煞。巳酉丑年，東方均為年三煞。如果所選擇的地方屬犯煞的方向，古人認為不可動土。

風水學中的九大形煞指的是什麼

☑ 反光煞

凡因陽光、水面、玻璃的反射而被照射即稱為反光煞。

化解方法：一般反光煞的化解，可在玻璃窗貼上半透明的遮陽紙，再把明咒葫蘆兩串放在窗邊左右角，加上一個木葫蘆，便能化解普通的反光煞；反光較弱者則不必加木葫蘆，反光強者要多安放兩串五帝古錢配白玉明咒便可化解。

☑ 割腳煞

在市中心很少見，指大廈接近水面，水貼近房屋，當運者就要利用這段時間進取，能發財，但不長久。它的特點是運氣反覆，當運時大富大貴，失運時一落千丈。

化解方法：在每年有變的旺氣位放八白玉或其他升旺的風水用具。

☑ 鐮刀煞

凡是彎形的天橋或帶彎形的平路都稱為鐮刀煞，可招血光之災。配合玄空飛星的吉凶，便能化解鐮刀煞的凶性。

化解方法：在吉位安放一對銅馬及五帝錢可以化解此煞。

☑ 孤峰煞

所謂「一樓獨高人孤傲」，是指一座樓宇的前後左右都沒有靠山或大廈，經云：風吹頭，子孫愁。凡犯孤峰煞都得不到朋友的扶助，子女不孝順或遠走他鄉或移居外地等。

化解方法：只要在吉位或旺氣位安放明咒葫蘆和銅葫蘆便可。

☑ 槍煞

這是一種無形的氣，所謂「一條直路一條槍」，即是家中大門正對一條直長的走廊，便是犯槍煞，另外窗外晾衣竿也在此列。以本身為中心點，見有直路或河流等向著自己沖來也是槍煞。主血光之災、疾病等。

化解方法：一是掛珠簾或放屏風；二是在窗口安放金元寶或麒麟一對，能助事業順利。

☑ 白虎煞

即風水師所說「左青龍，右白虎」中的白虎，即指房屋右方有動土的現象，凡居所犯白虎煞者，輕者家人會多病或因病破財，重者會有人傷亡。

化解方法：在受煞位置放一對麒麟。

☑ 天斬煞

兩座大廈靠得很近，致使兩座大廈中間形成一道相當狹窄的空隙，遠望去就仿似大廈被從天而降的利斧所破，一分為二似的。主有血光之災、動手術及患危險性高的疾病。

化解方法：安放銅馬，嚴重者以一對麒麟正對煞氣。

☑ 穿心煞

一些樓房下被建了地下鐵路或隧道，從樓下透過，便主犯穿心煞。此煞對較低層的單位影響較大，致使宅運不穩，財運差，且房客身體健康較差及易生血光之災。

化解方法：在旺氣或吉方安放銅葫蘆、五帝錢，及一對文昌塔。

☑ 廉貞煞

一般風水注重背後有靠山，但如果所靠之山並非名山，而是山石嶙峋，寸草不生的窮山，風水學上則稱之為廉貞煞，這是煞氣頗大的一處風水惡煞。「靠山」在風水學上代表的人物為上司及長輩，後靠惡山的影響為上司或長輩為難自己，令自己的才能不能發揮。倘若自己身為領導人員，則主自己沒有實權，部屬多屬陽奉陰違。

化解方法：經常把窗簾放下；於煞方掛葫蘆；嚴重者放四對貔貅擋煞。

風水學中的五黃位指的是什麼

傳統風水理論中最重視的方位一直是中央的「五黃位」，所謂的五黃，也有人稱之為五鬼，五鬼是堪輿中一種力量很強的地煞。每年一些寺廟都會拜五鬼，以求家畜平安。事實上，五鬼真正的力量，是指一間屋子的正中方位;如果我們把一間正方形的屋子上下左右各劃三條線，平均的把房子分為九個格字，中間那個格子就是五鬼的方位。就因為五鬼是力量很強的地煞，所以五鬼位不能再置放一些催動穢氣的能量擺設物。否則，這些穢氣一旦喚起五鬼的能量，可能會影響這間房子的居住者的好運氣。所以這也就是廁所為什麼不能蓋在房子正中央的原因。

什麼是風水學中的歲破日

陰曆上寫有「日值歲破，大事不宜」八個字，是從負面的角度告誡人們不要觸犯此日和此方位。其實，歲破日還有正面的好處，只是因為人們不明白個中道理，所以，編曆的人，寧可把好處掩蓋，只講其凶，不講其吉，以免人們誤用。那麼何謂「日值歲破」，舉一個例子說明，子年，太歲在子方，其歲破必在午方。用干支紀日，凡帶地支為午之日，比如：甲午、丙午、戊午、庚午、壬午，都叫「歲破日」。在此日，午方的負氣場最強，若犯之（特別是屬鼠之人），則有災禍。

第三章

最神奇的學科
——有關風水的軼聞典故

地脈與王氣之說是如何產生的

風水活動古已有之，秦漢以後始上升到理論高度並總結成為若干學說。

據《史記．蒙恬列傳》記載：秦二世與趙高、李斯謀奪王位後，派特使賜曾督修萬里長城的守邊大將蒙恬自裁。蒙臨終前喟然歎息說：「我何罪於天，無過而死乎？」良久，徐日：「恬罪固當死矣。起臨洮屬之遼東，城塹萬餘里，此其中不能無絕地脈哉？此乃恬之罪也！」這是關於風水地脈（龍脈）理論的較早記載。

將土地類比於人，認定它也有脈搏，地脈是風水龍脈理論的邏輯基礎。地氣有靈，順其則吉，逆其則凶。蒙恬自認為因絕地脈得罪於天，故招致殺身之禍。

秦代有了地脈觀念，也有了王氣觀念。《晉書．元帝紀》談到南京地理時說：「始皇時望氣者云『五百年後金陵有天子氣』，故始皇東遊以壓之，改其地日秣陵，塹北山以絕其勢。」又據《太平寰宇記》卷九十五記載，秦代的長水縣有一座山（今浙江省嘉興縣南邊），秦始皇聽術士說山上有王氣，便遣發了一批死囚去挖山，囚徒們受不了勞苦，一哄而散。

秦代營建了巨大的土木工程，有陽宅阿房宮，又有陰宅始皇塚。阿房宮占地近三百里，離宮別館遍布在山谷，以南山為宮門，以樊川做池子，阿房前殿可坐近萬人。始皇塚動用七十萬民夫，挖空了驪山，穿透了三重息壤，規模之大，真可謂空前絕後。這兩大工程的實施，說明秦代相地水平是很高的。

秦代講究墓葬吉凶。韓信年輕時，母親死，家裡窮，不能在村墓中葬母，就擇「高敞地」葬母。後來他功成名就，被封為楚王。又據《管氏地理指蒙》卷四記載，秦末李仲翔祖葬城紀，他三次夢見有人告訴他，葬地的山形如川字，法當戰死。仲翔不信，漢初果然戰死於狄道。

秦人西首而葬，墓向東方，主墓道在墓坑的東端，這可能與秦國地處西陲，企圖東進有關，也可能是他們有了以西為尊的觀念。

地名與風水有著怎樣的聯繫

在隋唐五代風水術已經相當發達，影響也十分廣泛，上自天子公侯，下迄庶民百姓，都很重視居住地的風水，更別說對於祖墳風水的要求了，這一時期，風水先生也相當多，不僅有以風水為業的術士，就連沙門浮屠、公卿宰相對於風水術也有一定程度的研究，並有不少人以風水術聞名，雖說不上人人皆通風水，但也是相當的普及了。

當時身在朝野的高官們介入風水領域的屢見不鮮。唐朝內史令李德林就是其中一位，一次他準備遷葬父母之墳，就讓懂風水的兒子與一位當時極負盛名的風水師一同回到自己的家鄉饒陽城東區去選擇葬地。在風水師選好之後，兒子與風水師就回家向他彙報，李德林問兒子與風水師：「你們所尋的那塊地怎麼樣，吉凶應驗情況如何？」風水師回答：「那塊地高山落脈，龍樓鳳閣，辭樓下殿，龍峰上紫氣騰騰，縈繞盤旋，有三分三合八字水之勢，巒頭暗金開口，太極暈分明如畫，左龍右虎操抱有情，兩邊砂峰旗鼓相映，案山一字開面，羅城寬大，水口緊鎖，內堂呈黃白之氣，小河水從左到右曲曲而至，經水口靜靜而消，不見去處，但聞來路。內堂東邊有個村子，西邊是城郭，南邊有一條路經穴前環繞而去，形成金城玉帶之狀，北方有一個平正的河堤關攔，水停聚於此，然後漸漸流出。」兒子接著說：「此地應有八公之貴，富壽綿遠。」李德林聽後問道：「東邊的村子叫什麼名字？」地師答道：「五公村。」李德林聽後，不由得惋惜的歎道「咳！只剩下三公了，這都是命啊，知道了又能怎麼樣呢？」於是就擇吉將其父母的骨骸遷葬於此穴之中，不久，李德林就由內史令受封安平公，後來他的兒子李伯藥、孫子李安期，均襲封安平公爵號。到了其曾孫時，因參與徐敬業、駱賓王等人起兵長安討伐女皇武則天事件，被革除爵號，正應驗了李德林所斷的「三公」之語。

從這個故事來看，李德林及兒子李伯蘗都是非常精通地理風水之人，李德林不用親自到現場觀看地理形勢，只聽風水師與兒子對地理形勢的敘述，馬上就能知道此地的富貴等級，雖然他無可奈何葬下父母，也歎道天命不能保全其子孫後代的繁榮興旺，但他對於風水術的認識還是相當深刻的。

風水先生的來歷是怎樣的

相傳先秦時期，隱於邙山上清宮的道教始祖老子李耳，曾有兩名弟子，一名鬼谷仙師，俗名王栩，一名九天玄女，俗名鐘靜，兩位仙長俱精通風水之學。其中九天玄女前世乃西王母駕下九天使者。

一天，九天玄女雲遊八百里燕山，忽見一座山崖叢立，山崖之上，獨有一條青色岩石直通一孔泉池，其狀如青龍倒吸泉水，山間透出誘人的龍脈之象。在山之半腰，數十丈瀑布如飛簾般的直沖山下的黑龍潭，此潭方圓千尺，水色如墨，深不見底，黑潭深處，暗浪翻滾，只見一個怪物遍體漆黑，身如巨蟒，頭生兩角。玄女知是黑龍現身，欲擒此怪。黑龍見玄女逼近，急忙竄入潭邊黑洞，九天玄女緊追入內，忽見黑洞一分為三，右為風洞，左為水洞，中為冰洞，玄女從右至左，當追到冰洞時，不知從何射來陽光，在冰壁折射中發出七彩幻光，真是瑰麗萬千，詭異之極。黑龍被逼隱入冰壁。玄女趕到此處，只見壁上寫道：「吾乃崑崙西王母駕下黑龍使者，奉命於此鎮守《九天祕笈》，以待風水聖姑九天玄女駕臨，吾在此已有一千兩百餘年，今功德圓滿，將回山覆命，望聖母承全。」冰壁其實就是天書，只見天書寫道：「《九天祕笈》乃天地乾坤萬物奧祕之總匯，全書共分三大部，上部為《天機道》，中部為《人間道》，下部為《地脈道》。《天機道》者，乃天機天兆之大者，天以二十八宿為經，以東南西北為四垣，臨制四方。紫微主王侯卿相，天市主府庫錢財，太微主富貴壽數，少微主威武權謀，故天上各路神仙及人間文武百官，皆天星四垣之主宰也。昔姜子牙懂半篇《天機道》，便可封神為相。《人間道》乃人倫大道，凡一切處世、處政之法及謀略、兵法、武藝皆含其中，若知一二，便可成帝王之師。昔黃帝得此《人間道》，便一舉平復蚩尤。《地脈道》，首重龍，龍即山脈，亦為大地之氣，而氣之來需有水導之，氣之止，需有水限之，氣之聚必須無風，有風則散。由是地脈之道，須藏風得水，故稱風水。」《地脈道》即風水之道，亦稱尋龍之學。三道之間，天機主宰地脈，地脈主宰人倫，上接天機，下育人倫，實為《九天祕笈》之母，此乃《地脈道》奧祕所在。玄女看後，仔細揣摩，不覺大悟。天書剛剛隱去，忽然冰壁暴縮，七彩幻光異常耀眼，原來三洞各有寶物相贈。第一件是冰洞的「天幻鏡」。此鏡乃先聖伏羲之物，上可探天下可測之地，下可照世間萬物，即使修煉千年異類，若被此鏡一照，便化為烏有。第二件是風洞中周文王上演的《易經》原本。學會周易，能卜凶吉，知過去未來。第三件是水洞中漂來木盒一隻，內置「地玄盤」一個（即陰陽家所用羅盤），盤有天、地、時三針，能測地脈之優劣。三件寶物及冰壁天書助九天玄女修成大道，那得道之地，又是風水兩洞，故玄女娘娘又稱風水聖姑，學此道者便將九天玄女尊為風水始祖。後來，大道傳入人間，所有執羅盤、看地脈習學風水之道者，均被人稱為風水先生 .

文壇「三蘇」背後有著怎樣的風水祕聞

三蘇是指蘇洵、蘇軾、蘇轍，這三人是宋代聞名於世的三大才子，其中尤以蘇軾成就最為突出。「三蘇」的老家在四川省樂山市仁壽縣境內，其祖上有一則有趣的風水故事。蘇洵的祖父當時是一個出家人，號白蓮道人，他有一個至交朋友叫蔣山，是當時著名的風水師，蔣山每兩年遍遊名山大川一次，尋龍布穴，回來後都要到白蓮道人的道觀中靜養修行。

有一天，蔣山正與白蓮道人下棋，突然蔣山問道：「你想得到一塊風水寶地嗎？」白蓮道人還沒有開口，蔣山又接著說道：「這次我雲遊回來，尋得兩塊風水寶地，一塊地可以大富比石崇，另一塊地可以大貴於天下，做到宰相，這兩塊地我只能送你一塊，你自己選吧。」白蓮道人想了一下說道：「我是半路出家，家中還有兒子在讀書，不想奢求什麼富貴，只要子孫賢能就心滿意足了」。蔣山想了想道：「這兩塊地均不適合，不過前次在彭山縣的象耳山，尋到一塊佳地，會出蓋世的人，我就把它獻給你吧，明天一早我們就啟程去看看。」白蓮道人聽後心中很高興。於是，第二天天剛破曉，兩個人就出發了，經過十幾天的路程，來到了彭山縣象耳山的風水穴位之處。此地四山環抱，來龍如大將軍出陣，匹馬單刀，貪狼峰起龍頂，綠油油的小樹秀麗動人，明堂開闊，前面案山層層相朝，向上一枝文筆秀峰，直插雲端，一勾小溪水從林間曲曲而來，向上消失於左後方，站在山峰上一聲輕嘯，空峪震盪，聲音清澈幽旋，久久在峪中迴盪。穴場在山峰頂端，大背葬法的常理（在風水術語中稱「頂天穴」），穴位處略開一公尺大的小窩，四面青草依依，微風悠揚，白蓮道人的衣帶隨風飄蕩，他見此景心中好不高興，但又歎道：「穴高只怕八白搖。」地師蔣山見狀已知他的心意，於是蹲下半身去從袋裡拿出一盞油燈，用火柴點燃後輕輕的放在那個穴口，雖然四面來風，但燈火紋絲不動，蔣山手指放在油燈之處說道：「此處就是佳穴之位，一步也不能離開，葬在這裡你家才能出文章蓋世之士，其餘地方均不能成穴，不信你就試試。」白蓮道人為了穩當，就在自己認為可以立穴的地方，用油燈反覆的測試，燈火均會被風吹滅，此時他才真正嘆服蔣山高超的風水之術。一年過去了，白蓮道人的母親去世了，他就將其葬在蔣山所點的穴位中。不久，蔣山又來到道觀，並與白蓮道人一起再去考證他母親的墳墓，蔣山看後歎道：「你這還有一點小的差誤，我幫你糾正一下。」於是，蔣山就做起自己的法事來，並在墳頭的左邊添了不少土。

幾年後，白蓮道人的孫子蘇洵就以文章出仕了，並連出了蘇軾、蘇轍。他們都是以詩詞歌賦名震天下，在「唐宋八大家」中，僅蘇家就占了三位，這個「油燈定穴」的故事，至今還流轉於四川各地。

朱元璋是如何為自己選擇陵墓的

明太祖朱元璋是封建帝王中比較重視風水的一個，他不僅很重視皇宮都城的選擇，令劉伯溫選擇修建宮殿的最佳位置，並看中了鐘山的陰宅風水，要把陵墓修建在那裡。

一次，朱元璋邀劉伯溫一同上鐘山選擇葬地佳穴，經過多日的艱苦奔波，也沒有找到如意的葬地。一天，朱元璋在走累之後，就隨地坐在一個僧人的墓塚上稍息片刻，問劉伯溫道：「你看吉穴在什麼地方？何時能夠尋到？」劉伯溫笑而答道：「陛下坐下之地就是龍穴的正位。」朱元璋一聽大吃一驚，急忙站起來說道：「這下面已經躺了一個老僧，你看怎麼辦？」劉伯溫說:「按照禮節，將他遷到另外一個地方就行了。」朱元璋一聽心中很不高興，說道：「普天之下的土地都是朕的，朕要用這個地方，為何還要用這些繁文縟節，以禮相待呢？」於是，朱元璋就命人動手挖掘僧人之墓，挖開後，裡面有兩個甕，一上一下合在一起，甕蓋上刻有兩行大字「×××年有朱姓掘吾之墳，雖是正主，亦應以禮遷之」，打開上面的甕，只見老僧栩栩如生，耳長垂至其膝，指甲出奇的長，盤旋繞遍全身，眉毛頭髮白長閃亮，僧人盤膝而坐，眾人無不驚駭，誰都不敢向前。這時，朱元璋才相信劉伯溫之話，並設壇拜祭，然後小心翼翼把僧人移葬在五里之外的山頭上。朱元璋就在此處修建了陵墓，命名為明孝陵。

香港中銀大廈有著怎樣的風水

風水是建築師在設計中經常遇到的問題。最典型的事例就是美籍華裔設計師貝聿銘在設計香港中銀大廈時所遇到的「風水風波」。

高達三百五十一公尺總共有七十層的香港中銀大廈是香港的標誌性建築。在看過設計藍圖後，中國銀行給貝聿銘發去了電報，對大廈立面展現眾多加了框的巨型「X」形鋼架深表憂慮。因為在中國，「X」意味著遭殃，只有罪犯的名字上才打「X」形的大叉。

☑ 香港中銀大廈

後貝聿銘十分精細的把「X」形架隱藏起來，並把暴露在外的部分改變成類似佛教中的吉祥符號 —— 萬字元的形象，這才皆大歡喜。

雖然貝聿銘充滿詩意的將中銀大廈形容為雨後春筍，但大廈建成後，人們還是議論紛紛，因為風水師說，大廈像一把寒光四射的尖刀，有許多尖角和刀刃一樣的楞線。正對著這些尖角和楞線的建築紛紛感到了不安。

這個故事聽起來似乎充滿了迷信和荒誕的色彩，但是這僅是站在科學的角度看，如果從文化和美學的角度看，就會發現風水並不是荒誕不經的。從上面的故事，我們至少看到了風水的美學價值和對心靈的撫慰價值。

譬如：從科學的角度看，中銀大廈的「X」形鋼架是合理的，但是它忽略了中國人的文化心理和在中國「X」形的符號意味著什麼這個問題。而風水師卻會注意到這些。如果說「美是一種有意味的形式」，那麼忽略了中國人文化心理的東西，在中國人的眼中不會是美的。可以說風水是從文化的角度對科學的一種平衡和校正。

許多人驚歎中國建築分布所呈現出的美，其實這種美的形成跟中國人講究風水密切相關。儘管風水主觀不是為了美，但是客觀上風水成為中國人建築規劃的美的標準。

風水另一個重要的價值是對心靈的撫慰作用。譬如：科學不可能說，中銀大廈像尖刀，正對著不好。但從心理感受上看，每天正對著一個巨大的明晃晃的尖角或者一條刀刃般的楞線，是會讓人感到不安的。而風水能解決這樣的問題。

中國最出名的風水寶地是哪三個地方

以下略述在中國歷代未受過大的破壞而且不斷人才輩出的三個風水寶地：

☑ 湖北省的蘄春縣蘄州鎮

蘄州鎮位於長江中下游北岸大別山南面，是個偏僻的小鎮。是明代聖醫李時珍的故鄉。大別山龍脈彼起此伏，像舞龍般一直舞到蘄州鎮，生動非常；彎彎曲曲、浩浩蕩蕩的長江水，像玉帶那樣輕飄流過蘄州，然後緩緩東流，呈現環抱形狀，又被巴水、湍水河兜裹，成為「水抱格」。它的西北方有桐柏山和大別山擋住西北風，形成「環山格」。所以蘄州鎮真正是一塊「山環水抱」的風水地理寶地。是富貴雙全的風水地理格局。

蘄州鎮有一條狹長的街道叫東長安街（人們又稱為博士街），全長五百公尺，住有一百多戶人家。這條街在二十世紀出了一百多名博士，多半是在美國等西方已開發國家取得的博士學位。很多都是父子、父女、兄弟雙雙博士。

☑ 江西省的臨川縣

臨川縣被列入《中國名人辭典》的多達一百三十四人，有歷代「臨川出才子」的光榮稱號，如宋代的宰相兼大文豪王安石、曾鞏，明代戲曲大師湯顯祖等均出於此縣。那麼，臨川縣的風水地理是怎樣的呢？臨川縣位於江西省撫州市西南，名為「上頓渡」，是眾水所匯之處，地理風水的氣場十分優越，南面的贛江、崇江、撫河如扇形十彎九曲流向臨川，在臨川北會合流入長江和鄱陽湖，成為地理風水難得的「聚水格」局。臨川西北有環形的山脈擋住西北風，形成「山環水抱必有氣」（即氣聚），符合「山環水抱必有大發者」的風水定律。臨川的北方又有九嶺山、連雲山、幕阜山鑄成層層包圍，使北風不能入侵吹散氣場。此外，臨川較遠的南方，有武夷山直行，成為來氣之口直入臨川，源源不絕入而聚會，形成一個優越不散的大氣場，使臨川成為一塊風水寶地。所以儘管時代變遷，社會制度更換，卻從來不影響臨川的人才輩出的地理環境。

☑ 江蘇省的宜興縣

宜興縣有教授縣的美稱，當代有五百四十八位宜興籍高級的科技人員。

那麼，宜興的風水地理情況怎樣呢？宜興是典型的聚水格，它有水龍的保佑。宜興地處長江中游彎彎曲曲的大環抱中，地理風水的氣場十分良好。它又是眾水眾湖匯合流入太湖的必經之路。它的西北形成眾星捧月般的扇形水系：有宜興長漕河、滆湖、長蕩湖、南猗湖，還有很多人工水庫。這些湖河源於長江，向江匯合，流經宜興，注入太湖。因此，使宜興成為典型的水抱型。

風水地理主論有「山主貴、水主富」之說，宜興當官的人雖然不多，但是經商的，富有的人的確不少，教授和高科技人員的收入也是高薪階層之一，他們的生活比其他的職工富裕得多，這是毫無異議的。

「死在徽州」一說有著什麼樣的典故

自古就有「吃在廣州，穿在杭州，玩在蘇州，死在徽州」之說。倘若上溯到明清時代，「生在揚州（或杭州），玩在蘇州，死在徽州」更為世人耳熟能詳。

所謂死在徽州或葬在徽州，首先有兩個方面的含義：一是說徽州是風水學的中心，徽州羅盤聞名遐邇；二是說在世人心目中，這裡林木陰翳，風水獨好，而徽州的棺材更是相當著名。婺源縣位於婺（源）休（寧）公路的南側，這一帶山區歷來峰巒疊嶂，森林資源極為豐富。當地出產的杉木木質良好，生長週期短。

徽州人對於慎終的追求相當虔誠，在他們看來，安葬先人是人生的一件大事。

在安葬先人時，凡是在人世間需要享有的一切，幾乎都要為亡者置備。其中，最重要的當然是要選擇一塊安葬屍骸之處。在傳統的觀念中，選擇墓葬，必須向陰間的土神購買土地所有權。為此，訂立契約是必不可少的一道程序，不少徽州文書中都有《風水地契式》。從格式上看，與一般的契約文書沒什麼大的不同，只是價格，如「其價錢九萬九千九百九十九貫正」的寫法比較獨特。

為了選擇好的「風水」，徽州有的家族甚至不惜代價重金購求。安徽大學趙華富教授曾提及一個故事，徽州鹽務巨商、歙縣棠樾鮑氏宗族有一次選定了一處好「風水」，地點是在歙縣雄村曹氏宗祠大院裡，雄村曹氏為紳商大戶，還出過曹文植、曹振鏞父子那樣顯赫的中央級大官僚，自然極不好惹。為此，鮑氏族人挖空心思，在曹氏宗祠附近某個地方砌起一圈圍牆，在牆內築了一座假墓，墓下再挖一條地道，邁向曹氏宗祠大院地下。然後乘夜深人靜之時，將祖宗棺材透過地道運進「風水寶地」。可是，此一舉動不巧被附近的人看到了。鮑氏族人為了不洩露天機，遂以重金收買此人。但此事後來還是被曹氏家族發覺，遂告到了官府。不過，在官府派人到雄村調查之前，鮑氏又以每隻一兩銀子的高價，大量收購蜘蛛，將之放入新修的假墓中，結果一夜之間蛛網密布，鮑氏得以證明不是新葬，而是久遠的一座老墓。

上述故事的真實性尚待查證，不過，它卻揭示了因風水而引發的訴訟糾紛。徽州人素以好訟著稱於世，而訟案的成因，十有八九就與祖先墳塋風水有關。

伍子胥是如何為蘇州古城設計風水的

伍子胥（？—西元前四八四年），名員，字子胥，春秋時楚國人。

伍子胥出生於楚國貴族家庭，從小受到良好教育，史書稱他「少好於文，長習於武」，有「文治邦國，武定天下」之才。西元前五二二年，伍子胥因父親伍奢、兄伍尚被楚平王追殺，而避難逃奔吳國。後結識吳公子光，並策劃刺死吳王僚，幫助公子光奪得王位。闔閭任命他為「行人」，成為吳國重要謀臣。

伍子胥具有雄才大略，又深得吳王闔閭信任。為使吳國能內可守禦，外可征伐，他首先建議吳王闔閭「先立城郭，設守備，實倉稟，治兵革」，並親自受命選擇吳國都城城址。他「相土嘗水」、「象天法地」，最後選定今蘇州古城的地址，合理規劃，建造了闔閭城（今蘇州）。

伍子胥主持闔閭城的選址和規劃布局。他提出了「相土嘗水，法天象地」的原則。用「其尊卑以天地為法象，其交媾陰陽相配合」的思想進行實地調查，觀察土壤的性狀，考究河泉水源與流域分合，由此選定城址。將城的結構、位置座向與天象相呼應配合，「陰陽調和、四時順理、兩陽易時寒暑應氣」，設「陸門八，以象天之八風；水門八，以法地之八卦」。將城牆四方各開二門，納八方之風。東方為婁、匠二門，西為閶、胥二門，南為盤、蛇二門，北為齊、平二門。

《史記．律書》中說：「閶、闔風居西方。」向西建此二門以象天門，引入閶風以通天上。吳欲並越，在越國正處於十二生肖蛇的方位上，所以將東南門命名為蛇門。吳的主位正處於龍位，辰方；以龍剋蛇，吳必勝越，龍以盤為勢，故西南為盤門。北面的平、齊二門意在掃平齊國。楚在西北，也將閶門稱為破楚門。如此設計布局的都城充滿生機，意欲振興強盛，其主題思想也是可想而知的。

郭璞是如何為溫州城設計風水的

歷史上溫州的城郭是由風水祖師郭璞所設計的，據明代嘉靖朝《溫州府志》記載，溫州在晉明帝太甯元年（西元三二三年）決定修建郡城時，恰巧郭璞客寓溫州，故請他「為卜郡城」。溫州郡的城建，按風水原理，應建在甌江北岸，坐北朝南，像現今的杭州一樣。郭璞經過實地勘察，對南北兩岸的土壤取樣比較，發現同等容器的土壤，北岸的土輕，南岸的土重，遂決定建在南岸。郭璞當時登上南岸的「西郭山」（今郭公山），「見數峰錯立，狀如北斗，華蓋山鎖斗口，謂父老曰；若城繞山外，當驟富盛。但不免兵戈水火。城於山，則寇不入斗，可長保安逸。因城於山，號斗城。」其中華蓋、松台、海壇、西郭四山是北斗的「斗魁」（北斗的四顆斗星稱魁），積穀、翠微、仁王三山像「斗構」（斗柄三星稱構）。另外的黃土、靈官二山則是輔弼。他又設計在城內開鑿二十八口水井，象徵天上的二十八星宿，以解決城內人民的用水。郭璞還考慮到如果發生戰爭，城池被包圍，斷了飲水，更在城內開五個水潭，各潭與河通，最後注入甌江。郭璞說是「城內五水配於五行，遇潦不溢」。

七百多年後，北宋的方臘聚眾起義，勢不可擋，起義軍三個月內接連攻陷今建德、歙縣、杭州、金華、衢縣、麗水六縣市，但起義軍挾其聲威，圍困溫州四十餘日，始終不能破城，只得撤軍。到明朝嘉靖年間，倭寇屢屢侵犯我沿海地區，攻陷城池無數，嘉靖三十四年（西元一五三五年）攻入杭州，燒毀雷峰塔。溫州自嘉靖三十一年至四十二年（西元一五五二年～一五六三年）的十一年中，共六次遭受倭寇侵犯，但倭寇始終都未能攻入城內，只好在鄉間到處搶劫擄掠。這其中除了守城軍民頑強抵抗這個決定性因素外，郭璞鬥城的設計，具有科學的預見性，恐怕也有很大功勞。

郭璞的設計，構思巧妙，透過北斗、二十八宿和五行等，體現天人合一的思想，兼顧軍事安全，保證人民安居樂業，不愧為人居與生態環境協調的堪輿佳作，對現代城市規劃也有很大的借鑒意義。

浙江諸葛八卦村有著怎樣的風水布局

諸葛村位於浙江省蘭溪縣，在這個村子裡，諸葛姓氏村民達三千餘，為中國最大的諸葛氏後裔居地。

因宗族聚居，依風水建村，這是古村落形成的一般規律。但像浙江蘭溪諸葛村這樣，把姓氏和家園推向一種文化的極致，成為道德和哲學的日常演繹的，恐怕還不多見。

在諸葛村，一切都保持著淳樸的民風，古老的建築、原始的農作、簡單的生活方式，而諸葛村最神奇之處，當數稱為一絕的村落風水布局 —— 九宮八卦布局。

☑ 諸葛八卦村

諸葛八卦村由諸葛亮二十七世孫諸葛大獅於元代中後期營建以來，已有六百多年的歷史，雖歲月遷移，人事代謝，迄今總體格局未有巨變，堪稱古建築史上一大奇觀。其內涵之深邃，令人叫絕。

諸葛村西北低，背靠山巒，面對流水，是形勢宗追求的「天地之勢」。此外，諸葛村處於八座小山環抱之中，小山似連非連，形似八卦的八個方位成了外八卦。村中大廈如雲，房舍高下，錯落有致；巷道交通，八方呼應。鐘池位於村落中心，似太極陰陽圖，八條小巷向外輻射，形成內八卦、村中數百座明清古建築，雕梁畫棟，百態千姿，風格優美。這些都說明村落創始人善於選擇地形，合周圍自然環境與屋宇井巷配成雙重八卦，充分反映出諸葛大獅的非凡風水藝術與精心構思。

宋元之際，戰亂頻繁，諸葛大獅在村落布局設計時，對防衛問題也給予充分的考慮。諸葛村的地形複雜，房舍巷弄布局變化無常，具有迷宮特點，這種九宮八卦形布局，充分體現了防衛目的。抗日戰爭期間，日寇從高隆崗下大道經過，竟未發現這一繁華村落。村中建築千門萬戶，面面相向，背背相承，巷道縱橫，似連卻斷，似通卻閉；虛實難料，陌生人貿然進村，常常不得其道而入，不得其徑而出，盜賊到此，往往束手就擒。

風水學中的放生與吃素指的是什麼

風水能夠改善命運，最大的兩個根源是：一、應先天之運數而改變命運。二、應後天之積善（善因）報應而改善命運（得善果）。比如「放生」和「吃素」，就是兩種值得一試的方法。

首先，放生不僅是給動物死裡逃生的機會，實際上在冥冥之中也是為自身安排了一條「絕處逢生」之路。在「消罪」和「積善」上，其無形的因果更是不可估量的，尤其對於患有頑病怪疾，或求壽求子求健康之人士來說，「放生」更為重要。

放生應注意的事項，如屬鹹水的海洋魚類，則應該放回海中。如屬淡水的魚類則應放到水塘中。鳥雀應到山林中去放。以使牠們回到適應生活的大自然中去。放生宜選擇魚類、海龜或淡水龜、鳥雀、鵪鶉等。要常放，最好長期放。放生並不需要花很多的錢，如果經濟不富有的話，可用「積沙成塔」之方法，每週積蓄一百元，則每月亦可積到四百元放生善款，但要專款專用，要有恆心和信心。

其次，吃素也是一個簡便的好方法，但不一定每個人都能做到。視各人的職業和處境而異，亦視各人的意志及克服力之強弱而定。吃素是慈悲心的體現，是間接或直接戒殺生，功德很大，而且現代醫學證明素食對健康也是很有助益的。

當然，吃素不一定是要終生吃素，可根據自己本身的處境來決定吃素時間的長短，有的是每月的初一十五，有的百日，有的半年，或一年、三年、五年、十年不等。（注：吃素期間切忌殺生！）

澳門葡京賭場的風水玄機在哪裡

澳門葡京賭場的設計藏了很多風水玄機，據說澳門本地人一般是不進葡京賭博的，因為深知鬥不過葡京的風水局。

矗立在南灣灣畔的葡京賭場，外觀就像一隻巨大的鳥籠，寓意易進不易出。尤其是晚上燈火通明時，入場的每一個賭客，都成了這個金碧輝煌鳥籠裡的籠中鳥。

葡京賭場最具煞氣的還是正門，一邊像獅子口的模樣，另一邊則像虎口。門前就是的士停靠點，賭客一下的士，就彷彿掉進獅子老虎嘴裡。而獅子是萬獸之王，在風水上有吸財的作用，老虎是凶猛之獸，有守財看屋的作用。

葡京賭場的頂部還有一個圓形物體，刀狀的「利器」圍滿一圈，刺向四面八方，因為風水最重一個「通」字，但過度的「通」又會成為「空」，所以要在頂部放一個圓形物體做箭靶，再用箭把它射滿，寓意是把進入籠中的鳥兒殺死。

這就是關於葡京最完整最特別的風水布局解釋，即著名的「百鳥歸巢」，原來這樣的賭場便可以大殺三方，賭客成為任人宰割的籠中鳥。

還有一點，也許觀光客並未留意，葡京一年三百六十五天都在進行內部裝修，不是整廁所就是整樓梯，反正沒有停過。有香港風水師一語道破個中用意，粵語中「裝修」的諧音是「莊收」之意。連這樣細緻的布局都不放過，還有哪個賭客妄想能從葡京獲得半分好處呢？

晉商大院有著怎樣的風水布局

「宅好人旺」是人們幾千年來對住宅文化的追求，風水乃找尋建築吉祥地點的景觀評價系統，是古代地理選址與布局的原則之一。

中式建築多由建築包圍空間，西式正好相反，建築居中，空間包圍建築。中式宅院多為左右對稱，空間位置的對稱性設計，是對大自然的有機模仿，這種模仿可使人類得到感官的愉悅和情操的陶冶，進而產生有益於身心健康的審美感受。故中式院落多採用正偏結構，且正院上高下低，中庭開闊，尊卑有序，等級分明。正房高，廂房低且小於正房。從宮廷到民間，皆遵循此定式，晉商宅院也具有這些特點，並被長期的保留了下來。

晉商宅院中，居於上風水的房間為尊者長輩首選，正院正房正廳不光屋頂比廂房高，台階也要多出一兩級，宅主在此起居會客議事，樓上一般用於佛堂、藏書；上院廂房以兄東弟排，下院以同樣模式安排下一輩；南樓為繡樓或閨房，下層居丫鬟，上層住小姐，其住所無論前廳還是過廳，均明顯向後回縮，意在體現禮教中的「女子低頭後退，不能出人頭地」理念，小姐們十三歲入閣，出嫁時方可下樓。繡樓多與餐室相通，以便於用餐。帳房院則不論正房廂房，門前多不設台階，即便築階，一級而已，以示其位低主人一等。傭人、保鏢、廚子等人所住偏院，乃緊靠正院廂房牆壁修建的一排低矮的東西房，通往正院的門閂皆安裝於正院一側，如此主人可隨時到下人住處走動察訪，下人則不得隨便出入正院。尊卑觀念、等級制度皆依風水而轉。

晉商宅院看上去都形如城堡，三面臨街，四周為封閉式磚牆，高三丈有餘，上置女兒牆和垛口。大門坐西朝東，上有頂樓，中間城門為洞式門道。大門以裡為一條石鋪甬道，兩側靠牆有護牆圍台，盡頭遙對處是祠堂，為廟堂式結構。大院之中的各分院均為「宅俱全」布局，宅院內東西南北建房謂之「宅俱全」，當地民諺更有「有東沒西，不存老妻，有西沒東，不存老公，唯有北房，有君無臣」的說法。雖說是左右對稱的幾個大院，各自的大門卻須挪錯一旁，風水中認為，門對門就是口對口，如此大口吃小口，便會造成父子不睦、兄弟鬩牆、妯娌欠和、姑嫂相忌的結局。其院落嚴格按照大遊年法排列，大遊年法也稱九星飛宮法，乃陽宅風水中最常用的風水法則之一，是八宅派風水的理論基礎。依這一理論，處於吉位的正房為主家起居之用，凶位則可安排做倉庫或茅廁，所以，北廂多做儲庫，東南用於修建廁所。

著名的喬家大院由六個院落組成，南北各三院。北三院逆旋八卦布置，由震卦（東方）、坎卦（北方）、乾卦（西北方）依次由正東向西北逆時針逆旋排列，南三院順旋八卦格局，由巽卦（東南方）、離卦（南方）、坤卦（西南方）依次由東南向西南順序建造，最終交會於兌卦（正西方）。為何要建造六個大院呢？上下四方謂之「六合」，寓意圓滿，另外，六與「祿」諧音，又有吉祥之喻，即「六六大順」也。另外，六院又有「六爻」之論，六爻合八卦，占盡風水之全。

建在平川的大院，都以東西甬道為軸，兩側布局，依照「東青龍，西白虎，甯讓青龍高三分，不讓白虎壓一籌」的風水之說，大門上的明樓一般都很高大，內宅院落也由西向東漸次抬高。

為了符合北高南低的風水原理，其院落中的最高建築無不建在北端。曹家大院面山而築，為此在北端的三座主樓上加建了三個象徵豬、牛、羊的「犧牲亭」，以懾南山，且與東邊的河流相配，便成了「福如東海，壽比南山」的寶地了。景山是紫禁城的風水山，上建五亭，晉商中的曹家卻也要建三亭，氣派可謂大矣。

與喬家大院、渠家大院、曹家大院、常家大院等建在平川的不同，王家大院依坡而構，由東西對峙的高家崖、紅門堡兩部分組成。外觀，依山就勢，隨形生變，層樓疊院，錯落有致；其內，窯洞瓦房，相互連綴，裝飾典雅，內涵豐富。儘管是依坡而建，仍要圍成一個個高大院落，大小院落既珠聯璧合，又獨立成章。類似者還有陽泉的張家大院、平定的石家大院、汾西的師家大院以及磧口周邊的商宅等。

晉商宅院的另一特點是各式照壁影壁多，置於門外者叫做照壁，門內者叫做影壁。照壁影壁，都是風水牆。

喬家大院大門對面的照壁上，刻的是精心打造的磚雕「百壽圖」，百壽圖上的這一百個「壽」字，已抽象演繹成了符號圖案，據說出自晉商代表人物喬致庸的女婿，也是山西著名書法家的常贊春之手筆，其書法價值如何且不說，倒是壁脊的兩聯對子頗耐人思索，為左宗棠題贈的篆體「損人欲以複天理；蓄道德而能文章」，楹額為「履和」。喬家大院還有三面磚制影壁精品：一幅是刻有傳統紋飾的「龜背翰錦」，寓意顯然是長壽如龜年；一幅是分隸為正文、魏楷題落款的趙鐵山書法壁，抄錄的是南宋呂祖謙的《省分箴》，其旨在告誡家人要自覺自律，安分守己；還有一幅是福德祠影壁，其為一組浮雕圖案，上有寓意吉祥的梧桐、松樹、梅花鹿、壽山石等，福德祠即土地祠，福德取納福蓄德之意。

常家大院中的照壁影壁數量最多，多達九九八十一處，其中照壁八、影壁十三、花牆三十二、壁掛二十八，花牆壁掛歸屬影壁一類。在其祠堂處也有一處「百壽壁」，嵌兩百四十個篆壽，取「壽二百四十字」之諧音「壽二百四十止」。另外的精品還有家訓壁、采薇壁、三星壁、鹿鶴壁、麒麟壁、廟堂壁、四季壁、山水壁等等。

風水講究導氣，《水龍經》中有「直來直去損人丁」之說，氣不能直沖廳堂或臥室，否則不吉。影壁便有放緩氣流的功用，且合「曲則有情」的風水原理，同時／具有使呼嘯而來的沖煞氣流放緩的作用，與住宅內之氣相協調，這就是風水上所謂「氣則不散」的說法。照壁影壁可遮蔽視線，可避免氣沖，保持氣暢，故而非同小可，至關緊要。另外，有些晉商宅院在裡外院落的穿心過廳處，每每放置木製屏風，其作用也等同於照壁影壁。

旅遊勝地周莊有著怎樣的風水布局

周莊位於江蘇省昆山市西南隅，古稱貞豐裡。春秋戰國時期，周莊境內為吳王少子搖的封地，稱搖城。北宋元祐元年（西元一〇八六年）始稱周莊。元代中後期，巨富沈萬三利用周莊鎮北白蜆江水運之便，通番貿易，周莊因此成為糧食、絲綢、陶瓷、手工藝品的集散地，遂為江南巨鎮。至清康熙初年正式定名為周莊鎮。

周莊澤國，因河成街，一派古樸、幽靜，雖歷經九百多年的滄桑，仍完整保存著原有水鄉古鎮的風貌和格局，宛如一顆鑲嵌在澱山湖畔的明珠。

☑ 雙橋

雙橋是周莊的著名景點，地處周莊中心地段，位於南北市河和銀子濱交叉的河道上，由世德橋、永安橋相互交叉組成，均建於明萬曆年間。橋面一橫一豎，橋洞一方一圓，呈直角狀排列，當地人稱為「鑰匙橋」。其中世德橋為單孔橋，南北向，橋孔每道拱券用七個拱板石，拱板間插入鎖石，成連鎖式橋孔；永安橋為梁式小橋，橫跨銀子濱上，橋東西向，長十三點三公尺，寬二點四公尺，高二點八公尺。周莊雙橋曾於清乾隆、道光年間重修。雙橋最能體現古鎮神韻，碧水泱泱，粉牆黛瓦，綠樹掩映，小船在橋洞中穿過，牽著牯牛的老農走在橋階上……。

畫家陳逸飛以雙橋為題材，創作了一幅題為《故鄉的回憶》的油畫。此後這幅油畫又被印上當年聯合國郵票首日封。由此，世界上越來越多的人領略了周莊古鎮秀美的風光與古樸的風韻。

☑ 富安橋

富安橋原名總管橋，位於周莊中市街東端，橫跨南北市河，通南北市街，是古鎮橋與樓聯袂結構完美的獨特建築，也是江南僅存的立體形橋樓合璧建築。始建於元至正十五年（西元一三五五年），後由沈萬三之弟出資重建，成石拱橋，改名富安橋，期望「既富又安」，心誠可鑒。現在，四側橋樓保存完好，飛簷朱欄，雕梁畫棟，古色古香；樓內設茶室、餐館和商店，遊人既可歇憩又可賞景，別有情趣。富安橋橋身用金山花崗岩精工而築，橋欄和橋階用武康石堆砌，橋面刻有吉祥浮雕圖案，橋身四側建有飛簷翹角的樓閣，飛簷高啄，遙遙相對，氣勢非凡，宛如閣中飛橋，又像橋上建屋，橋、樓呼應，和諧成趣，為江南橋、樓之冠，也是古鎮周莊的象徵。

☑ 小橋流水

周莊四面環水，像一片小小的荷葉泊在澄湖、澱山湖、南湖和三十多條大小河流之中，鎮上又有四條主河道，河道上又有十四座小橋，鱗次櫛比的房屋簇擁在水巷兩旁，粉牆黛瓦，古意盎然。駁岸、拱橋、翠竹、綠柳，金黃色的幌子、大紅的燈籠，不愧為「水鄉澤國」。波光粼粼的道道水巷遊人如織，條條河汊輕舟蕩漾，岸邊斜欄穿竹。小橋、流水、人家，在水鄉幾乎家家都有自己的碼頭，「橋自前門進，船從家中過」。橋成了周莊人生產、生活中不可缺少的組成部分。因橋成路，因橋成市，橋橋相望，橋給水鄉周莊增添了無窮的魅力。坐上烏篷船，緩緩行駛在清澈明淨的水中，更有一番恍若隔世的感覺。

☑ 沈萬三

周莊的繁榮與在當年有「江南首富」之稱的沈萬三有著密切的聯繫。沈萬三生於元朝末年，幼時隨父遷至周莊，經營田產和海外貿易，「田產遍布天下，又通番而資巨億萬」，周莊也因此獲得極大繁榮。沈萬三在各地都有產業，但是他始終把周莊作為他的根基。明初，在太祖朱元璋的要求下，他曾出資修築了三分之一的南京城牆，名噪一時。後沈萬三提出出資犒賞軍隊，惹怒了朱元璋，被發配雲南，家產遭沒收。

位於周莊富安橋東南市街上的沈廳由沈萬三後裔沈本仁於清乾隆七年（西元一七四二年）修建。沈廳為七進五門樓，由三部分組成。前部是水牆門、河埠，供家人停靠船隻、洗滌衣物；中部是牆門樓、茶廳、正廳，為接送賓客、辦理婚喪大事及議事之處；後部是大堂樓、小堂樓、後廳屋，為生活起居之所。

雲南麗江古城有著怎樣的風水布局

麗江古城，又名大研鎮，位於麗江壩中部。至今已有八百多年歷史。古城吸收了納西、藏、漢民族的建築技術和風格，是歷史文化名城中唯一沒有城牆的古城。據說這是因為古代麗江世襲統治者姓木，如果築城牆，就猶如「木」字加框而成「困」字，顯得不吉利。

麗江於一九九七年被聯合國教科文組織確定為世界文化遺產，這是中國九十九座歷史文化名城中整體進入世界文化遺產的兩座古城之一。

☑ 山光水色

麗江古城坐落在海拔兩千四百公尺的滇西北高原上，北面聳立著海拔五千五百七十六公尺的雲南第二大山 —— 玉龍雪山。然而這裡冬無嚴寒，夏無酷暑，鮮花不敗，大地常綠，更有密如蛛網的潺潺流水，被譽為高原姑蘇城。納西族的祖先以巧妙的構思、合理的布局，建立起了這座城鎮。集得天獨厚的自然條件和巧奪天工的人類智慧於一體，使古城達到了近乎完美的風水境界。

古城以「三山為屏」，背靠獅子山，西北及東北依象山及金虹山，形成了一個半圓形的避風港，擋住了玉龍雪山凜冽的寒風，自成了一個四季如春的小氣候。古城又有「三河穿城」的巧妙風水，來自象山腳下的玉泉水分中、西、東三個方向蜿蜒穿城，又分成無數小支流環鎮越街、入院繞屋。水岸垂柳依依、薔薇攀枝；水上座座石拱橋、栗木橋追隨著流水。一排排灰瓦土牆院落與水相依相伴，形成了「小橋、流水、人家」的迷人景觀。

☑ 四方街

麗江古城以四方街為中心，向四面八方擴展，四方街由四周擁擠的店面圍成一個方形的街面，故而得名「四方街」。四方街頭枕西玉河，街面清一色五花石鋪就，與相通連的幾條街巷融為一體。乾隆《麗江府志略》稱其「湫隘囂塵，環市列肆」，「午聚酉散，無日不集，四鄉男婦偕來」，可見當時的繁榮景象。古城進一步發展，曾一度成為中印貿易的中轉站和滇西重鎮，商賈雲集，商號林立，盛極一時。四方街又曾是滇西北名貴中藥材集散地，藏族生活用品產銷地，皮製裘衣、圖案墊褥、藏靴、藏銅鍋等遠銷藏區及國外。在四方街做買賣的，大都為納西族婦女，所以四方街又被外人稱為「女人街」。

☑ 古城年輪

麗江古城始建於元初，元世祖忽必烈南征雲南大理時，用革囊渡金沙江到麗江，就在麗江古城一帶駐紮軍營。麗江古城在南宋時期已初具規模。自明朝始，麗江古城稱「大研廂」，因其居麗江壩中心，四面青山環繞，一片碧野之間綠水縈回，形似一塊碧玉大硯，故而得名。

追溯「麗江人」的建築史，從古代的洞穴居、樹巢居、木楞房發展到了「三坊一照壁」、「四合五天井」、「走馬轉閣樓」的古城民居，可謂洋洋大觀。

西元一二五四年，麗江木氏先祖歸附元世祖忽必烈；西元一二七六年，改為麗江軍民總管府；西元一三八二年，設麗江軍民府，阿甲阿得被朱元璋皇帝賜姓木，並封為世襲知府。麗江古城、麗江軍民府（木家院）建設別具一格，氣勢恢弘，亦是當時木氏家族政治、經濟、權力的象徵。明代著名旅行家徐霞客曾在麗江遊記中寫道：「宮室之麗，擬於王者」，「民居群落，瓦屋櫛比」，就是對當年麗江古城之繁盛景觀的真實寫照。

☑ 木府

在麗江古鎮還有一座富貴華麗的園林 —— 木府，即當地土司的「紫禁城」。因其「多僭制」（即建築規格有違犯等級處），徐霞客當年慕名拜訪時曾被拒之門外，只好遙望木府歎其「宮室之麗，擬於王者」。木府也曾幾經衰敗，今恢復舊制，氣勢不凡：由儀門入，廣場盡頭有二重挑簷的大殿建於三重高台之上，宛如故宮太和殿的袖珍版，其雖名曰「議事廳」，但廳內藻井飾有龍的圖案，正中的座椅上置虎皮，儼然是山高皇帝遠的山大王威嚴。自儀門到萬卷樓、護法殿、光碧樓、玉音樓，至三清殿三百六十九公尺的中軸線上，雕梁畫棟，氣勢恢宏不讓紫禁城，加之左右長廊和「御花園」等建築即可見當年土司南面稱王之心。據傳說講，「木天王」其實是個「知詩書，好禮守儀」的土司，為體恤民情、方便市民通行，木王府特辟一條街將木王府一分為二，東西兩院有過街樓相連。「木天王」在過街樓上即可看到行人，四鄉居民也圓了「進城」的心願（當地有「不到木王府算不得進城」之說，且有木王不築城牆以避「困」字之諱的傳說）。

☑ 黑龍潭

古城的泉水富有音韻，遊蕩著天籟的靈魂。清澈的泉水分三股主流穿城而過，在城區又變幻成無數支流，穿街走巷，入院過牆，流遍萬戶千家。黑龍潭泉水從四周山麓的古老栗樹下、岩隙中噴湧而出，匯成一個巨大而又神奇的出水潭，成為古城生機勃發的祕密。黑龍潭泉水清澈如玉，水面開著潔白的海菜花，水底游魚如梭，潭畔花草樹木繁茂，樓台亭閣點綴其間，風景秀麗。清乾隆二年（西元一七三七年）建玉泉龍神祠，清嘉慶十七年（西元一八一二年）和光緒十五年（西元一八八九年），玉泉兩次被皇帝敕加「龍神」封號，使之成為名泉。這裡以龍潭倒映十三峰的景點最為著名。有對聯日：「龍潭倒映十三峰，潛龍在天，飛龍在地；玉水縱橫半裡許，墨玉為體，蒼龍為神。」

☑ 古城民居

麗江古城的大研鎮古建築群都是土木結構的瓦房，大多是三坊一照壁式建築，也有四合院。整體建築群比較矮小玲瓏，一般都是一至兩層，但不失雄偉莊嚴的氣派。許多科學專家考察研究古城後說：麗江古城鎮的歷史，比享譽世界的英國翰洛城早數百年，並且其布局比翰洛城更為科學。麗江古城的民居建築是中僅有的保持古城全貌的城鎮，為研究城市建築史提供了寶貴的實體資料，是珍貴的文化遺產，也是中華民族的建築瑰寶。

☑ 東巴文化

麗江古鎮自古以來就是交通貿易大動脈、南方「絲綢之路」和由西藏入境的「茶馬古道」的中轉站。兩條古道既是中原至東南亞南來北往的貿易通道，又是溝通中原文化和外來文化的傳送渠道。這使得麗江成了漢族與納西族、藏族及其他少數民族文化交融的重鎮。眾多的客棧、林立的商鋪依稀可以見到往昔茶馬市井的繁榮。麗江古城是以納西文化 —— 東巴文化和納西古樂為代表的民族文化的結晶。東巴文化包括象形文字、圖畫、經典、音樂、文學、舞蹈、儀式儀規以及貫穿東巴教義的各種民風民俗。納西古代音樂與漢族儒家樂、道教經腔結合而成的麗江洞經音樂是「古典音樂的活化石」。

浙江俞源太極星象村有著怎樣的風水布局

一個曾經災難頻繁的小山村，在按照太極星象重新設計布局後，變成了一塊風水寶地。世間真有如此神奇的村落嗎？

浙江省武義縣俞源村，就是一個完全遵循著太極之理布局的村落。

在村口，一條「S」形的溪流從村中穿過，田野被分為「太極兩儀」的形態：溪水南面的「陰」的部分古木參天；溪水北面的「陽」的部分遍種稻穀；而四周的環山將陰陽魚完全環繞，構成一幅天然完整的「太極圖」。

據測算，太極圖直徑三百二十公尺，面積八公頃，是大陸最大的太極圖形。據說，它不但擋住了寒邪之氣，還防止村中祥瑞之氣外泄，是不折不扣的鎮村之寶。

俞源村的民居布局則按照古代星象圖來排列。村口的太極圖與圍繞村子的十一道山崗構成「黃道十二宮」；村中的二十八座古建築，按照東方蒼龍七宿、北方玄武七宿、西方白虎七宿和南方朱雀七宿的方位排列；七口水塘則是北斗七星狀。整個建築群呈現「天罡引二十八宿」的完美布局，至今保留完好，令人歎為觀止。

俞源村的布局，據說是明代國師劉伯溫的傑作。

有史料記載，西元一三四九年，劉伯溫路過此地。此時的俞源村旱澇頻繁、瘟疫流行，劉伯溫卻發現村子四周有祥瑞之氣，只要改變布局，便是塊風水寶地。於是按照太極星象原理加以改造，便有了今日俞源村的模樣。

令人驚奇的是，俞源村從此風調雨順，人壽年豐，不但富甲一方，而且俊傑輩出。明清兩代，這裡出了尚書、撫台、知縣、進士、舉人等兩百六十餘人。此外，村中還有不少「奇事」，如俞源村每年農曆二月二十六必定下雨；村中「聲遠堂」的八條木雕鯉魚會隨季節變換顏色；位於北斗第三位的「玉衡塘」如有村民填塘造房，則必遭火災，無一倖免。如今，這裡的明清古建築與神奇現象，吸引了眾多遊客前來探奇覽勝。

過年的風水禁忌有哪些

農曆過年期間禁忌：過年通常從初一到初五為止，初五之後就要隔開，表示這個年已經過了，開始要恢復正常生活了，常規習俗過年有一些禁忌，例如過年不要生氣罵人、打小孩等等，以下是過年的一些禁忌。

大年初一：

(1)　已嫁之女不可回娘家：過年嫁出去的女兒回娘家，會把娘家吃窮，因此只能在初二或者初三回娘家，但是其中的含意是嫁出去的女兒已經是別人家的媳婦了，過年婆家一定有很多人來拜年，媳婦要幫忙奉茶服侍，因此初一不可以回娘家。

(2)　早餐忌吃稀飯、葷食及藥品：過去的常規是窮人家才吃稀飯，所以在年初一的上午一定要吃乾飯，表示家裡整年度都會很富有，而年初一的早上叫做萬神盛會，表示所有的神出來拜年，因此為表尊敬首先不要吃葷，要吃素，另外除了重病不得不吃之外，一般的補品補藥初一最好不要吃。

(3)　忌叫他人姓名催人起床：年初一的上午不要叫人姓名催人起床，這樣表示對方整年度都要人催促做事情。

(4)　忌與還在睡覺的人拜年：年初一時對方還在睡夢中不要跟對方拜年，等對方起床再拜年，因為這樣會讓對方一整年都在病床中。

初一、初二忌洗衣：水有水神，水神的生日在初一初二，因此這兩天不要洗衣服。

初一到初五：

(1)　白天不可午睡：過年期間白天睡午覺，表示整年度都會很懶惰，其中的含意是因為過年期間有很多客人到家裡拜年，如果睡午覺的話對人很失禮。

(2) 忌倒汙水、垃圾、掃地：過年期間不要從事灑掃的工作，因為這樣容易把家中的財氣掃掉。

(3) 忌被他人自口袋掏取東西：過年期間不要讓人從自己口袋掏東西，這樣表示整年度錢財都會被人家掏走。

(4) 忌向人討債：過年期間不管是被要債或者是跟人家要債的人，在一整年間都會很倒楣倒楣，因此忌諱向人討債。

北京紫禁城的風水是怎樣設計的

在紫禁城營建的時候，原來沒有金水河和萬歲山（後改名為景山），設計者基於風水格局的考慮，沒有天然就要人為，營造一個「背山面水」的風水格局。紫禁城正北設有玄武門（後改名為神武門），犯了古人不宜正北開門的忌諱，其後需建山為屏障。萬歲山與十三陵的天壽山遙相呼應，將天壽山的龍脈之氣引入紫禁城，既成為紫禁城的鎮山，又可阻擋北風穿堂。金水河從萬歲山西北方而來，沿萬歲山西麓注入紫禁城的護城河中，河水再由西北角樓下引入紫禁城內，流入太和殿前。在八卦中西北方屬乾位，代表天門，因此古人賦予金水河一個美麗的寓言：來自天河之水，透過金水河的流動，將天上的「生氣」源源不絕的引入紫禁城。

☑ 聚集生氣的護城河

環繞在紫禁城外圍的護城河寬達五十二公尺、深六公尺，是一條保衛故宮安全的「人造河」。風水學認為山是實氣，水是虛氣，山高大可以界水，水深寬可以聚氣。紫禁城內金水河之水從護城河西北角引入，曲曲彎彎地流經武英殿、太和殿、文淵閣、南三所、東華門等重要建築和宮門前，既將「生氣」導入，又形成風水學中的「水抱」之勢。金水河全長兩千多公尺，到東南角又流入護城河，在好幾處建築前形成「臨水」的風水環境。

紫禁城故宮

☑ 紫禁城中軸布局原則

紫禁城嚴格按照中軸對稱的原則進行布局，中軸兩端的建築陰陽對稱。中軸即是中央子午線，是規劃紫禁城全部宮殿及北京城的基準線。紫禁城內的朝政三大殿，奉天殿、華蓋殿、謹身殿（後改名為太和殿、中和殿、保和殿）和後寢三宮（乾清宮、交泰宮、坤甯宮）均位於中軸線上，其他宮殿若不建在中軸線上，也是嚴格按照對稱規則進行布局，分布在中軸線兩端。

☑ 「保王護主」觀的展現

《周易》認為南屬火，整個紫禁城坐北朝南，風水學嚴格按照「面南而居」等多重要素確定紫禁城布局，力保王氣。午門前的內金水橋之造型像一張巨型的弓，也顯現出「保王護主」的觀念。

瀋陽故宮流傳著怎樣的風水軼聞

後金興建的皇宮，遵循著一種「一殿居正中，十亭分左右」的建築布局。「十亭」就是左翼王亭、右翼王亭和正黃、鑲黃、正白、鑲白、正紅、鑲紅、正藍、鑲藍「八旗亭」，統稱「十王亭」。這種布局，在古今中外帝王宮殿建築中是絕無僅有的，是當時滿族的八旗組織政體在滲透著五行思想的宮殿建築文化上的生動體現，也是瀋陽故宮中滿族特色的重要標誌。

「十王亭」並不只是一種表明政權關係的擺設，還有著自己的實用功能。清太宗時期，八旗的辦事機構就分別設在各旗亭中。如果說大政殿是整個國家的「衙門」，那麼八旗亭便是各旗的衙門。在大政殿舉行大型慶典和筵宴時，八旗官員都要在自己所屬的旗亭前列坐，參加典禮或宴會。因為這兩項在陪都盛京（即瀋陽）進行的特殊禮儀，八旗亭成了瀋陽故宮建築中唯一在清入關前後都連續使用的地方。

清朝入關以後，按照朝廷禮儀，到每年的元旦、冬至、萬壽三大節，陪都盛京官員也要像入關前一樣，來到八旗亭前，面向大政殿內空蕩蕩的寶座行三跪九叩大禮，表示「留都」人們向皇帝祝賀節日，稱為「遙拜朝賀」。

八旗亭的排列更是大有學問，在清代，無論是攻城略地還是駐防守土，一般都是兩黃旗居北，兩白旗居東，兩藍旗居南，兩紅旗居西。瀋陽故宮八旗亭的排列也是按上述方位排列的，只不過是為了整齊美觀，把東側的兩白與西側的兩紅分別向前移到了與翼王亭和南北兩旗亭一條進線上了。

八旗如此排列，完全符合古老的陰陽五行學說。按著五行學說，北方黑（藍色和黑色都稱為青色，白天的大海為藍色，而夜間的大海則為黑色，故而藍與黑色有某種互通關係）色屬水，南方紅色屬火，西方白色屬金，東方綠色屬木，中央黃色屬土。

八旗方位的設計者，就是依照這種說法，把象徵土的兩黃旗放在北面去剋北方所屬的水；把象徵水的兩藍旗放到南面去剋南方所屬的火；把象徵金的兩白旗放在東面去剋東方所屬的木；把象徵火的兩紅旗放在西面去剋西方所屬的金。這種精心設置的安排寓意著八旗勁旅在四面八方攻無不克、戰無不勝。

然而「一殿十亭」的建築特色，也存在它的消極誘導，這是設計者所未能料想到的，此正應了「智者千慮必有一失」這句名言。也許正是由於這種「十王並立」，所以在清代皇宮內院中的爭權奪位的故事就格外顯得驚心動魄。自努爾哈赤去世以後，皇宮裡的「一王搬倒眾王」的一幕幕鬧劇便接連不斷。

第四章

好宅好運

—— 買房裝修必知的家居風水

買房時要遠離哪些大建築物

☑ 醫院

如果居住的地方在醫院附近，在風水上是不好的。原因如下：

(1) 醫院有很多病人居住，病菌必多；

(2) 住院之人，運氣必滯，如此多的滯氣積聚在一起，勢必對周邊的氣場有重大負面影響；

(3) 醫院天天有人要開刀動手術，煞氣過重，這也會影響周邊的磁場；

(4) 醫院常會有病人病故，有些人是死不瞑目，其冤氣會影響周邊氣場。

如果你的居所附近是醫院的話，可以有以下三個方法化解：

(1) 要開當運之屋門或是房門，吸納旺氣；

(2) 注重衛生，細菌就難以入侵。

☑ 教堂、寺廟

在風水學上，神前廟後都是屬孤煞之地，所以住宅附近有寺院、教堂等一些宗教場所都是不好的。因為這些地方都是神靈寄託之所，會令附近的氣場或能量受到干擾而影響人的生態環境。居住在宗教場所附近，會有如下兩個問題：

(1) 一家人都會顯得孤獨；

(2) 性格易走極端，或暴跳如雷，或十分良善，常被人欺負等。

☑ 通訊基地台

通訊基地台一般是發射或接收電視、電話信號的，氣場強，對磁場影響最大，且形狀都是尖的。如果居所附近有此塔，一般會發生以下情況：

(1) 家人易發生外傷等血光之災；

(2)　易有心理問題。

☑ 警察局、消防隊

風水學上，警察局是屬陽的，屬孤煞之地，風水古籍《雪心賦》中說：孤陽不生，獨陰不長。如果住宅對正警察局，則犯孤煞，一是家人健康不好，二是是非爭鬥必多。消防隊是屬救災的一個分類，而所有消防中隊的大門上都塗成紅色，如果住宅正對消防隊，除有上述不好之外，還主易有血光之災。但如果你是警察或消防人員則無此說。

☑ 政府機關

政府機關屬皇氣，是至陽之地，包括各級政府機關、法院、檢察院等，與警察局一樣，是孤煞之地，如果居所正對此類地方，會有如下情況發生：

(1)　家人易產生心理問題；

(2)　易犯官非、是非；

(3)　易有血光之災。

☑ 學校

許多人以為住在學校這類文化之地附近必是好風水，但事實並不是這樣。原因如下：

(1)　學校是清水衙門，經濟差；

(2)　學校是白天上課，晚上無人之地，就算白天上課也都是一些兒童。兒童的陽氣相對較弱，不及成人的陽氣重。陽弱陰盛對附近的樓宇會造成影響。而在風水上，陽為順暢，陰為阻滯。所以住在學校附近，一是財運不太好，二是凡事都會有阻力。

☑ 菜市場

如果住宅下方是菜市場的話，運氣是比較呆滯的，宅運不平穩。原因如下：

(1) 菜市場會散發魚腥或是肉腥味，這是味煞；

(2) 菜市場環境衛生相對較差，成日潮濕，易生細菌、害蟲，此為菌煞；

(3) 每天所售賣的豬、牛、羊、雞等肉類，這些動物的靈體必會附著肉類，在菜市場內聚集，使周邊的陰氣加重。

☑ 電影院

電影院每天都是放幾場而已，放映時，人數眾多，氣聚一團，完場後，觀眾離席，一哄而散，這屬「聚散無常」。人帶陽氣，陽氣突然大量聚於一個地方，不久卻突然大量消失，氣場受到嚴重干擾，會導致住在附近的人運氣反覆無常，工作時好時壞，財運時強時弱。

☑ 變電所或高壓電塔

電屬火，對磁場的影響最大，對人腦及心臟、血液的影響也最大。如果居所附近有變電所或高壓電塔，會有如下影響：

(1) 健康容易出問題，如心臟病、心血管疾病等；

(2) 對大腦有影響，易生腦瘤，容易發生精神病；

(3) 人容易衝動，做事易出錯。

另外，根據歐美專家歷時五年的研究，確定如果居所接近高壓建築物的兒童，患白血病的機會比正常兒童高出一倍，一般兒童患白血病的機會是兩萬分之一，高一倍則是萬分之一。這個問題值得各位家長注意，古代有「孟母三遷」，何況現代人，即使為了下一代著想，居所也應該擇吉而居。

☑ 垃圾山

在佛教的觀點中，靈體是喜歡聚集在陰森及有臭味的地方的，如森林、垃圾山等。所以如果居所附近有垃圾山，則容易有不好的靈體入屋，有異常現象出現，導致家人精神出現問題，家宅不旺等。

房子為什麼坐北朝南最好

從前有種說法「千金難買正南樓」，是因為向南房屋冬暖夏涼，住著舒服。現在則不同，有空調和暖氣調節，不存在太多氣流的影響，所以不必太過強調坐北朝南。

另外有種說法是正南不易買，在古代，正南的房子是皇帝或者廟宇使用的，平常人住正南的房子裡，運勢多波折，大起大落，還容易引起口舌是非。最好的辦法，就是只要偏正南方一點點就可以化解了，而且現在住房都比較不會完全正對南方，沒有完全精準的情況，所以大家如果買到南向房子，也不必過於緊張。

另外古語說的「千金難買正南樓」的真實意思是，窗口向南，而不是門向南，大家別會意錯了。

可能造成陰陽失調的居室有哪些

在布置房間的時候不能不考慮通風、綠色植物的擺放等因素，否則可能會影響家人的健康。以下這五種情況就可造成居室陰陽失調，需要多加注意。

☑ 空氣不流通

房子窗戶很少，或者加裝過多波浪板、鐵窗，結果導致通風不良，使骯髒汙穢的氣流不易排出，好似作繭自縛。久而久之，當然會形成有害的陰氣，待在這樣的空間久了，身心都會受損。

☑ 狹長格局

狹長格局的房子，因為中間被分隔為很多空間，到處有牆壁阻攔，使得空氣對流差，死氣沉沉。也因為陽光無法均勻照到每個房間，陰暗角落可能卡到不祥的東西。

☑ 陽光不足

陽光蘊涵陽氣，太過陰暗的房子自然少了陽氣，而且陰暗導致潮濕，潮濕易生細菌，不好的穢氣聚集，居住在裡面的人身體健康方面容易發生問題。

☑ 對流太旺

空氣對流太旺，室內一直有風也是缺點。風從前門可以直接灌到後門，類似「穿堂煞」的格局，將會帶走陽氣，造成磁場的不穩。人住在裡面沒有遮風避雨的感覺，心情容易不穩定，沒有安全感。

植物太多

開運竹、萬年青等植物雖然有開運帶財的功能，不過大多數的植物仍是屬「陰」，在空間中如果種植太多植物，也不是件好事。

租屋時要注意些什麼

由於現今社會的發展，很多人都到都市工作，為了方便，大都需要租住別人的房屋，作為自己居住或者室內辦公的場所。在租屋的同時如果不能及時的請大師勘察風水，就一定要注意一下自己能夠獨立掌握的幾個方面：

☑ 忌貪便宜

低於市價行情的屋子，必有不利市場及租方的條件。如屋子在風水上有不利之處、凶宅或結構有問題等等。

☑ 不住舊屋

屋子太老，時間久遠，過去必定承受過太多的人，由於各方面的人際關係也會在房子內部累積很多的怨氣，久住則易受影響。

☑ 不見符紙

屋內如果看見符紙，判斷是求財吉祥的，還是避煞驅鬼的，如果是壓煞驅鬼的，不管房東說詞如何，最好都不要住進去，以免惹禍傷身。

☑ 不鄰病家

如屋內有嚴重的病人，或與房東合住，房東家中有久病或重病之人，最好都不要搬進去住，免得惹穢氣、衰氣上半身。

☑ 不合風水

如果風水方位有很多問題也不宜租住，例如：窗前有「天斬煞」「隔角煞」「探頭煞」「千隻眼」等，室內有「穿心煞」「橫梁煞」等，門前有「路沖」「對沖」「反弓水」等，都不太適合居住，以免影響自己事業的發展。

☑ 不靠墳場

屋宅最好不要靠著墳場墓地，最好要有一定的距離，最好不要有昏暗的狹窄過道，如屋宅四周人氣旺盛，倒還不至於犯到煞氣；如屋宅靠墳場太近，四周又荒蕪人煙，最好不要住進去。

☑ 不住暗宅

屋宅太暗，陰氣太重，容易招邪；白天開窗屋內仍陰暗的宅子，屬陰氣過盛，陽氣不足之地，一般人最好少住。

☑ 不生邪念

邪念滿心，神亂無主之人，會招來鬼邪近身，更何況住在來歷不明的屋子裡。一般來講，出外租屋的人，在欲求不滿、迷惘、失戀、情緒低潮時，是最容易撞邪的；因此，保持心靈純正，才是避邪保身之道！

☑ 不住孤宅

所謂孤宅，是指屋宅四周只有你一間屋宅；或者一棟大樓裡，只有你一戶人家；因人少陰氣勝，這種孤立無援的地方，也不利於居住。

☑ 不靠深山惡水

租屋最好不要在深山惡水邊，就連汙水河臭水溝也要躲開，因這些地方容易聚集邪氣;就地勢來說，也是陰氣勝過陽氣的地方，除非是一家人共住，否則單人獨住，易招邪物！

搬家時要注意哪些風水

搬家是大多數人都會遇到的問題，搬家風水關係到家人的健康和運勢，處理不好很有可能會帶來一定的負面影響。一個舒適的家居環境，不僅是居家生活的保證，更會給人帶來平安幸福和好的運氣。搬家的習俗因地域不同而略有差異，但是搬家時需要備齊各種所需物品，一般來說，以下幾樣不可缺少：

(1) 米：用米桶裝八分滿；

(2) 紅包：放於米桶上面；

(3) 畚箕和新掃帚一對：上面需綁上紅布條；

(4) 水：用水桶裝三分滿；

(5) 碗筷：雙數較好，放在水桶中；

(6) 火爐。

為保證搬家風水，搬家時必須先把以上物品放進廚房，其他的東西才可搬進屋子。如果有需要，還可以帶些泥土過去，可避免水土不服。此外，新家門要貼上紅對聯，以求吉利。並把家中燈光開亮，求得平安。在搬完家後，當天黃昏可祭拜地基主，傳說中的地基主個子較矮，拜的時候要在廚房門口，擺供品的桌子不可太高。

搬家要注意：

(1) 搬家時，新宅要移出之物，最好由他人經手。搬進新宅之物，最好親自動手。搬進新宅時全家不可空手進入宅內。
(2) 入宅時間應該在早上、中午或在日落之前，避免夜間入宅。
(3) 喬遷之後，無論時間長短，為求家人平安，富貴昌盛，應舉行一次家神拜祭，在家中放一小串鞭炮即可。
(4) 如果入宅當日無安床吉時，可先將床安放在位，等到安床吉時再安放。
(5) 家有孕婦時最好不要搬家，假如非搬不可，宜購買全新掃帚，由孕婦將全部家具揮掃一下再搬，才不至於犯胎神。

最後還要特別提醒大家，搬家吉日吉時的選擇十分重要。要考慮周全，切忌馬虎隨意！

購屋的風水原則有哪些

不管是安家落戶還是開店賺錢，買房買鋪總是不可或缺的一步。所以買之前最好要根據以下十一條原則看看自己準備投資的地皮風水如何，不然萬一買了凶宅，後悔就來不及了。

☑ 坐向要當旺

陽宅風水在於坐向是否當運，坐向得旺氣則吉，得衰氣則凶，所以古籍有云：向首一星災禍柄。陽宅風水中的坐向不是以一套房的大門為向，而是以一棟樓的入口為主。

判斷一棟樓是否當運，要以三元九星的玄空法來計算，有如下兩種方法：

(1) 收山收水（零神和正神之說）。例如第八運（二〇〇四年～二〇二三年）的零神方是東北方，正神方是西南方，所以如在東北方有水（或馬路）則是旺財之宅，如在西南方有水則是破財之宅。

(2) 旺山旺向（玄空飛星法）。例如第八運旺山旺向是坐西南方，向東北方的樓宇。

☑ 大門要選好

在陽宅風水中，大門是至關重要的。在《陽宅三要》中將「門」、「主」、「灶」稱為三要。《八宅明鏡》中有云：「陽宅首重大門，以大門為氣口，納氣旺則吉，衰氣則凶。」又云：「宅以門為吉凶，路為助，門向辨。」

大門的選擇的方法如下：

(1) 門相配：卦是個人命卦，也就是常說的東四命和西四命。按照這個方法，大門要與命卦相配，開門要開在生氣方和延年方以收旺氣。

(2) 星到門：這個方法是運用玄空風水法來計算的。也就是當運星到門，能收山化煞，定能丁財兩旺。

(3) 零正卦氣：此也是玄空風水法。大門向處不論向水或向馬路能收零神卦氣，真山實地收正神卦氣。

☑ 房子要方正

做人要方正，長相要方正。屋相如人相，屋也一樣，一定要方方正正，大忌三尖八角，人與屋是有感應的。如果你住的房子是方方正正的，久而久之為人處世都會公公正正，而長相也會有變化，隨時間的變異而男的會變得方方正正，女的會變得端莊大方。反之，如果你居住的房子是不方正的，時間一長，人的心也會變得歪斜，而長相上鼻子及腰骨都會變彎曲。同時，方正的房子給人一種穩定安全的感覺，而不方正的房子給人一種不安全的感覺。

☑ 周邊環境好

購買房子，周邊的環境也相當重要。除了傳統的左青龍、右白虎、前朱雀、後玄武等之外，還要考慮周邊有沒有煞氣存在，如低壓煞（四面有樓、天橋、招牌下壓等)、反光煞（強光反射)、聲音煞、氣味煞、割腳煞（過於靠近馬路)、鐮刀煞（橋或馬路成反弓)、白虎煞（樓宇右方有動土)、穿劍煞(走廊過長)、飛刃煞、梯衝煞等。

☑ 陽氣要足夠

風水學的靈魂在於陰陽的平衡，人要陰陽平衡，房屋要陰陽平衡，房屋的光線也要陰陽平衡。書云：陰陽者，天地之理也。暗屬陰，光屬陽，陰陽平衡萬物得以生長。經云：孤陰不生，獨陽不長。房子的窗戶太多，陽氣過盛，財也難聚;窗戶少，終日不見陽光，太暗，陰氣重，容易招致陰靈作怪，病痛多。所以房子的光線適中，陰陽平衡，則財運也好，身體也會好。

☑ 水火忌十字

這裡的水是指廁所，火指廚房。古書有云；水火不留十字線。意思是說在房屋的正前、正後、正左、正右之位置及宅之中心點不宜有廚房及廁所。這是基於以下考慮，廁所是汙穢之地，孤陰之地，要居不利之方，而廚房是煮食之地，獨陽之方，要居有利之方。而現代建築中，廚、廁都是固定的，所以購買時一定要觀察清楚，不要在十字線上。水火相犯，易生不如意之事，財運反覆，疾病叢生，桃花是非多多。廁所在屋中間的話，為水浸心，易得心、胃、肝、肺、小腸諸疾。

☑ 房子忌直沖

大門直沖陽台、窗戶，前後門對沖，前後窗戶對沖，陽台與窗戶對沖，這些都是風水大忌，會引致以下問題，一是財運不吉，易破財，易招盜竊；二是身體也不好，易生急病；三是家庭不睦，夫妻易生摩擦。

☑ 大小要適中

買房子不是越大越好，要根據居住的人口多少而決定大小，太大或太小都不好。屋大人少，則陰多陽少，主暗病糾纏，陰靈寄居；屋小人多，陽多陰少，主脾氣暴躁，是非多多。按照大陸城市的情況，最理想的居住面積，是每人平均占有二十五平方公尺左右的實用面積最好。

☑ 顏色要明亮

人的面相有氣色可分，紅光滿面主運氣好，其實樓宇也是有氣色可觀察的。如是新樓，顏色一定是選擇較為暖和的色彩的樓宇，大紅大綠或是太過陰暗的顏色都不好。在大陸有不少這樣的例子，在中心區有兩個樓宇，一個是大紅的，結果是是非多多，血光不斷，而在其隔壁新起了一個樓宇，其顏色恰恰相反，外面是暗色，裙樓用大理石，外表非常之暗，陰氣過大，有如公墓一樣，死氣沉沉。如是舊樓，從外表就可知此樓宇之吉凶，風水好的樓宇，其外牆有光澤透出，反之是暗色的。

樓層風水不好該如何化解

現代的城市平房越來越少，而大樓越來越多，人們在選大樓時必須要考慮樓層的問題。好的樓層能給你帶來好運和吉祥。因為每一層樓所受到的陽光和空氣是不一樣的，所得到的地氣也不一樣，每個人的吸納和所需要的天地之氣不同，因此要按具體的人的八字結合風水來選擇樓層。選擇的方法有兩種，一種是大眾之法，即按八字的所喜五行和樓層五行相對的生剋法；二種是專業方法，按理氣演算，根據時間、山向、大門、宅主八字等綜合起來選擇。後一種更為精確，但要專業人員，而且需要大量的時間。

風水就是解決人與環境如何和諧共存，是人與環境的調協劑。利用好了，會讓大自然給你無限的有利的場態。表現在人事上就是身體健康，事事順暢，財源不斷，工作如意。利用不好，也會產生很多的負面結果。表現在人事上就是經常有病，精神疲憊，易犯小人，財來財去等。

樓層選擇的準確與否更是會直接影響到人的身心健康、工作、學習、社交等。那麼當我們選擇的樓層不好時，有沒有辦法解決？答案是肯定的，具體有如下幾種方法化解：

如果樓層五行「剋」宅主八字所喜五行

土剋水：在主房門上邊放一個銅鈴。

水剋火：在主房門左邊放一盆富貴竹或是其他植物。

火剋金：在主房門右邊放一盆從住所西方取回來的土。

金剋木：可以在主房門上方掛一山水畫。

木剋土：可以在主房門邊放一個龍龜。

如果宅主八字所喜五行「生」樓層五行

木生火：用白紙畫上八卦中的坎卦，貼到門的上方。

水生木：用白紙畫上八卦中的乾卦，貼到門的右邊。

土生金：用紅紙畫上八卦中的離卦，貼到門的中間。

金生水：用金紙畫上八卦中的坤卦，貼到門的中間。

火生土：用紅紙畫上八卦中的震卦，貼到門的右邊。

☑ 專業化樓層不吉的工具

如果自己不願意做也可用專業的化解樓層不吉的工具，海神風水化煞工具中的「物換星移」是用來專門化解樓層不吉的，同時還有鎮宅功用。

最好是在購房前就做好這方面的知識準備或找專業人員篩選，這樣就不用去化解了。

什麼樣的家居風水格局會導致家庭失和

☑ 神位不見天日

家裡的祖先牌位代表女主人，而神明位代表男主人以及整個家庭的興旺，如果嗣奉神明以及祖先的牌位在不見天日的房間，會導致家中的氣勢衰落，家道中落。

☑ 庭院枯樹

庭院沒有整理，雜草叢生，甚至連樹木都枯萎了，這樣會導致家裡的運勢低落，影響到全家每個人的運勢。

☑ 屋頂雜草

屋頂可以吸收陽光，可以驅魔除邪，如果家中屋頂沒有清理，影響到陽光的吸收，會導致家中的陽氣不足，使家運衰敗。

☑ 門大室小

大門做得很大，跟室內不成比例，這樣的風水格局會讓氣進屋內，可是無法留住，最終會讓家中氣勢衰敗。

裝修房子應該避免哪些顏色

家中漆深藍色多者，時間久了，家中會無形中產生陰氣沉沉的感覺，會導致住戶個性消極，家內也欠平安。

家中漆紫色多者，雖然可說是紫氣東來，可惜紫色中所帶有的紅色系列，無形中發出刺眼的色感，易使居家的人有一種無奈的感覺。

家中漆粉紅色多者，最為凶險，粉紅色易使人心情暴躁，易發生口角，爭是非、吵架之事頻繁；尤其新婚夫婦，為了調節閨中氣氛，喜歡裝飾粉紅色，認為會非常浪漫，但是，隨著色調的不調和，過一段時間後，兩人心情會產生莫名其妙的惱火，容易為芝麻小事吵不完，最後走上離婚不歸路，現在的社會離婚率之所以如此驚人，與此因素有一定關係，所以，新婚夫妻應該注意，最好不要多用此色。

家中漆綠色多者，也是會使居者意志漸消沉，並非一般所說的，眼睛應多接觸綠色，事實上，綠色是指大自然之綠色，而非人為之調配綠色，所以，難免會造成室內死氣沉沉，沒有生氣蓬勃。

家中漆紅色多者，容易使人眼睛的負擔過重，而且使人的心情容易暴躁，所以，紅色只可作為搭配之少部分色調，不可作為主題之色調，不過佛寺廟宇則不在此列。

家中漆黃色多者，心情悶憂，煩熱不安，有一種說不出來的驚、憂感覺，因此使人的腦神經意識充滿著多層幻覺，神經病患者最忌此色。

家中漆橘紅色多者，雖然是充滿生氣勃勃，很有溫暖的感覺，但是過多的橘色，也會使人心生厭煩的感覺。

家中之顏色最佳為乳白色、象牙色、白色，這三種顏色與人之視覺神經最適合，因為太陽光是白色系列，代表光明，人的心、眼也須要光明來調和，而且家中白色系列最好配置家具，白色系列也是代表希望。

木材原色是最佳的色調！木材之原色使人易生靈感與智慧，尤其書房部分，盡量用木材原色為最佳，總而言之，各種色調不可過多，以恰到好處為原則。

家中不宜擺放的物品有哪些

☑ 仙人球

家裡擺點綠色植物會比較有生機，不過，要注意有選擇的擺放。擺放仙人球（掌）就是個極大的盲點。從傳統風水學的角度上來講，這種綠色植物雖然是很好養活的植物，但它是地道的凶物，也就是說，只有家中遭遇極大變故才會擺放仙人球來壓邪。諸如家中有往生者或是災禍連連才能用它以驅邪避災，以毒攻毒說的就是這種情況。由此可見它在風水中扮演的角色了。所以如果想養養植物，但又不需要經常打理的話，還是改養吊蘭或是太陽花之類的東西，它們同樣也是很好養活的。

☑ 來路不明的舊衣服

有的人喜歡淘寶，在二手市場上淘到舊衣的也不是沒有，但要注意了，一個人身上最容易沾染人的氣息的就是衣服了。它們伴隨主人左右，有的甚至見證了主人的死亡。古衣不祥早在古書中就有記載。所以，千萬不要把它們留在家中，特別是家裡有你所深愛的人的時候。

☑ 古銅錢

如果你能肯定那是家族流傳下來的話，那就可以放心大膽的保存，它或許還能帶給你類似護身符的作用。但是，要知道，古代方術占卜中龜殼和銅錢是最有效的靈媒工具，尤其是明代道教盛行的年代流傳下來的銅錢，受相師薰染已久，往往有很重的陰氣，所以最好不要長期留在身邊。

☑ 一點光都透不進來的厚重窗簾

室內光線太亮當然是讓人不舒服的，但是厚窗簾會造成暗淡的室光會使眼睛疲勞，它還會聚集邪氣。

各種動物或人骨骼做的來路不明的工藝品

很多這類工藝品都有很重的陰氣。佩戴的人往往會招至不祥。

玻璃裝飾應該怎樣擺放

隨著家居潮流的不斷翻新，近來追趕時尚的年輕人喜歡在家居裝飾中加入玻璃的元素，從入門的玻璃玄關，到客廳的玻璃地磚，再到主臥房的玻璃套廁。玻璃，在家居裝飾中扮演著越來越重要的角色。那麼在風水學上，玻璃又具有怎樣的意義呢？

☑ 玻璃隔房不宜

一些家庭把臥室和客廳之間的間牆打掉，換上玻璃牆，認為這樣有利於擴大空間感。風水學中認為玻璃有一種炫光，不是任何地方都適合，在家居中就更要多加注意。像客廳與臥室之間的玻璃隔牆，因為一覽無餘，會擾亂人的思想，所以不宜。從風水來講，客廳是賓客活動的區域，屬陽，而臥室是主人休息的地方，屬陰，如果使用玻璃牆，變成一眼望通的格局，廳房內主客的一舉一動都盡收眼底，毫無隱私，就形成了陰陽失衡，令人情緒不穩，精神恍惚。

☑ 玻璃廁所不雅

一些年輕的小夫妻剛結婚，喜歡把主臥房裡的洗手間改成玻璃套廁，認為這樣可以增加情趣。雖然這種設計一些年輕人非常喜愛，但是從風水的角度來講同樣不宜，因為廁所無論怎樣都是一個有煞氣的地方，屬陰，應該隱蔽起來。

☑ 玻璃地磚不穩

在一些豪華洋房或複式別墅的設計中，有些會採用玻璃地磚作為裝飾，就是在廳或房中的地上鋪設玻璃地磚，並在其中做出圖案以作襯托，但要注意，玻璃地磚的鋪設一定要以穩固為主。

☑ 玻璃牆飾不能對床

玻璃牆飾也是近來設計師喜歡用的裝飾手法，一來可以拉大房子的空間感，二來富於變化，常常給人驚喜。玻璃牆飾可以接受，但是有一個原則是不宜對床。此外，玻璃牆飾必須得靠實牆而置，不會令空間虛實不明。

客廳中的魚缸應該如何擺放

《易經》指出：「潤萬物者莫潤乎水。」客廳中的魚缸，離不開水，所以魚缸在風水學裡是「水」的同義詞，除了有觀賞價值之外，在風水方面亦有其接氣化煞之功效，魚與水共生，使室內更有生機，並對家居風水產生積極的作用。因此，魚缸的宜忌即是水的宜忌，兩者大同小異。

那些生辰八字缺水的人，擺放魚缸在客廳便會對運勢大有幫助，但那些八字忌水的人，若養魚在客廳中，便不適宜。如果不知道自己的生辰八字是否適宜養魚，最簡單的方法便是以自己過往的經歷來驗證。若是以往在家中養魚而家運興旺的。便應該繼續養魚，即使搬了新屋，亦不能中斷。但若是以往家中養魚而宅運不寧的，則盡快停止養魚，甚至按風水論與水有關的物品也不要擺放在客廳中。

在客廳中擺放魚缸有以下幾點需要注意：

☑ 魚缸不宜過大

太大的魚缸會儲存太多的水，從風水的角度來說，水固然重要，但太多太深則不宜，而魚缸高於成人站起時的眼睛位置便是過高，因此客廳中的魚缸不宜過大過高，尤其是對面積細小的客廳更為不宜。

☑ 魚缸不宜放在吉方

任何住宅都不可能十全十美，總有些外煞之類的存在，用魚缸來化解外煞是其中的一個巧妙辦法。風水學中有「撥水入零堂」的說法，所謂「零堂」是指失運的衰位，其意是指把水引入失運的方位，可以轉禍為祥，逢凶化吉。因此魚缸宜擺在凶方，而不宜擺在吉方。

☑ 魚缸切勿擺在沙發背後

從風水角度來看，以水來做背後的靠山是不妥當的，因為水性無常，倚之作為靠山，便難求穩定。因此把魚缸擺在沙發背後，一家大小日常坐在那裡，便會無山可靠，影響宅運的安定。而若是把魚缸放在沙發旁邊，則對住宅風水並無妨礙。

☑ 魚缸切勿與爐灶相沖

魚缸多水，而廚房的爐灶屬火，因為「水」與「火」相沖，故此客廳的魚缸倘若與廚房的爐灶形成一條直線，這便犯了水火相沖之忌。魚缸與爐灶對沖，會對家人的健康有損；原因是水火相沖，水能剋火，受害的是屬火的爐灶，而靠爐灶煮食的家人，也會因而連帶受害。此外，魚缸擺放應盡量避免與爐灶成直線相沖。

☑ 魚缸切勿擺在財神之下

正如俗語所謂「財歸財位」，所以福祿壽三星這類財神便應擺放在當旺的財位，這才可錦上添花。若把財神擺放在魚缸之上，就大錯特錯。因為魚缸本應放在住宅凶方，倘若把財神擺放在魚缸附近，這便與「財歸財位」的原則矛盾，而且把財神擺放在魚缸之上，那便犯了風水學的「正神下水」之忌，很可能會有破財之運。

☑ 養魚數目宜與屋主的五行配合

到底在魚缸中養多少條魚才符合風水之道，主要應根據屋主的命卦五行而定。

「河圖洛水」的天地生成數口訣云：「天一生水，地六成之；地二生火，天七成之；天三生木，地八成之；地四生金，天九成之；天五生土，地十成之。」根據以上推定，只要找出屋主的命卦五行，便可查知應該養多少條魚來配合。

什麼樣的臥室風水格局是最好的

臥室是人生度過一生三分之一時光的場所，攝氣養神，均在於此。臥室並無大小的講究，正所謂「室雅何須大，花香不在多」。但格局一定要考究，營造一種安定靜謐，溫馨祥和的環境，就是理想居住環境。有以下幾個事項需要注意：床是臥室裡最重要的家具，一般情況床位首選南北朝向，順應地磁引力，但有些房屋和人的訊息則需要東西向擺床才好。臥房裡不可有橫梁壓床，以免造成壓抑感，也有損於人的身心。床頭不能靠門，另外有人把床放在大門口，這也是一種住宅的犯忌。屋內妝台鏡不能照著枕頭位，否則睡眠容易受擾，精神不振。床頭櫃應稍高過床，這有利提升睡眠的品質。

餐廳廚房的風水應該如何布局

餐廳和廚房因為會用掉大量的水，而水正是財富的象徵，所以不利於財運的蓄積。另一方面，餐廳廚房又具有壓制凶方煞氣的功能。所以說，廚房和餐廳的位置關係著整個家庭的財運以及人際關係。

以下十二個技巧，可以幫您更好安排自己的餐廳廚房，以對自己的運勢產生積極作用。

☑ 選擇合適的風水花

廚房位於南方，擺放觀葉植物有助於儲蓄。廚房位於東方可在桌上或者電冰箱附近擺放紅花，這有利於保持身體的健康。位於西方的廚房，在窗邊擺放金黃的花、水仙及三色紫羅蘭，不僅可擋住夕陽的惡氣，也能帶來財運。廚房位於北方時，擺放粉紅、橙色的花，可為室內增添活力。

☑ 餐廳方位影響風水

餐廳自身方向最好設在南方，如此一來，在充足的日照之下，家道將會日益興旺；若餐廳內設置冰箱，則方位以北為最佳，不宜向南。

☑ 方正格局風水最佳

餐廳和其他房間一樣，格局要方正，不可有缺角或凸出的角落。長方形或正方形的格局最佳。餐桌不可正對大門，若真的無法避免，可利用屏風擋住，以免視覺過於通透;餐廳天花板不宜有梁柱，若建築物的結構無法變動，則可在梁柱下懸葫蘆等飾品，避免它直接壓到餐桌。

☑ 餐桌最佳風水造型

餐桌最好是圓形或橢圓形，避免有尖銳的桌角。象徵家業的興旺和團結。如果使用方形的餐桌，則應避免坐在桌角，以免被煞氣沖到。

餐桌的座位數對家運也有影響。理論上，六、八、九都是屬陽的幸運數字。雖然家中的用餐人數都是固定的，不過在宴客時可據此決定該請幾位客人。

☑ 最吉祥的餐廳裝飾

由於餐廳是進食的區域，所以跟家庭的財富大有關係。餐廳應採用亮色的裝潢和明亮的照明，以增加能量，蓄積陽氣。餐廳適合擺福祿壽三仙，象徵財富、健康和長壽。此處放置植物更可增強陽氣和財富，橘子代表富貴，桃子代表長壽和健康，石榴代表多子多孫。照明應該明亮，廚具用品、圍裙、拖鞋、墊子等應選用暖色系的。

☑ 鏡子對風水的影響

鏡子在風水中的運用有正反兩面的效果。鏡子的正確擺設可增進或改善風水狀況，但若擺設不當，則會對居住者造成很大的傷害。在用餐區裝設鏡子，映照出餐桌上的食物，有使財富加倍的效果。這是家中唯一可以懸掛鏡子映照食物的地方，需要注意的是，廚房絕對不能掛鏡子，鏡子不能照到爐火。鏡子如果照到鍋中的食物，傷害會更大。另一方面，若是在進餐區懸掛鏡子，映照桌上的食物，則有加倍家中財富的意義。

☑ 水槽與灶具不可對沖

水槽所產生的水氣，與灶具的火氣是相沖的，所以灶具不可與水槽或冰箱對沖。灶具也不可緊鄰水槽，也不宜獨立在廚房中央，因為廚房中心位置火氣過旺，會導致家庭失合。如果因廚房設計上的限制，無法將爐口朝向長輩房間的任何一個吉方，則應該設法將爐口朝向母親房間的方向，這可增進家庭關係的和諧。

☑ 懸掛竹簫解煞氣

炊具不可放在窗前或窗下，因為象徵家庭無依無靠。炊具也不可放在梁下。如果無法改變爐位，可在梁上用紅繩懸掛兩支竹簫，化解煞氣。炊具也不可沖到櫥櫃或桌子的尖角，或是正對樓梯。

☑ 刃不外露

廚房中的各種菜刀或水果刀不應懸掛在牆上，或插在刀架上，應該放入抽屜收好。廚房內也不應懸掛蒜頭、洋蔥、辣椒，因為這些東西會吸收陰氣。

☑ 平衡廚房水火相沖

因為廚房是水火相沖的區域，如果能平衡二者，做到水火共濟的局面，則可促進廚房風水的和諧。在風水上，廚房被定義為屬陰的區域，是儲存食物，而不是全家人經常使用的地方。然而，如果將廚房的一角當成用餐區，即可增加廚房的陽氣，使廚房陰陽平衡。

☑ 廚房地面不可過高

廚房的地面不可高於廳、房等地面，這一方面是防止汙水倒流；其次是由於主次有別，廚不可凌駕於廳、房之上；再次，從廚房入廳奉食，應步步升高，反之則有退財之虞。

☑ **巧用米桶旺財運**

為了招來財運，冰箱不可空空如也，米桶也要隨時補滿，象徵家中衣食無虞。可以用紅包袋裝三個硬幣，放入米桶中，有招財效果。

書房的風水應該如何布局

書房是住宅環境中的一個重要組成部分。書房，顧名思義是藏書、讀書的房間。現在很多的城市商住兩用的房子很是緊俏，很多小公司、小經紀人選擇了在家辦公，這樣一來，書房既是辦公場所的延伸，又是居家生活的一部分。

書房的布置更能體現主人的個性和內涵，這其中有很大的學問。書房的牆面、天花板色調應選用典雅、明淨、柔和的淺色，如淡藍色、淺米色、淺綠色。地面應選用木地板或地毯等材料，而牆面的材料最好選用壁紙、板材等吸音較好的材料，以取得書房寧靜的效果。

書房是陶冶情操、修身養性的地方，一般設有書桌、電腦桌、書櫃、坐椅等。書桌和坐椅形狀要精心設計，做到坐姿合理舒適，操作方便自然。

面積充裕的居室中，可以獨立布置一間書房，面積較小的居室可以辟出一個區域作為學習和工作的地方，可用書櫃隔斷，也可用櫃子、布幔等隔開。

書房的家具除了要有書櫥、書桌、椅子外，兼會客用的書房還可配備沙發茶几等。書櫥應靠近書桌以存取方便，書櫥中可留出一些空格來放置一些工藝品以活躍書房的氣氛，書桌應置於窗前或窗戶右側，以保證看書、工作時有足夠的光線，並可避免在桌面上留下陰影。書桌上的檯燈應靈活、可調，以確保光線的角度、亮度，還可適當布置一些盆景、字畫以體現書房的文化氛圍。

窗簾一般選用既能遮光，又有通透感覺的淺色紗簾比較合適，高級柔和的百葉簾效果更佳，強烈的日照透過窗幔折射會變得溫暖舒適。

書房的規模與投資，一般根據房間大小和主人職業、身分、藏書多少來考慮，如果房間面積有限，可以向空間上延伸；也要根據主人的經濟承受能力來選擇。一般情況下，書房追求的是實用、簡潔，並不一定要投資昂貴。書中自有「黃金屋」，對於一個愛書的人，有一間安靜、雅致的書房，恐怕是再好不過了。

門窗的風水應該如何布局

門，是家與社會的區隔，也是家的門面。房屋建築在地面之上，氣從門口進入，就好像是一個人的嘴巴、鼻子一樣，是飲食呼吸之處，其重要性可想而知，因此門戶的方向，就是進氣的方向，方向是吉是凶是衰是旺至關重要。至於自家大門、房門的設計，門的大小應適當，太大或太小都不理想，屋大門小謂之閉氣主病，屋小門大謂之洩氣退財。

窗，我們常說「眼睛是心靈之窗」，失去了眼睛等於失去了一切希望，而屋子的窗戶就如同人類的眼睛一般，在家中扮演著不可或缺的角色。空氣與陽光是人類賴以維生的要素，若長期呼吸不新鮮的空氣或處於光線不足的環境中，則容易生病或精神不濟，所以屋子一定要裝設窗子，而窗戶的設計並非越大越好，必須以屋內空氣的對流為重點，也就是說窗戶要對開，例如：南與北相對或東與西相對的位置各開一個窗戶，如此屋內空氣才會流通，居住者也才能健康無礙。

門與窗的關係就好像父母與子女的關係，門猶如父母的口，窗猶如的子女的口。門必須比窗給人較深的印象，否則子女將會有反叛性。窗戶的數量與門的數量之比，會影響家庭的和諧。當一個窗戶已夠用時，三個或三個以上窗戶會使家庭不和睦。窗戶過多，意即子女之間互相批評與爭吵，甚至與父母爭吵。如果窗子太大，也會發生家庭不安，因為子女不聽父母的話。如大的窗戶分成細格或裝以單塊玻璃則為吉利。

☑ 門的設計

大門乃住宅納氣之口，宜整潔明亮，不宜堆積雜物，以免阻礙氣運。兩扇門可直接互為相對，但不應重疊正好相對，重疊而平行的兩扇門應該避免。兩扇門相對，設計稍有出入，這會損害健康事業和家庭和平。兩扇門相咬，會使家人常常發生爭吵。如果人經常面對開門見牆或遠遠可看到另一房間的情景，則會擾亂人體內氣的流通。大房間應開大門如臥房、起居室或客房，小房間應該開小門如浴室或廚房，因為大門會壓小門，如果浴室的門太大，會發生健康及品性問題，並會使家人得消化不良症。

門的方位：門的方位有助於升運。基於八角形的易經符號，門向著八種可能方向，都有不同的幸運。向北的門使業務興隆，向南的門易於成名，向東的門使家庭生活良好，向西的門則蔭及子孫，向東北的門代表智慧學術上的成就，向西北的門利於向外發展，向東南的門有利財運，向西南的門則喜得佳偶。

大門面對虎頭不利：辦公室或商店的大門，不能正沖虎頭或煙囪，所謂「虎頭」是指另一座建築物的尖角或者是特殊的建築物，如果大門或主窗恰巧對正牆角或突出的建築物，就好像正對一把尖刀，這當然十分不利。

大門直通到底麻煩不斷：如屋中有好幾個房間連在一起，切不可設置從大門直通到底的數扇門，也忌像旅館飯店一樣，一條長廊連著一排數間房間，否則同樣易發生外遇或私奔之事而難得平安。且大門與後門不可相穿，也就是不可同處一直線上，前後門相穿，主財富不能聚。

辦公室大門禁忌多：大門不能對大樹，如果大樹在門口的氣口，就會納入過重的陰氣。大門不能對死路、防火巷或三角形的街道，這些都是衰氣或廢氣重的地方。大門亦不能面對廟宇、寺觀之類，因為它們有凝重的陰氣對做生意有壞影響。大門更不能面對一座大山或山的峽口，山是阻礙視線的，而峽口則有如陷阱，經常面對陷阱，當然不好。

商店大門（住宅門）不宜太窄：店鋪的大門，宜大不宜小，如果大門太窄，叫人產生壓迫感，難以吸納財氣生氣。在風水上言，大門是氣口，氣口不可太窄，大門越是闊大，就越是吉祥。住宅門前寬廣，風水學上，謂之明堂開闊，主利升遷及財利。

☑ 窗戶的設計

窗戶的設計可決定氣的流通。窗戶最好能完全打開，向外開或向內開，不宜向上或向下斜開。向外開的窗戶最佳，它可加強居住者的氣和事業機會，因為可使大量的氣進入室內，且開窗時可使室內濁氣外流。反之，向內開的窗戶，對氣和事業都不好。當窗戶打開時最好沒有任何阻礙物妨害氣的流通。

路沖使子女讀書不利。一樓的住宅別墅，要慎防兒童臥房門外窗外之路沖。否則不但不利讀書，也易肇生子女的意外。

為子女讀書教育，宜遠離凶地。居家大門或窗外正對著凶地時，如醫院、殯儀館、墳場、監獄、廟宇、屠宰場、垃圾場、色情行業等，為了子女的教育及居家平安，最好考慮遷居。

高壓電塔正對門戶多有意外：房屋的正面、大門、窗外都要避開高壓電塔、電線桿。即使平日家居也要隨時留意，萬一有人在居家修建高壓電塔、電線桿或為某種原因埋設長桿時應即時交涉，免得橫生意外。

空氣光線影響居住品質：祈求平安健康的住宅，空氣光線需要充足，天花板太低則有壓迫感，四處封閉無窗、空氣不流通、光線幽暗、室內潮濕，不論方位再好，也難以企求平安健康。

窗外冷風直吹不利生育：臥房通風的窗戶或冷氣機太低，尤忌與床同高而對著人體直吹，夫婦主臥房更忌如此，否則同樣易造成久婚不孕或產後失調等症狀。

辦公桌後勿靠大窗：辦公桌擺在大窗之前，自己則背窗而坐。光線從身後照進來，眼睛舒服，辦事方便。從風水觀點來說，後有「空門」，一切生意徒勞無功，負責人的辦公桌要有「靠山」，才是大吉大利，生意興隆。「靠山」係指座位的後面有牆壁屏障，有「靠山」的位置才能坐得安穩，也容易得到貴人相助。且座位後面牆上，亦不適宜懸掛玻璃，因玻璃會將負責人的背後反映給別人看得清清楚楚。

室內懸掛油畫需注意哪些風水問題

在現代家居中，以油畫裝飾牆面已越來越普遍。那麼，如何懸掛油畫才算是符合風水呢？

一般來說，油畫比起其他畫種在陳列上有它的局限性。首先是容易反光，另外，用厚塗法強調畫面肌理的油畫，因有起伏而容易積塵。為了達到較好的視覺效果和保護畫面，在懸掛時應有一個向前下方的傾斜度。油畫面對正面光時，效果往往較差，應採用側前上方光線，且盡可能做到懸掛處的光源與作畫時的光源相一致，如作畫時光源在左側，懸掛時也應與此光源一致。

掛畫的高度要根據居室的具體場合進行調整。懸掛得太低，不利於畫面的保護和觀賞；懸掛過高，又使欣賞者仰視造成不便，同時因畫面產生透視變形，影響欣賞效果。

如果需要懸掛多幅油畫，應考慮到畫與畫之間的距離，寧疏勿密。同時要照顧到遠觀時的大效果，盡量將色調相近、內容相近的畫幅分開，不要並列在一起，才能使整個牆面的畫幅有輕重、冷暖起伏等的變化。

一幅尺寸一致的作品要注意整齊，間隔一致。畫幅大小相間不一的作品要注意底邊的整齊及畫面傾斜度的一致。

油畫裝入玻璃框陳列，對保護畫面有利，但效果要比不帶玻璃的差，無論怎樣陳列，都要避免日光反射和強烈的燈光照射。陳列油畫的房間，窗簾的設置也是十分重要的。

懸掛油畫還要有固定的掛畫設備，即要有固定在牆壁上的橫木線，油畫作品透過結實的掛畫繩和掛畫鉤連接在掛畫線上。如果實在無掛畫的橫木線而必須用釘子懸掛時，應將釘子陷於畫幅的背後。潮濕的地區應多檢查掛畫有無鏽蝕或朽落的危險。

沙發應該如何擺放

在日常生活中，沙發具有用來休息、閒談及會客的功能，因此在住宅風水中，它占據了一個很重要的地位。對於它的擺放很有講究，一般來說，在擺放時會有這樣的要求：

☑ 沙發背後宜有靠

所謂有靠，亦即靠山，是指沙發後有實牆可靠，無後顧之憂，這樣才符合風水之道。古代宮廷中的用椅，均選用天然大理石為後背，而其上的花紋以隱隱有山景為佳，就是這個道理。如果沙發背後是窗、門或通道，無實牆可靠，那便等於是背後無靠山，空蕩蕩一片，沙發擺放風水是散泄之局，難以開運旺財。

而且從心理方面來說，沙發背後空蕩蕩，也缺少了安全感，前人所說

「眼觀六路，耳聽八方。」就因為後兩路觀察不到，若沙發背後是大門或通道，更要擔心背後受襲，倒不如背靠實牆而坐來得心安理得。

退一步來說，倘若沙發背後確實沒有實牆可靠，較為有效的變通方法，可把矮櫃或屏風擺放在沙發背後，這可稱為「人造靠山」，亦會達到補救作用。

☑ 套數有講究

沙發形狀上分單人沙發、雙人沙發、長形沙發以及曲尺形、圓形沙發等，在材料方面，亦分皮製沙發、布製沙發、藤製沙發以及傳統的酸枝椅等，在顏色及造型方面，則更是花樣繁多。客廳沙發的套數有講究，最忌「一套半」，或是方圓兩種沙發並用。

☑ 沙發須擺放在住宅的吉方

沙發因為是一家大小的日常坐臥所在，可說是家庭的焦點，若是擺放在吉利方位，則一家老少皆可沾染這個方位的旺氣，合家安康。但若是錯擺在不吉方位，則一家老少均會蒙受其害，居家不寧。

對東四宅而言，沙發應該擺放在客廳的正東、東南、正南及正北這四個吉利方位。對西四宅而言，沙發應該擺放在客廳的西南、正西、西北及東北這四個吉利方位。若再仔細劃分，雖然同是東四宅，但因有坐東、坐東南、坐南及坐北之分；而同是西四宅，但因有坐西南、坐西、坐西北以及坐東北之分。根據易經的後天八卦卦象推斷，擺放沙發的選擇便會有所不同。

坐正東的「震」宅：首選正南，次選正北。

坐東南的「巽」宅：首選正北，次選正南。

坐正南的「離」宅：首選正東，次選正北。

坐正北的「坎」宅：首選正南，次選正東。

坐西南的「坤」宅：首選東北，次選正西。

坐正西的「兌」宅：首選西北，次選西南。

坐西北的「乾」宅：首選正西，次選東北。

坐東北的「艮」宅：首選西南，次選西北。

茶几應該如何擺放

茶几是用來擺放水杯及茶壺的家具，客來敬茶敬酒，倘若沒有茶几來擺放，確是極不方便，所以在沙發附近擺放茶几，實在是不可或缺的。

從風水學的角度來講，沙發是主，茶几是賓；沙發較高是山，而茶几較矮是水，二者必須配合，山水有情，才符合風水之道。沙發是主宜高大，茶几是賓宜矮小，如果茶几的面積太大，就是喧賓奪主，並非吉兆，所以沙發前的茶几不宜太大。化解之法，最簡單莫如更換一張面積較小的茶几，賓主配合有情，則既不會礙眼，同時又可符合風水之道。

選取茶几，宜以低且平為原則。如果人坐沙發中，茶几高不過膝，則合乎理想。此外，擺放在沙發前面的茶几必須有足夠的空間，若是沙發與茶几的距離太近，則有諸多不便。

茶几的形狀，以長方形及橢圓形最理想，圓形亦可，帶尖角的菱形茶几則絕對不宜選用。倘若沙發前的空間不充裕，則可把茶几改放在沙發旁邊。

在長形的客廳中，宜在沙發兩旁擺放茶几，這兩旁的茶几便有如青龍、白虎左右護持，令座上之人有左右手輔佐，符合風水之道。

鏡子應該如何擺放

鏡子是現今每個家庭必備之物，只是或多或少而已。

鏡子在風水學上，也有很詳細的說明。其性能收、能放。用得其所者增福增運，反之則損福破運。

鏡子通常是用來觀照儀容的，所以，在臥房、廁所都可能有，甚至大多數女士們都隨身攜帶小鏡子。再者，有人用境來裝飾家居，有用鏡作牆，作天花板等。其目的在擴散視野範圍，提升空間感，或增加燈光之照明度。其實，所有以上的用途都是無可厚非的，只是需要注意一點：因我們可以在鏡中看見影像，包括自己的樣子，如果家中放置太多鏡子，這會令我們在視覺上有混亂的感覺；若然是處於精神衰弱或不集中的情況下，更會令我們容易產生幻覺，更加會影響我們的精神。

在一般的情況下，鏡子對人沒有多大的負面影響，但每當我們遇到不愉快的事情又或因種種錯敗而令自己失去信心的時候，鏡子就會造成一種間接的傷害，正所謂顧影自憐。上了年紀的老人家，尤其不適宜住在許多鏡子的屋內。

還有一類人群因喜歡照鏡子而將家中布置得四面環「鏡」，久而久之，這種環境會更加令他有自我沉迷，加重自我中心的性格，這樣就會造成一種負面的心理影響。

以下是幾點要注意的：

（1）　大門鐵閘不可有鏡的效果的金屬，有亦不可面積太大。

（2）　鏡不可直照大門入口。

（3）　鏡不可直照睡床，最好是與床頭並排。

（4）　可能的話，把鏡藏在櫃內，用的時候才把櫃門打開。

（5）　電視機的螢光幕相等於一面鏡，最好不要直照睡床。

兒童臥房的風水禁忌有哪些

孩子對於一個家庭的重要性，不用多說，由於孩子年齡小，受家庭環境的影響特大，看到什麼學什麼，並且受到的風水影響也非常的大。以下是兒童臥房的風水禁忌：

兒童臥房牆壁不可張貼太花俏的壁紙（心亂、煩躁）。

兒童臥房牆壁不可貼奇形怪狀的動物畫像，孩子行為怪異，因有形必有靈，物以類聚。

兒童臥房牆壁不可貼武士戰士之圖，避免孩子心靈上產生好勇鬥狠之心態。

小孩房中的洋娃娃不要關、鎖起來。

兒童臥房地板不可鋪深紅色地毯。兒童臥房地板不可鋪長毛地毯，易患支氣管炎病。

兒童臥房牆上不可漆粉紅色，因為這樣會導致孩子個性易暴躁不安。兒童臥房應盡量整理清潔整齊，否則易養成散亂之生活習性。

孩子書桌背後及左右不可沖門。

孩子書桌不可面向廁所。

孩子書桌不可背靠廁所浴室。

孩子書桌左右不可與廁所浴室門相沖。

孩子床位不可睡在梁下或坐在梁下。

孩子書桌若面向窗戶，不可使陽光太強，易心煩。

孩子書桌最好不可坐靠陽台之落地窗。

孩子床位不可在陽台上。

孩子床位、書桌不可在廚房灶台上下（易患皮膚病、心煩氣躁）。

孩子床位、書桌不可在廁所浴室之台上下。

兒童臥房門不可與廁所門對沖。兒童臥房不可設在電腦房邊。

兒童臥房不可設在陽台底下。

孩子床位、書桌之右方及床頭處不可有馬達轉動。

孩子之床頭上不可有冷氣、抽風機在轉動（易患感冒）。

孩子之床頭不可靠在廁所馬桶之前後。

孩子之書桌前最好不要有高堆物壓迫（書桌上之書架不吉）。

孩子之書桌上不可放音響（如有必要，則放於左邊）。

孩子床頭不可以放錄音機（會導致腦神經衰弱）。

兒童臥房天花板以乳白色為佳，暗色為凶。

兒童臥房進門處不可有鏡子門，多口舌是非。

兒童臥房天花板應平坦為佳。

兒童臥房天花板可裝飾縱橫木條。

兒童臥房天花板不可懸吊各種奇怪飾品。

兒童臥房不可懸掛太多風鈴，易使神經衰弱。

兒童臥房光線應該光明，不可昏暗。

兒童臥房窗顏色忌粉、大紅、深黑色。

孩子床位腳部不正對門（腳易扭傷）。

孩子床位腳部不可正對馬桶。

孩子書桌不可正向屋外電線桿。

孩子書桌不可面向屋外巷沖、路沖或水塔。

兒童臥房雖小，但不可裝潢太複雜。

裝修兒童臥房應注意哪些風水問題

兒童臥房的布置，不但關係到兒童的生理健康，同時也關係到兒童未來的成長方向。因此，在給兒童選擇合適的臥房，以及在給兒童臥房做裝修的時候，需要特別謹慎。

從選擇上看。首先，西北方位不適合選做孩子的臥房。風水學上認為，房屋的西北方位，象徵著權威、厚重，是一家之主的位置，應該是留給大人做臥房的。若是讓孩子長期睡在此處，雖然能令他在某些方面有長足的發展，但也會讓孩子變得老成早熟，失去孩子固有的純真，不利於他的學習與成長。

再者，兒童臥房不宜設在機器房的旁邊，機器的轟鳴聲容易使孩子精神上變得煩悶，進而造成精神衰弱。同時，有的居室不止一處陽台，就會將帶陽台或靠近陽台的房間設為孩子的臥房，這樣做並非不可以，但要特別小心，因為陽光和溫度過強都會導致兒童心煩，無法靜心學習，如果陽台保護措施不夠嚴密，隔離欄間隙稍大，都容易對孩子生命安全帶來隱患。

從家居裝修風水上看，有以下幾點需要注意：

☑ 兒童臥房的家具選擇

買的時候一定要科學合理，尺度最好能與孩子的高度相配合，如書桌和椅子最好都是能夠自動調節的為佳。這樣有利於防止兒童駝背、近視等毛病，對孩子的脊柱也會有很大的影響。還有，兒童的床鋪最好以硬板床為佳，不要選擇過於軟性床墊，這樣會影響兒童骨骼的正常生長。

☑ 兒童臥房的空間選擇

兒童臥房空間應盡量顯得寬敞，這樣可以有良好的視覺效果，同時，也能夠為兒童提供足夠的遊戲空間。所以在選擇兒童臥房家具時，同樣也要注意體積的大小。若是臥房空間不夠，則注意不可裝潢得太過複雜，至少要讓空間看起來比較大。同時，也可以用顏色來擴充房間。選擇起司色、天藍色的牆面都能夠使空間看起來更加舒適可愛，同時也能增加視覺的開闊度。灰色和褐色等冷色調會給人一種冷森的感覺，容易讓孩子變得沉悶。

☑ 兒童臥房的裝飾選擇

兒童臥房的設計

兒童臥房的裝飾要有利於孩子的性格培養。可根據兒童的愛好貼一些裝飾圖畫，藝術品圖畫，以培養兒童的藝術細胞與鑒賞力。同時也可以貼一些風景畫等，培養開闊、恬靜的心性。

兒童臥房的光線選擇

兒童臥房最好是利用自然光為最佳，一定要讓房間通風，明亮。光線明亮可以讓兒童的心性開朗，通風則可讓兒童有良好的呼吸環境。且盡量不要裝空調，以免室內外溫差太大，兒童的身體適應和承受能力都較差，可能無法承受較大的環境差異。

客廳的玄關應該怎樣設計

傳統風水學認為，客廳玄關是從室外進入客廳的必經之路，是進入客廳的緩衝區。它讓進入者靜氣斂神，同時也是引氣入室的必經之道。客廳的玄關除了有防泄、遮掩的風水作用之外，並且還有家居裝飾上的美化作用，因此它設置得好壞，可直接影響住宅的風水。

設計精美的客廳玄關，不但令人一進門便感覺到眼前一亮，精神為之一振，還會使客廳頓時煥發光彩。如果客廳玄關設置不合理，那麼，對這家人來說，這便是宅帶「氣煞」，是對客廳風水的大破壞。現代都市的住宅普遍面積比較狹窄，所以客廳玄關的面積不宜設置得過大。如果客廳玄關的面積設置過大，則住宅的其他空間會明顯感覺局促，難以騰挪。所以，折中的辦法是用玻璃屏風來做間隔，用磨砂玻璃這樣半透半遮的材質，既在空間上達到間隔的作用，又可以借用半透半遮的特殊材質所帶來的空間延展的視覺效果。這樣既可以防止外氣從大門直沖入客廳，同時也可令狹窄的玄關不顯得太狹窄。

設置客廳玄關有以下四項基本原則：

(1) 客廳玄關的間隔應以通透為主。客廳玄關的間隔以通透的磨砂玻璃和較厚重的木板為佳，如果為追求風格必須採用木板，也應該採用色調較為明亮而非花俏的木板。因為色調太深便易有笨拙之感，令本來並不寬敞的客廳玄關有局促之嫌，容易使人有壓抑感。

(2) 客廳玄關的採光宜明不宜暗，而大部分住宅的玄關，都沒有自然光源，因此在採光方面必須多動腦筋。除了間隔宜採用較通透的磨砂玻璃之外，木地板、地磚或地毯的顏色都不可太深。因為顏色太深本身就有昏暗之感。客廳玄頭大多沒有室外的自然光，便要用室內的燈光來補救，這樣才符合風水學上「廳明室暗」之說。

(3) 客廳玄關的間隔不宜太高或太低，而要適中。一般以兩公尺的高度最為適宜；若是客廳玄關的間隔太高，處身其中便會有壓迫感。風水學上認為，客廳玄關如果設置得太高，就會完全阻擋了屋外之氣，從而隔斷了來自大門的新鮮空氣或生氣，是非常不恰當的。而太低，則沒有效果，無論在風水方面以及實用方面均不妥當。

(4) 客廳玄關宜保持整潔清爽，若是在周圍堆放太多雜物，不但會令客廳玄關顯得雜亂無章，而且也會對住宅風水產生影響。客廳玄關處凌亂昏暗，整個居室都會顯得擠迫壓抑。因此，應該在盡量設法美化客廳玄關的同時，還要兼顧到傳統風水學，才能使它不但有助於美化家居，還能達到化煞防泄的作用。

家居燈具的風水應該如何設計

家中的燈火在夜間可帶來光明，不僅如此，運用恰當的燈光布局，好似日月星辰點綴家中，可達到「日月之行，若出其中；星漢燦爛，若出其裡」的效果。有提振家居生氣的作用。

家居中的燈光照明，最重要的作用是為家中帶來能量，布置良好的家居照明最重要的原則是要避免家居中形成陰暗區，因此不要使用單一的中央光源，而要用多光源的組合並且能夠盡量使用可調角度的光源，按照室內的色系，選擇搭配各種亮度和色澤的燈泡，當然也可以選擇微調式的開關來方便調整室內照明的亮度。

☑ 分區照明

書房和廚房要加強照明，而臥床則要避免燈光直接照射，以免難以入睡。

☑ 明堂燈

首先，大門前的區域或是住宅的明堂，其上安置指示燈有助於明堂後各家住宅的運勢，具有共同繁榮昌盛的作用。

☑ 日光燈

家居最好只在書房與廚房內使用日光燈，而在其他區域減少使用日光燈。因為家居不同於純粹的辦公場所，以日光燈來照明，會刺激人體而促使人產生興奮感，所以宜用柔和的白熾燈以緩和身心，進而達到溫馨家居的效果。家居中的牆壁盡量粉刷成淡色，讓室內更加明亮。

☑ 燈的數量

家中燈的數目以單數為佳，但在照射燈平排照射時，應注意不要用三盞燈並列。

☑ 彌補缺陷

家居中如有缺角現象，則在此處放置燈具，可收補缺之功效。

家居中如有橫梁無法避免，也可在其正下方放置兩盞直立的壁燈，透過向上燈光的能量化解橫梁的壓力。

☑ 水晶吊燈增宅運

許多人喜歡在家中大廳懸掛大型的吊燈，其材質不盡相同，如果能夠選用水晶吊燈，更能備添宅運。因為水晶有開啟宅運，逢凶化吉的功用，再加上燈光的提振可發揮雙重功效。

☑ 燭光添浪漫

在風水上，點燃的蠟燭代表著五行中火的能量，在黑暗而潮濕的室內，蠟燭能有效的改善環境，使其顯得乾燥與明亮，夜間點燃蠟燭則效果更佳。如果在冥想時凝視蠟燭，思想可以獲得新的突破，智力得到提升，並且蠟燭火焰能夠激起使用者的熱情和表達能力，使家中的金火能量更旺，為家庭帶來溫暖和活力。

放置蠟燭的最佳位置是在家的東、東南、南、西南、中與東北部。

此外，蠟燭也是最原始、最浪漫的照明方式，它往往還用來紀念特別的日子，以營造浪漫氣氛，它散發出最真實的火光，最易融化彼此之間的障礙。如果家中放上一對互相靠近的蠟燭，對於想增加與他人的密切關係有很大幫助，所以蠟燭對單身人士及已婚夫婦均極有作用。當然以蠟燭的燈火配上點在香爐中的檀香氤氳的氣息會更為相得益彰。

浴室的風水應該如何布置

不管您是偏好簡單的淋浴方式，或是喜歡享受在浴缸中的泡澡樂趣，浴室無疑是人們釋放生活壓力的快樂天堂。一般來說，浴室的空間都不會太大，因此在裝潢時，即使選用較昂貴的高級材質及設計，也不致會增加太多的預算。

但問題是，浴室及馬桶的位置常常是我們所無法選擇的。話雖如此，我們仍可設法找出風水上的應對之道，例如：利用裝潢擺飾，加強浴室中好的角落，而改善不好的角落。大前提是，必須通風良好，以免整個空氣潮濕、氣流停滯不前。

理想的浴室位置應該是在家宅的邊區，最忌諱在房子的中間。馬桶地點則離大門越遠越好，以避免氣一進門就被沖走。對於地點不佳的馬桶，最簡單的改善方法就是一定要隨時蓋上馬桶蓋，再者，設法利用屏風或門簾，把它跟房間或大廳的其他部分區隔開來，而且謹記浴室的門要隨時關上。

廁所有哪些風水忌諱

☑ 廁所對著臥房門

廁所對著臥房門對健康不利，尤其家中女性易得婦科疾病。

☑ 廁所對大門

廁所對大門易破財，如大門對正馬桶，則漏財情況更為嚴重。

☑ 睡床打橫對正廁所

睡床打橫對正廁所最易影響婚姻關係，夫妻多爭吵，還會影響夫妻的身體健康，廁所直沖的身體部位很容易出現毛病或痛症。

☑ 睡床忌打直對正廁所

睡床打直對正廁所會導致一方心落在外，常不歸家。

☑ 廁所牆壁靠床頭

廁所牆壁靠床頭，家中成員易招惹口舌是非，身邊小人多。

☑ 廁所門對廚房門

廁所門對廚房門會影響主婦健康，且廁所穢氣與事物靠近，房內的人容易有腸胃疾病。

☑ 廁所

廁所對飯廳，家中吃飯時人很難聚齊。

☑ 廁所太潮濕

廁所必須常保持乾爽清潔，否則極易積聚陰氣。

☑ 廁所長期關窗

廁所沒有窗或長期關窗，穢氣積聚不散，容易積聚陰氣，導致家庭不和，影響家宅，可在廁所內放置植物化解。

☑ 廁所位於中宮

廁所最忌坐落全屋之中央，容易破財和使家人病痛連連。

☑ 廁所忌靠近大門

廁所與大門位置太接近，容易破財，家人多爭吵，化解方法是常關上廁所門。

☑ 廁所忌黑色

廁所內宜用鮮豔的顏色，忌用灰、黑、藍等陰沉色調。廁所本身已經陽氣不足，再加上這等陰沉色調就等於火上加油，招惹陰靈。

☑ 長期打開廁所門

廁所門不宜長期打開，否則有損家人健康，最好長期關門，並常開抽氣扇。

☑ **廁所建在廚房內**

若先透過廚房門才能進入廁所，易招惹腸胃病，並容易罹患讓你久病不癒的毛病。

☑ **廁所門對神位**

廁所門與神位相沖，使菩薩或祖先不在位，家宅不寧，容易被小人陷害。

家電應該如何擺放

家電擺放位置的不當，幾乎可以影響你之前所做的努力。

從表面上看，家電似乎與風水並無關聯，風水古籍編撰時這些家電在幾千年後才能產生。然而，它們的擺放位置，有時卻可令整個居室的風水布局功虧一簣。

從風水角度來說，家電中電視機擺設的位置，對家居風水影響最大。比如：一人喜木，電視機最好放在西方，主人看電視的時候，坐東向西，因為東方屬木。喜木的人坐在屬木的方位看電視，便是理想的風水位。

需要注意的是，電視機在風水的應用上，並非出於電視機屬五行之一，便將電視放在某位置上，以便使得喜此五行之家族成員受益，而是使坐著看電視的人所坐之方位更適合自己。

類似的，冰箱放在家中，對家居風水影響也是極大的。

冰箱屬金，喜金的人，宜在家中放一個大冰箱。如果在大廳再加放一個冰箱，則是極金之行為，五行喜金的人可馬上行運；但如果忌金的話，則會因此招來厄運。

而廚房是火旺之地，由於火剋金，故將冰箱置於廚房內，平衡了廚房的火性。再比如：某位家庭成員喜金，就可將冰箱放在該成員所屬的方位上。

具體講，若男主人喜金，可放在廚房或大廳的西北角。若女主人喜金，可放在西南角。

養狗有著怎樣的風水學問

不少人流行飼養寵物，寵物之中，最受歡迎的應該就是狗了。

有些住宅飼養的狗是很容易生病的，無論是怎麼強壯的狗，只要在這些住宅內飼養，很快便瘦弱起來，但有些住宅卻無論飼養什麼狗，牠們都很健康，現在便從風水環境的角度來研究這個問題。

狗在十二地支中屬「戌」字，而地支與狗相合的有「寅」及「午」，其次還有「卯」。

「戌」的方位在乾方，即是西北方。

「寅」的方位在震方，即是東方。

「午」的方位在離方，即是正南方。

「卯」的方位在東方，即是正東方。

以上四個方位便是與狗相合的，如果住宅大門開在這四個方位，飼養的狗都會比較強壯。

那麼，什麼住宅不適宜飼養狗呢？

在十二地支中，「辰」與狗相沖，「辰」的方位在巽方，即是東南方。

若是住宅大門開東南門，門與狗相沖，飼養的狗就會多病。

另外有一個「丑」位，丑與狗相剋。「丑」的方位在艮方，即是東北方。如果大門開在東北方，亦不適宜養狗，因為狗容易沾染疾病。

如果住宅大門不是開在適宜養狗的四個方位而又必須養狗，可以將狗屋安放在對狗有利的四個吉方上。

另外，狗屋是不宜用金屬製造的，因為狗在十二地支之中，五行屬土，金屬製金屬製的屋屬金，金會泄土，如果以這樣的狗屋供狗休息，牠們的健康就會每況愈下。

如何判斷屋外大樹是吉是凶

在風水學上，家居附近如栽種大樹，或可能帶來吉祥的運氣，或可能導致凶煞的來臨，所以，一定要小心處理。

大樹對住宅來說，位於在大門向外望出的左手邊，為「青龍樹」，有扶蔭此屋的助力，代表出男性貴人。如大樹位於屋的右手邊又很高，左手邊沒同樣高度的大樹作配合，右邊的樹則稱為「白虎樹」，風水上不受推薦，代表陰氣入宅，或女性當權，有女性桃花纏繞，如不能將大樹鋸短，比如那一株是政府種植的大樹，侵占你的窗戶或大門，如何是好？方法很簡單，在樹上用紅油畫九個圓圈，便可化卸大樹之沖煞。有另一種民間風水，將一條鎖鍊纏住大樹，亦可減低大樹的殺傷力。

如大樹位於窗邊，要留意樹枝是否如「叉」一般向窗戶發展，是的話，會影響眼睛，導致生眼瘡或眼疾。如樹枝沒有直伸向窗戶，窗旁的樹是可以接受的。不過可以選擇的話，樹木應與家宅的窗戶及大門保持一段距離，才不影響風水及空氣流通。擁有私家花園的人，如喜歡多種植樹木，盡可能不要在接近住宅位置，種植有大樹杈的植物，亦要留意勿讓粗樹枝直伸向住宅方向。屋旁適宜種植有較軟性的樹葉、非粗壯的大樹，才可營造較佳的風水環境。

一株大樹能否帶來好風水，除了視乎大樹是否坐於青龍方，及樹的形態是否帶來沖煞，也取決於大樹的方位，是否對家族成員造成影響。

舉例來說，如有夫婦二人渴望求子，家宅的東方剛好長了一株大樹，而且長得非常茂盛，這一種當然是好風水，大利家中長男。反過來，如父親忌木，西北方長了大樹，則不吉反凶，代表家中男主人受到掣肘，阻力重重，假如無法移走大樹，唯有搬屋，否則男主人會常行衰運。因此，屋旁的大樹，絕對與家居風水有著重要聯繫。還有一種說法：大樹特別容易招靈，也就是靈界特別喜歡聚集於樹蔭下。現在有的房地產，窗邊出現許多樹木。如屋主本身忌木，絕對不宜入住這一類單元。如遷進新屋後，手腳或肝臟出毛病，而屋旁有大樹，有很大可能性是大樹的風水出問題，宜將樹移走，或盡快搬遷。

床頭不能放哪些東西

科技的進步帶來了生活上的便利，也帶來了越來越多的電磁汙染。什麼是電磁汙染？電視、電冰箱、電腦、手機等工作時，產生的電磁波就是電磁波。但電磁波和電磁汙染不同，電磁波無處不在，而電磁汙染只有在電磁波超過一定強度後，才會致人頭疼、失眠、記憶衰退、視力下降、血壓升高或下降等，嚴重的可能引起部分人員流產、白內障，甚至誘發癌症。

研究證實：電磁波會增加兒童得癌的風險，而且從 2mG（毫高斯，電磁波輻射單位）起，風險開始加倍。事實上，長期處在電磁波超過 1mG 的地方你就已經受到電磁波汙染了，而實際上在家中所測到的數據遠遠高於這個數字。

☑ 臥室：「床頭音響」勿放床頭

床鋪大概要算是測量家中電磁波的重頭戲。如果長期睡在高電磁波的地方，可以想見這影響有多大。由此也可以知道所謂的「床頭音響」是不應該放置在床頭的。原則上任何的電器用品都應該遠離你的床鋪。有人總抱怨睡眠品質不好，其實很可能就是賓館的床鋪附近放置了電暖器、電風扇、空氣清新機、空調等電器作怪，要知道，一個小型電暖器的電磁波就可以高達

200mG 以上。

☑ 微波爐：只插電未使用也有電磁波

與其他家電用品不同的是，微波爐即使僅插著電沒有使用它，有的機型前方面板的電磁波仍可高達 30 ～ 60mG，使用時的電磁波則超過 200mG。另外，研究顯示，這些洩漏的微波對男性生殖系統的傷害尤其大，因此男性更應避開。

☑ 冰箱：把散熱管上灰塵吸掉

電冰箱是廚房中一個高電磁波的所在，特別是在冰箱正在運作、發出嗡嗡聲時，冰箱後側或下方的散熱管線釋放的電磁波更是高出前方幾十甚至幾百倍（冰箱前後範圍測得 1 ～ 9mG，後方正中央可高達 300mG）。如果冰箱的效率不高，嗡嗡聲就特別久，也特別大，如果用吸塵器把散熱管線上的灰塵吸掉，就會提高冰箱的效率，也減低家中的電磁波。

☑ 電腦：液晶顯示器電磁波較小

如果你的電腦桌太小，迫使你與螢幕的距離太近，不妨將顯示器盡可能向後退，當然，換成液晶顯示器，電磁波就相當小了。至於電腦主機，一般人也容易忽視而常常放置在腿邊的位置，以方便插入磁盤。主機前方電磁波可超過 4mG，越靠後面電磁波越高，所以能放遠一點就盡量放遠一點。電腦桌下方常常有一堆電線及變壓器，要盡可能的遠離你的腳。

☑ 手機充電器：與之保持距離

帶變壓器的低壓電源一般電磁波都很高，在接線的地方可以測到 300mG 以上，不過距離僅三十公分遠就馬上掉到 1mG 以下了。手機充電器、便攜式單放機在插座上的變壓器電磁波也較高，所以要保持距離，以策安全。

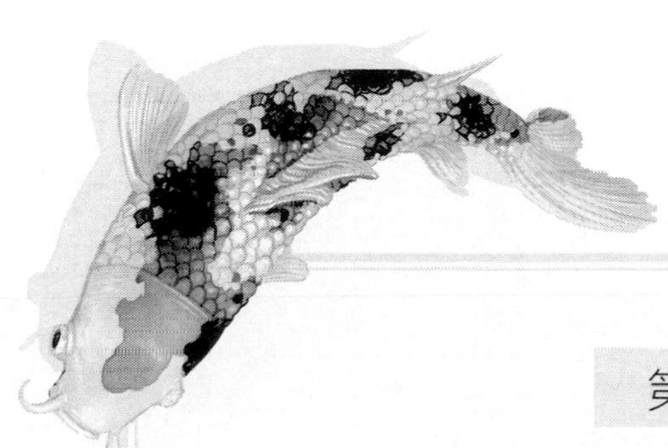

第五章

招財進寶

——實用商務及辦公室風水

總經理辦公室風水該如何布置

作為公司的領導者，總經理的辦公室如何布置風水會更佳呢？

總經理辦公室風水布置的一般原則如下：

(1) 門：進則通，出則暢。

(2) 椅：坐則穩，立則直（忌頭懸梁，頭上有吊燈），面則潤（對面設魚缸或水盆景），背則聳（座背有靠山）。

(3) 整體效果：陰陽和諧，動靜協調，迎送有位，主賓有序，定變有常，十方有分。

(4) 方和位的確定：十方八向構成了「方向」的內涵，人在「向」中為客，人在「方」中為主。老闆辦公室布置以「方」為主，「方」由前、後、左、右、右前、左後、左前、右後、上、下十個方位構成，「向」是由指南針所指示定下來的向位，特指東、西、南、北、東北、西北、東南、西南八個向位。

總經理書桌布置的一般原則如下：

(1) 書桌左前方應通暢無阻，進退有徑（左手對著門），此方為青龍位，青龍喜游、易動、竄躍無阻則生財氣，上下翻飛無礙則生財喜之氣（可放置飲水機）。

(2) 書桌的正前方應闊綽明亮，宜放矮椅短凳，此方為朱雀位，朱雀喜鳴易飛，故宜於面對面交流。此處應潔淨，忌擺放汙物，宜對明窗，若對面是牆則可掛地圖或名人字畫及勵志的掛畫、警言、名句。書桌的正前方對面牆設魚缸或水盆景。

(3) 書桌的檯面正前置放硯台，筆筒。

(4) 書桌右前方置物要略高於左前方置物。右前方為白虎方，白虎喜山，易燥，宜擺放個人喜愛的固體裝飾品，最好是玉石，玉石代表山，象徵白虎臥山川，忌放魚缸，飲水機以及與水有關的盆景。

(5) 總經理座椅背後不能留出他人進出之路，宜窄不宜寬，否則位置坐不穩。

(6) 總經理座椅背後宜放書櫃和飾品櫃，忌放展品櫃，否則，讓人動來摸去也犯了大忌。

(7) 總經理座椅背正後方為玄武，玄武（龜蛇）喜暗易睡，引申背有靠，穩穩實實。（可置半環形有機玻璃，有靠山。）

(8) 總經理辦公桌的左後方為騰蛇位，騰蛇喜藏於物下，易晝伏夜出，宜擺放花木或矮桌、茶几、沙發，招待客人之用。晝動夜靜，給下屬及子孫平安康泰。

(9) 總經理辦公桌右後方為勾陳位，勾陳喜蟄伏於重物下，易固守持恆，故此處應擺設重物，宜放保險櫃、金屬類器物、鎮物。

(10) 總經理辦公桌左為角旗，右為印鼓。角旗喜張揚易發號令，應五彩繽紛，宜在牆面上張掛榮譽證書、名譽牌匾、獎狀等，以宣傳自己或自己崇拜的偶像。右為印鼓，印鼓喜近主，易施令，故在辦公桌的右手位上宜擺放電腦、簽字筆、名片、印台，公司CI標識物等。

(11) 把電腦設在鼓位（右手位）。

辦公室各部門的風水如何布置

☑ 財務、會計部

這兩個部門和錢財關係密切，應該設計在辦公室的西方，這個方位主金，裝潢上盡量用白、銀色，且不可太接近電梯間。

☑ 企劃、行銷部

這兩個部門是腦力激盪的部門，最好把它放在能助長智慧的東南方，這個方位宜盡量用青、原木色來裝潢，飾品以長方形為佳，像是長的會議桌及檔案櫃就可以擺放在這裡。

☑ 業務部

這裡要的是人氣，因此把它設在象徵流動的北方為最佳，這個方位宜盡量用黑、藍色來裝潢，但千萬不要以為主水就把廁所設在這裡，否則辦公室戀情會接二連三的傳出！

☑ 人事部

人力是公司重要的資源，所謂家和萬事興，因此我們把這個部門設在象徵輔佐青龍的東方，並盡量用青綠、淺紫來裝潢，在此處多放幾盆大型盆景可提升辦公室的旺氣，至於馬達或發電機則盡量別放在這裡。

☑ 客服部、服務台

這兩個部門代表著公司的形象，宜將其設置在象徵美麗、光明的南方，並盡量用紅、紫色來裝潢，千萬不可用三角形的飾品，否則員工容易遭受職業傷害。

☑ 倉儲部

這是部門囤積貨物的地方，我們可以把它留給東北方，這個方位宜盡量用黃、咖啡色來裝潢，此處的燈光要保持明亮，切記不要把茶水間放在這裡，否則員工的腸胃會出毛病。

廠房的風水如何企劃與布局

☑ 工廠選址的地理位置與環境

工廠選址應考慮的因素主要包括以下幾方面：

(1)　廠址選擇在市區。此類工廠適合技術、資金密集，用地面積小，無噪音、空氣、水質汙染的高科技行業。優點是：交通非常便利，訊息靈通，引進人才容易，運輸費用低等。缺點是：用地成本、勞動力成本較高，限制條件較多，且易因城市規劃等原因而搬遷。

(2) 廠址選擇在郊區。此類廠址適用性最強，具有鬧市區廠址的各種優勢，還適合勞動密集型企業，且用地成本、勞動力成本也較低，限制條件相對較少，是一種理想的工廠選址。

(3) 廠址選擇在鄉下。此類廠址有多種情況，離城市、碼頭、火車站的距離遠近，公路、供水、供電情況的好壞，都會影響到工廠的效益，所以，應區別分析。此類工廠適合勞動密集型、有汙染的行業。優點是：用地成本很低，勞動力成本也較低，離原材料產地近，工人素養要求不高，容易招工。缺點也較多：銷售運輸成本大、訊息量小，交通條件跟不上，經常停水停電等。

上述分析的優缺點，是就地理位置而言，並非缺點較多的位置就不適合工廠選址，這要根據工廠性質來確定。如市中心的選址有很多優點，但如你的工廠是勞動密集型企業，就不適合，安排在郊外或鄉下更合適。要考慮原材料、勞動力供應、市場行銷、用地成本以及投資環境等情況。原材料供應是否有保障、運價高低、能否招到生產所需要的技術工人或重體力勞動者、市場銷售是否有利等，都是工廠選址應考慮的因素。同時，適合你工廠的地方能否買或租到合適的土地廠房，地價、房價是否合理，都是選址必須考慮的重要條件。還有一個很重要的前提，就是廠址所在地的投資環境，這包括硬環境和軟環境，硬環境主要指交通運輸是否方便、用電需求是否有保障，供水、水源、排汙是否能滿足要求。軟環境主要指政府是否重視，是否提供寬鬆的環境。如稅收有無優惠，行政性收費是否取消或減輕，有無亂收費、亂攤派，政府機關辦事效率高低，是否有「吃、拿、卡、要」的衙門惡習，當然還包括當地民風是否強悍、治安狀況好壞等。

☑ 工廠風水注意事項

工廠的風水，與一般的居家風水略有不同，對於工廠之門面美化與風水布局，應依照挪移法、減少法、增加法，以修造建築外觀、門面、格局、顏色等，進而達到招財之效。或利用吉祥物及制煞物等布局，以續氣、轉氣、化氣，更可鎮宅平安、趨吉避凶，創造一番新氣象。

工廠的風水，要考慮的重點有下列幾項：

(1) 地段是否良好：附近的建築物是否協調，而且地段要良好，交通要便利。

(2) 建築物外觀的氣：如門面落落大方，外壁瓷磚顏色得體合宜，玻璃亮麗，而且建築具有高貴大方之風格。

(3) 精神壁：大樓之取名宜高雅富貴，而且大樓之標誌或名號，要保持清新亮麗。入門之大廳及精神壁，要立體而有朝氣。

(4) 廠內布局：隔間要大小合宜，通路運行宜順暢。採光宜充足，角落宜用燈泡輔助以使氣流通全室。

(5) 地下室：一般地下室較適宜當倉庫、工廠、餐廳，不適宜設董事長室、總經理室、股票公司等。

(6) 吉祥物制煞物：吉祥物有如元寶、財神、吉石、花瓶、平安財神符等。制煞物如太極圖、八卦圖、石獅等。吉祥物就是自己看到該物能感到十分親切福氣之物，室內吉祥物可多放，而制煞物只能專精一二個即可。

(7) 室內植物：植物雖屬陰，但在室外能開花結果，就是陰中有陽。而植物拿到室內，確實對人體之生理、心理有莫大的助益。

(8) 其他：如財位的布局等。

一個工廠的布局確定必須依工廠坐落的地點、坐向、開門、格局來確定。並且要依公司的董事長和總經理的生辰八字，配合工廠的格局來確定。

針對工廠的開門、採光、空氣、溝通、坐向、吉凶方位、動線管理等做確定與適度的調整，如此才能創造一個好的格局，才能提高工作效率，才能提高業績、大展宏圖。

辦公室為什麼要擺放風水吉祥物

吉祥物可化煞旺財。辦公室的格局裡，通常都會有一些用玉石、寶石、桃木、朱砂、黃銅、黃金、水晶等天然物質經過特別加工、精工細作而成形狀各異的吉祥物，安放於特定的環境中，一則可以增加美感，二則可以改善風水，以利趨吉避凶。

吉祥物可以具有調節環境氣場、化煞擋煞、旺財之功效。把吉祥物布置於旺財位置，催動財星，就能改變宅運，使財運亨通、生意興隆；放在文昌位，則可以推動文昌星，使人頭腦拔萃；放在旺丁位置，推動旺氣，可使一家大小身體健康，家庭幸福，使後代英姿質麗，才識卓越，智慧超人。

太極圖像徵活力不斷、生生不息；金魚圖象徵年年有餘、左右逢源；奔馬圖象徵效力十足、活力充沛；牡丹圖象徵花開富貴、繁榮發財；飛鷹圖象徵高瞻遠矚、掌握大局；金桔圖象徵大吉大利、招財進寶；竹圖象徵祝福連連、竹報平安；松鶴圖象徵志趣高雅、待客如賓。

前台怎樣設計方能順應風水

很多商業場所都設有前台服務區，既可以顯示企業的實力，又起著商業禮儀、人際交流、形象策略等作用。很多公司對前台的裝飾也極為重視，但為什麼商業發展的結果卻不盡如人意呢？其實，這與前台風水有很大的關係，前台在風水學中屬明堂區，也就是聚氣納氣之所，是極為重要的方位。

布局得當，自然生意興旺、財源廣進。布局不當就會洩氣，洩氣必然不利於求財，嚴重則會導致企業破產倒閉。

因此，要結合命理、坐向方位、地理環境以及從事行業等綜合布局設計才是最好的。客人進到前台有種說不出的親切感，這樣的布局就是成功的。主要是青龍、白虎、朱雀、玄武等四靈要布局得當。同時門口位要生旺前台，更重要的是門口位五行不能沖剋經營的行，還有天花、地面、牆壁、梁柱風水及門外環境等都要布局得當，才是最佳的前台風水布局。

當然，具體的情況還應該根據公司經營方面、辦公場所的大小及相關特點具體來分析。

如何用飲水機興旺你的財運

飲水機在現代家居或辦公場所裡，是常見的一種設施，它的放置位置非常重要，不僅要考慮到飲水的方便，又要考慮到美觀，風水學認為與水有關的物品擺放位置是可以開運生財的。

飲水機比較常見的擺放位置在大門口，這不是最好的地點，從飲水的角度來講，正沖大門處往往是人來人往之處，容易有病菌等侵入，不是太科學衛生。而且現代風水學中認為開門直朝飲水機，易衝擊財運。比較穩妥的擺放位置建議在大門進口的對角線處，這裡一般是安靜的地方，便於飲水、休息，還有此處是角落處，便於迴旋，有利於人與人之間的交流，更好的促進了團結和諧的氣氛。除此之外，風水學認為正門對角線處是財位，與水有關的物品擺放在此，可以提升運氣。

除了對角線位置，明堂位也可以，明堂位一般指在進門處的平移方向，在這裡放置飲水機最大的優點是接待來人比較方便，迅捷的泡茶招待，會給來訪者以賓至如歸的感覺，能夠提高人脈，易得貴人助力，促成生意往來。

單純以方位判斷，風水學中認為與水有關的物品擺放在北方較為合宜，而放置在西南方位的話，則是利於女性的財運，在東南方位也是可以提升財運的，在東方對男性的幫助較大，而在南方則易出現好、壞交差的現象。

可以旺財的吉祥物有哪些

☑ 風車

風車這一樣物品，並非特有，在其他國家也可以見到，而香港有一位「車公」，據說十分靈驗，每年的正月初，很多人都會去車公廟拜車公，而車公廟有一座風車，只要用手轉動風車，則來年必然風調雨順，財運亨通，身體健康，除了車公廟的風車外，有些人會購買一些風車回家擺放，以祈新的一年運氣更順利，由此可以看出，風車是增強運氣的代表。

☑ 古錢

古錢指的是最興旺的五帝時期所鑄造的錢幣，五帝指：順治、康熙、雍正、乾隆、嘉慶；將五帝古錢幣懸掛在室內或佩戴在自己身上，將有助於增加財運。

☑ 水晶球

水晶球能夠將能量擴大，因此在家中或企業的吉祥位置內擺放水晶球，便有催吉納財的含意。

☑ 貔貅

貔貅是一種獨角獸，身有長鬃捲起，被稱為「天祿」，而兩角的則稱為「辟邪」，亦即「貔貅」。後來發展至獨角的也都稱為貔貅，貔貅具有旺財的作用；擺放貔貅要注意的是：頭必須向門外或窗外，因為相傳貔貅能食四方財。

☑ 旺財尺

旺財尺又叫做「魯班尺」（風水尺），在陽宅方面，有關門的高度、寬度等都應該符合一定的尺寸，而這些尺寸便是吉利的尺寸。不同的尺寸都會帶來不同的意義，吉利有吉利的意義，如旺財運、添人丁、人緣佳、利科甲、升官位等。凶則有凶的意義，如官災、口舌、破財、損丁、損耗等。

☑ 燈

燈是每間屋的必須品，其實燈也有生旺作用，因為風水學上光線可以引財，要趨旺財運，引財入屋，首先是門口的玄關位，宜在玄關處裝上三盞、四盞或九盞燈（一盞燈有三、四個或九個燈頭亦可），以收旺財之效。

☑ 沙發

沙發是家中必備的東西，把沙發放在家中財位，使家人坐在其中，吸納財氣。財位可選大門的對角位，在此放置沙發最為恰當。

常見的旺財風水局有哪些

風水學以「山管人丁水管財」為原則，根據住宅所處的地理環境、位置及水源的關係，來衡量財運的旺衰。旺財風水局有許多種，下面著重介紹比較常見的旺財風水。

☑ 玉帶環腰，財星高照

所謂「玉帶環腰」，是指河流或道路呈圓形、半圓形或弧形圍著房屋或大廈。風水學也稱之為「腰帶水」或「順弓水」。因為猶如古代高級官員的腰帶，與房屋、大廈有情相繞，所以居者非貴則富，多主事業成功、財運亨通，賺錢比較容易，且能積聚財富。

☑ 零堂得水，財運亨通

玄空飛星風水把當運方位稱為正神，而正神對宮的失運衰位為零神。風水學以水法論財富，認為「零」堂最宜見水，稱之為「零堂得水」。通俗的講法是，房屋、大廈大門入口，最宜向著湖、海、河、溪、水塘、游泳池、噴水池等，正合「正神正位裝，撥水入零堂」的旺財風水局，主居家財運亨通。

☑ 向之字路，當主旺財

風水學以水法論財，不僅河流是水，而且以「低一寸即是水」論，因此道路也以水論。水形分金、木、水、火、土，其中以水形的水最為利財。而水又以彎曲為吉論，即迂迴曲折的流水或道路，如「S」字形，又名「之字形」的道路正屬水形的水。古云：「九曲入明堂，當朝宰相。」可見，房屋或大廈向著之字形的河流或道路，大利事業和財運，居者非富則貴。

☑ 坐實朝空，丁財兩旺

「坐實」就是房屋、大廈背後有靠山，所謂「靠山」，一是住宅後面有林木茂盛和形狀秀麗的「明山」；二是住宅後面有比本身高大寬闊的建築物；三是住宅後方有與本身高度相同且群集的建築群。坐後有靠的格局有利於「旺丁」，主家人身體健康、貴人扶助、事業成功。

所謂「朝空」，就是指房屋、大廈的前面明堂開闊寬廣，向著大海或風景秀麗的公園、寬闊的大馬路，與前面的建築物距離較寬，就容易吸納當運的旺氣。居者自然心曠神怡，工作事半功倍，當然就生財有道，招財進寶了。

什麼是商業風水中的五行

生財之道運用的方法，其實就是陰陽、五行法則。依照五行規範，生意上各種行業就其經營範圍都可以納入五行範疇。比如紡織品、藥材、書店、出版社就是屬木的；酒店、餐廳、飯店屬火；咖啡店、飲料店、水族館屬水；

首飾、刀剪、鎖、五金類屬金；建築、古玩、磚瓦為主的行業屬土。

五行裡講到：木生火，木和火有親和相生的潛存效應，所以屬火的烹飪業最好開在書店、服裝店旁邊。反之，書店和建築、古玩店就不能靠近，因為有木剋土的效應，會使屬土的建築業和古玩店受到抑制，不利於風水。

火生土，建築業可以開在屬火的餐廳、飯店旁邊；反之，建在飲料店、咖啡店、水族館旁邊就不適合了。

土生金，凡是屬金的首飾店都可以與古玩、陶瓷等屬土的行業在一起；反之屬金的店鋪不可以和以火為主的飯店、酒樓擠在一起。金熔於火，對風水大為不利。

金生水，所以屬水的咖啡店最好與金鋪、保險箱店等為鄰；卻不宜和以土為主的建築也為鄰，因為金、水相生，土、水相剋。

水生木，以木為主的服裝、圖書可以和咖啡、果汁為鄰，而不能開在金鋪旁邊。因為水、木相生，金、木相剋。

如何讓大門為自己招財

家裡的門分為幾種，有單元門、房門、臥室門、廚房門、廁所門、書房門等，兩室一廳的房子，通常得有五個門左右。在這些門當中，屬房門最主要，對家裡的影響最大。房門也就是我們家裡的入戶門，它像人的咽喉一樣重要。因為此處是唯一的進出通道，無論是東西、還是家裡的每一位成員，都要由此通過。根據我們所掌握的大量風水案例顯示，其中在流年運勢中出現不利情況的，有三分之二以上都跟大門有關係。由此可見大門對我們的居家生活是何等的重要，不能不引起我們的重視。

☑ 保持自家大門口的清潔

風水學上認為，住宅的大門乃住宅納氣之口，氣的出入主要在此，其重要性也就可想而知了。如果門口的位置沒有一個整潔通暢的環境，反而堆積了各種雜物垃圾的話，就會導致氣運不暢，在許多方面會給宅主帶來諸多不利的影響。天地的生氣，是從門窗進入住宅的，而門外堆放很多雜物，猶如設置了許多障礙，從而導致生氣無法通暢的進入，而濁氣也無法順利排出，這樣就會使住宅的氣場不佳。

早上出門，晚上回家，一個整潔清爽的門面，能帶給人一個好的心情，如果門口堆放了一堆雜物或垃圾，不僅容易導致空氣汙染，還會直接影響到人的心情。大家都知道，無論是誰，如果沒有一個好的心情，一天的工作狀態自然會受到影響，那麼長此以往，事業必定難以順暢。門口堆放過多雜物，肯定會占用鄰居的空間，有時堆放的垃圾，也會給鄰居造成不衛生的環境，這樣就很容易引起鄰里間的糾紛。

處於通道和樓梯處的門口，如果隨便堆積雜物，就不能保持通道和樓梯處的暢通，容易在緊急時刻或危險發生時，因擁擠而發生更為嚴重的後果。因此，不管從哪方面來說，門口堆積雜物，既顯得屋主沒有公德心，也讓人覺得不水準不佳。而且，也不符合風水之道，對人的生活、健康、財源、安全、事業、人氣等方面都會帶來許多不良影響。因此，一定要避免這樣的事情發生。

☑ 大門周圍的環境

傳統的風水觀念認為，「左青龍，右白虎」，因此一定要看看大門左右兩邊的情況。右側為白虎方位，最好不要突出或者擺放什麼東西，風水書中講白虎探頭必傷人，家裡人容易出事或者經常生病。左側青龍方位最好也不要突出，當然，只突出一點的話問題不大。

住宅門大小要適中，過大主洩氣，不聚氣，不符合藏風聚氣的風水原則。太小又影響聚氣的效果。同時大門正面的外觀，不可呈現凹凸太多的設計和裝潢，會顯得低俗，從風水學上講也不是好的表現。大門要採用厚實材料，不可用三夾板釘成空心大門。門框若有歪曲要立即更換，否則會影響觀瞻。

☑ 門對門影響財運

在風水中門對門的問題一直困擾著人們，尤其是現代的建築設計師不懂風水，在設計上沒有考慮這個問題，所以在樓房中門對門成了住宅中主要的問題，在生活中和網路中的朋友都在問：「門對門真的不好嗎？「如果不好如何解決？」

門在風水中叫氣口，在海神風水中叫動態口。是空氣流通的、人走動的地方，它是動態訊息出入的地方，直接影響著室內的場態的變化，不同場態決定著不同的吉凶。同時還有兩點需要注意，那就是大門欺負小門，高門（門高或者地勢高）欺負低門。這裡談一下如何解決的問題。

（1） 經常關門，相對著的兩個門要經常關上，因為關上以後可以阻止氣流的流通，場態處於相對靜止狀態，這樣能減少相互的流動。

（2） 放置門簾，可以在門上加一個門簾，選擇好看一些的，既可以增加美觀，又可以解決門門相對的問題。

（3） 放五帝錢，五帝錢的用途很多，所起的作用也大，你也可以在兩個門的下面，屋的內側放一套五帝錢，也是一個較好的辦法。這種方法用的人較多。

（4） 海神門福，海神門福是一種專門用來化解門與門相對的開運飾品，它的作用很大，是現代化解門對門的主要方法。特別是對家的門上掛有獸頭，鏡子等對你家不利的東西，效果非常好，同時也是一種很好的裝飾品。具有美化環境的作用。

☑ 門口對著電梯

隨著高樓大廈的不斷增多，無論是民宅還是公寓，或是辦公大樓，門口對著樓梯的現象隨處可見，在風水中這種現象屬不吉，因為風水喜歡曲而不喜歡直。重藏風聚氣，忌散漫無依。至於吉凶的程度，和門、樓梯的作用有著直接的關係。

電梯對著用戶門，對人的財運尤為不利，並且電梯和人的聲音也構成了煞氣。化解方法：

(1)　普通化解：用兩個葫蘆並繫上紅布條掛到門的兩旁。

(2)　專業化解：用海神金葫蘆，擇日擇時布局化解。

☑ 門口踏墊的運用

古代的門下邊都有很高的門檻，在風水中可以阻擋外面煞氣的進入。現代樓房的設計，已經取消了門檻，或者門檻變的很低。現代的風水解決方案是用門前的踏墊來解決。根據不同顏色的踏墊進行化解，同時踏墊下面放上一套五帝錢，可以具有旺財，解災的作用。

☑ 大門內旺財布局

大門內也是一處不可忽視的旺財寶地，門口的玄關處是藏風聚氣之地。可以放置一些植物類的花或者風水輪、魚缸等，均能具有旺財的作用。

☑ 門神的妙用

中國人有個特點，那就是迎新年時都要在自家的門外邊貼上福字。寓意福到運到，招財納福一年吉祥，好運連連。幾乎所有的家庭都貼，可見人們對大門納吉氣，招財運是肯定的。還有的貼秦瓊、敬德二位門神，有保平安的作用。但是無論是普通的福字、還是門神僅僅能具有象徵性的意義，並不能真正具有招財、保平安的作用。

漏財的風水習慣究竟有哪些

據說香港著名企業家李嘉誠先生，有一次從家中出來，正當他彎腰欲上車的剎那，不小心從上衣口袋掉出一個硬幣。不巧的是這個硬幣滾落到路邊的井蓋下面。於是李嘉誠就讓祕書通知專人前來揭開井蓋，小心翼翼在井下尋找該硬幣。大約十分鐘後，終於找到了硬幣，於是李嘉誠先生「獎勵」這位服務人員一百元港幣。有人不解，以為「落井」的這枚硬幣有特殊身分，事實上，它就是枚普通硬幣。

李嘉誠是這樣說的：一枚硬幣也是財富，如果你忽視它，它「落井」了，你不去救它，那麼慢慢財神就會離你而去；而一百元港幣則是李嘉誠對服務人員的感謝，也是他們應該得的報酬。

那麼，日常生活到底存在著哪些常見的漏財風水習慣呢？

☑ 不把零錢當回事

很多人平常不把一元的零錢當一回事，殊不知，你的財運可能在不知不覺中改變了方向。

☑ 路邊的小錢不願撿

幾乎所有人都會在路邊、商場等公共場合瞧見過一些小錢，撿鈔票的人多，倘若是一塊錢，你還會撿嗎？相信不少人不要說撿了，看都不屑一看，更有甚者，會一腳將錢踢開，踢得越遠他越開心。殊不知，他是將財神踢開了，沒有一個富豪會這樣做，因為他明白這裡面的道理。

☑ 家裡的錢亂放

有些人不知是圖方便還是習慣的原因，家中的抽屜、書櫃、桌子，甚至沙發上都有錢，隨意亂放，隨意處置。殊不知，這樣做的話，你的錢財再多也會「散盡」。不好的習慣帶來的只能是窮困不堪、阮囊羞澀。

☑ 衣服裡的錢總忘取

有些員工宿舍有公用洗衣機，負責洗衣服的阿姨每月都有進帳，因總有毛頭小夥子或馬虎的人沒把衣褲裡的錢拿出來。現在還有人常常在自家的洗衣機中發現零錢。長此以往，你的財運也被洗的乾乾淨淨啦。

☑ 存錢的工具隨處擺設

很多聰明人知道珍惜金錢，有人甚至專門買了保險櫃，以為這樣就萬事大吉，財神永駐了。其實不然，風水學告訴我們，屋宅方位是有講究的，如果你把財富放在衰位，而不是財位等其他適合的位置，那麼，你保險櫃錢越多越漏。

☑ 紙幣上寫字

不知是詩興大發還是喜歡塗鴉，一些人喜歡在錢上寫字或畫畫。於是乎，該錢就在大家手中轉來轉去，不過，你的錢也許就這樣慢慢轉出去了，難道不可惜嗎？

☑ 不把破損的錢當回事

有時我們會遇到破損的錢，甚至剩下一半的錢，這些錢其實還可以到銀行兌換。可是偏偏有人沒時間或認為不值得，要麼留在家中、錢包中，要麼送人，甚至扔掉。這樣做，只會讓財神遠離你。

☑ 把錢當工藝品

有人將錢紮成工藝品送人；有人將一些面額不大值錢的紙幣貼在牆上；甚至有人出於某種目的燒錢、毀錢。這樣的人絕對不可能有好的財運。

☑ 當眾撒大錢

有家公司為了宣傳某一產品，竟然在樓上往下撒錢，結果當然是可想而知，不久就倒閉了。也有些所謂的富豪，會出手大方，在某種場合撒錢。這種做法實在不恰當。

☑ 隨身沒有合適的錢包

每個人都有錢包，即使這樣，還有人不大會用錢包，衣服口袋個個都有錢、書本上也夾著錢、愛車上也隨處可見到錢。其實，即使是用錢包也都是有風水講究的，你選不好錢包都不一定能留住財，更何況那麼不尊重錢的行為。

如何用風水打造聚財商鋪

開店鋪做生意，財運好壞受到各方面的影響，除了受個人命理的影響外，還會受到社會經濟發展趨勢的影響，店鋪風水的影響更是不可忽視的一個重要方面。下面從幾個方面談談開店選址和裝飾的風水原則。

☑ 外觀裝飾要獨特

從商品行銷的角度說，注重商店的外觀造型達到樹立商業形象的目的，就必須使這個外觀造型具有鮮明的獨特性，以達到宣傳自己、招引顧客的目的。在設計商店外觀的造型時，除了考慮建築本身結構比例的協調性之外，還要注意使商店的外觀造型與所處的區域的自然景致相協調。

☑ 取開闊避狹窄

風水學在選擇宅址時，講求屋前開闊，接納八方生氣，這與經商講究廣納四方來客契合。按照這一原則，選擇店鋪的地址時，也應考慮店鋪正前方的開闊，要求不能有任何遮擋物，比如圍牆、電線桿、廣告牌和過大遮眼的樹木等。

☑ 開門宜寬敞

店鋪的門是店鋪的咽喉，是顧客與商品出入與流通的通道。店鋪的門每日迎送顧客的多少，決定著店鋪的興衰。因而，為了使店鋪能提高對顧客的接待量，門不宜做得太小。

☑ 門避不祥之物

從心理健康和環境衛生的方面來講，店鋪的門向還應避免正面對著一些在風水學看來不吉祥的建築物，這主要是指一些諸如煙囪、廁所、殯儀館、屠宰場等容易使人感到心理不適的嫌惡建築。由不吉祥的建築帶來的這些氣流，風水學視之為凶氣。當然，在店鋪的選址時就應避免在有不吉祥建築的區域開業，如因其他緣故要設店於有不吉祥之物的區域，開門時就一定要避開這些不祥之物，選擇朝有上乘之氣的方向開門，而且在大門之後處，最好再放置一架屏風，以對煞氣再做些阻隔。

☑ 開門朝人群

人流穿往密集的地方就是繁華的地段，有人就有生氣，人越多生氣就越旺，乘生氣就能帶來生意的興隆。店鋪的興衰取決於顧客，顧客是店鋪的財源所在。顧客盈門，店鋪就會興旺發達，反之，店鋪就要倒閉。所以，店鋪門的朝向，應取決於顧客，應該是顧客在哪裡，店鋪的門就開向哪裡，做到門迎顧客。

☑ 要與店長八字合理吻合

每個人的八字裡都有五行上有利的一個方面，如果開店在選址、朝向、裝修顏色、店內布置等方面注重店長八字命理需求，是完全可以達到補益的效果的，自然生意就增加了成功的方面。

☑ 擺放招財吉祥物

財運的好壞靠人力是很難控制的，行業好、地段好、產品好、職工好、老闆好，就是生意不好，為什麼？是什麼擋住了你的財路？好多時候我們發財靠運氣，運氣好就是財運好。如何能彙聚好運氣？使用招財的吉祥物品，貔貅、財神、銀圓等，但是要放到財位，才能達到應有的作用。

裝修店鋪有哪些風水禁忌

裝修店鋪主要有以下三大風水禁忌：

☑ 忌店鋪顏色過於隨意

店鋪裝潢的顏色有很大的講究，現在有許多商店非常注重店鋪內部的顏色，有些商家透過心理測驗認為，例如紅色等比較明快的顏色，會令人處於一種相對興奮的狀態，激起人們的購買欲望。從風水的角度而言，店鋪內部的顏色，要和店長的生辰、店鋪的朝向以及所售商品的五行屬性相結合而考慮，將商品的屬性納入木、火、土、金、水五大類，然後根據店長的命卦和商店的宅卦，具體確定店鋪內部的裝潢色調，方法極為繁複，必須請專業的宅相家定奪。

☑ 忌櫃檯擺在出口處

櫃檯不宜擺在出口處。有些商店為了促銷商品，往往在扶梯的出口處擺設櫃檯，目的當然是要使顧客一踏上樓面就能看見所推銷的商品，以增加出售商品的可能性，但這種做法往往使得一些顧客會故意繞開這個櫃檯，而走向旁邊的櫃檯。你可以將擋在樓梯口的櫃檯向旁邊移開兩公尺，這時再看看效果，相信就能感覺到「風水學」的妙用。

☑ 忌震耳欲聾的音樂

音樂本身確實可以營造一種氣氛，但要看是營造了怎麼樣的氣氛，輕柔雅致的樂聲，可以使顧客流連忘返，增加顧客在商店裡的逗留時間，從而增加顧客消費的可能性；而震耳的音樂在風水中稱之為「聲煞」，屬凶煞的一種，使得人們自然而然產生出煩躁的情緒，對商店的促銷只能達到負面的影響。

不同行業商鋪的最佳風水方位在哪裡

☑ 餐飲業

餐廳、咖啡店、酒吧、飲食店、酒廊等，最佳風水方位在於北，若將北用做大堂則吉，東南有突則生意興隆。烤肉店、炸雞店等用火的生意，廚房在東或南則吉。

☑ 食品店

魚店、海產批發店，應該建在東南、東、南方位，用陳列台或箱子等掩蓋正中線、四隅線則吉。加工食品店在南、東南則吉。南和西則擺商品陳列台、客人用的椅子等即可，入口最好設在東南、南以及東。

☑ 青果業

把新鮮的貨品擺在北、南則生意興隆，入口設在東、東南、南、西北則吉。

☑ 西點業

西點麵包店把入口置於東南、東、南則吉，但開閉門不可在正中線、四隅線。至於糖果公司、辦公室、公司建築物的東南與南有突則為吉。至於工廠則宜將與火有關的建築置於南方位。

☑ 家具業

家具店、木工工廠在東南與北、西造突則吉。

☑ 電器業

電器行、水電行將客廳的門建在東與南、東南則吉。

☑ 鐘錶業

貴金屬商店在東、北、西北任一處造突。若規模大則造二方位的突，即使小店也要造一方位的突。出入口若在東，則東南、南為大吉位，即使在西亦為吉相。此種行業宜選擇東側與南側二方位有道路經過的東南角地。

☑ 照相業

照相館東南、東、南、西等四方位有入口則吉。

☑ 製藥業

藥局若入口在東南、東、南則吉，但要避免正中線、四隅線，若在北、西造突，門在東、東南、南為佳。

☑ 百貨店

雜貨店把櫃檯置於西北、東南、南、北任一方位即可。

☑ 花店

花店將入口設於東、東南、南則吉，若不得已設於北、西也可。

☑ 服飾店

入口在東南則大吉，其次依序是東、南、西北。

辦公大樓形狀有哪些風水玄機

從風水學的角度來講，注重辦公大樓的外觀造型以達到樹立商業形象的目的，就必須使這個外觀造型符合風生水起好運來的風水格局。

辦公大樓多密集於繁華熱鬧的街市，是一個商品經營活動競爭十分激烈的區域。要想在這個競爭區域裡，取得辦公和經營的成功，首先就要從辦公大樓的外觀造型上著手，但是往往很多公司的高層和商鋪的老闆缺乏風水常識，花了高辦公大樓價租了個風水不旺甚或風水極差的辦公大樓。下面我們就來了解一下辦公大樓的形狀是如何影響風水的。

☑ L形的辦公大樓會使得人心不安

L形的辦公大樓（商鋪）因為有很大的缺角，室內採光會不均衡。假設光從上面投射下來，那實心的L的一邊能接受到光，但缺角的部分就沒有光源了。此大樓的內部人員易有身體疾病的侵襲，也會使得人心不安。

化解方法：用風水吉祥物三陽開泰等進行化解。

☑ U形的辦公樓讓事業不易伸展

U形的辦公大樓顯得整個大樓的後靠薄弱，必會讓公司在經營上會有不順心、後靠無力、事業不易伸展的現象。

化解方法：用風水吉祥物泰山石敢當進行化解。

☑ 回字形的辦公樓易導致股東不和

回字形的辦公大樓容易出現老闆心性不安、股東不和的現象。主要是因為回字形的建築物在整棟大樓的中間部分完全透空，雖能加強整個大樓的採光，但是一棟房子如同人的整個身體，大樓建築中心留著大開井如同人心臟無力。故公司設置這種大樓裡必定有業務推廣不易、股東內亂的情形。

在現在的辦公大樓中，回字型的大樓非常多，但氣勢旺的不多，主要是不懂得補救，故會讓內部的公司運作欲振乏力。若整個大樓為單一公司的辦公室，那麼在股東內，就會產生極強的私心，若改善得宜，能使整體業務拓展相對順暢。

化解方法：用風水吉祥物八寶吉祥進行化解。

☑ 方正的辦公樓是吉相屋宅

一個屋宅或大樓的辦公室，最好以方正形體的格局為宜。正方形或略長的長方形格局，才是真正的吉相屋宅。當然，一個格局方正的房子，用來做辦公室或開店的店面，也必須注意到有無寬廣的前面明堂（從前面看出去非常的廣闊），有的話，必能帶給公司有好的業績，店家生意興隆。

總之，辦公大樓（商鋪）的選擇是一個綜合的過程，需要充分考慮辦公大樓（商鋪）的周邊環境、考慮辦公大樓（商鋪）自身的形狀，還要考慮企業家本人的命理以及辦公大樓（商鋪）的樓層等。

SOHO 族的家居辦公風水是怎樣的

有很多人不習慣每天朝九晚五的上班生活，而要尋求一種自我獨立的辦公方式，自由業的 SOHO 族。在家裡辦公具有自由掌握工作進度和對辦公環境控制自如的兩大優勢，既能根據自己的喜好設計辦公室，增強工作效率，提高工作效益，又可以享受到住家的樂趣，可謂事業家庭雙豐收。那麼，SOHO 一族應該注意的辦公風水有哪些呢？

☑ 家庭辦公室的理想位置

家庭辦公室的理想位置是在住宅中央的東、東南、南與西北部。同時要注意的是，鑒於睡覺與工作有不可協調的矛盾，故辦公室和臥室宜徹底區分開。根據業務的類型和事業的發展階段，要善於利用每一個特殊的方位，才能令事業受益。比如：事業初期：宜在住宅的東部或東南部辦公。該方位能使人變得更忙碌、更活躍、更引人注意，更能使好主意化為現實，有助於事物的和諧有序成長。事業發展期：宜在住宅的南部辦公。該方位能幫助辦公者吸引客戶對其經營的業務的注意，並且令業務受到普遍的歡迎。特別對公關性質的工作有極大的助力。事業飛躍期：宜在住宅的西北部辦公。該位置有益於領導、組織與協調他人，鞏固事業，並維持他人的尊敬。

☑ 快樂辦公三要素

家居辦公應該創造生氣勃勃並且愉快的氣氛。因此要具備以下三個要素：

（1） 照明盡量採取天然光線，能具備開大窗的房間較好。

(2) 電器應該慎加選擇，以減弱電磁波的影響，並且房間裡應有足夠的闊葉植物，特別是百合，可有效抵消電磁波。

(3) 要有足夠的儲物空間，可以使各類用品保持整齊。

☑ 家居辦公室的顏色

色彩對於環境的影響不言而喻。在家居辦公環境裡，顏色的運用也會對工作的效率產生很大影響。在工作比較忙碌緊張的辦公環境裡宜用淺色調來予以緩解壓力。而在工作比較平淡的環境裡宜採用強烈的色彩來刺激。具體而言，顏色應五行協調，以促進生產力。如辦公室在住宅東部及南部，宜用綠色與藍色作為辦公室的主色調。而南部的辦公室宜用紫色，西北方位宜用灰色或淺咖啡色。

辦公室裡的垃圾桶應該如何擺放

垃圾不能亂扔，垃圾桶不能亂擺，這是一個風水常識，下面，我們從垃圾桶的擺放位置來看看辦公室和家居風水對職場人士的影響。

☑ 西北方 —— 最有權威者

西北方在風水上稱為乾位，在公司代表著第一掌權人，一般指老闆或法人代表，但如果公司是分公司或子公司，只由一個經理負責長期管理，乾方就只影響到這位經理的地位是否穩固的問題；在家中代表著父親、男主人及承擔著家庭主要經濟擔子的男人，如兩小夫婦型家庭，西北方就代表著丈夫，所以無論在公司還是家裡，西北方都是一個重要位置，如西北方擺有垃圾桶類「汙穢之物」就直接影響到「經濟棟梁」的地位問題。

☑ 東北方 —— 繼承人

東北方是僅次於西北方的重要方位，一般代表著乾方的繼承人，在公司通常會是老闆的兒子、副總經理、辦公室主任一類的人物，在家庭代表著幼兒和剛踏進社會的男孩等。所以如果東北方擺垃圾桶，往往代表著公司、家庭容易出現「繼承者」苗而不秀、青黃不接的現象，而且原來被公認為「繼承人」者亦容易因為突發原因而存在「大熱倒灶」的危險。

☑ 西南方、東南方 —— 已婚同未婚的女人

在女性的職業生涯中，結婚可算是一個關口，而在風水上西南方代表母親、已婚的女性及工會主席、人事部經理一類的人事；東南方代表長女及未婚的女性業務菁英、資深女員工，究竟你在公司地位會不會因為「走進圍城」而受到動搖呢？就要參看西南及東南兩個方位了，如果垃圾桶一類承接「遺棄」之物的容器放到西南方，就建議你不妨加入「隱婚族」的行列，相反垃圾桶如果放在東北方，未婚的你反有可能因為婚姻而令你在公司「不上不下」的尷尬地位有所改變。

☑ 正東方 —— 功高蓋主

東方代表著有權威有功勞卻又當不成繼承人的位置，在公司中代表著一些可以自稱為「無功都有勞」的「老臣子」，垃圾桶放在正東方就意味著公司領導階層多數在密謀改革，所以「勞苦功高」的你應該盡快放下原有「姿態」，要知道「一朝天子一朝臣」在中國已經有悠久歷史了。

☑ 正西方 —— 講多做少的人

西方在風水上主要影響著「嘴」和「少女」，所以正西方放置垃圾桶首先影響著一些長期沒有業績的女銷售人員，其次是平日喜歡搬弄是非但卻工作不積極的女性，再次是前台祕書、行政助理類以及還處於初級職位的女員工。

☑ 正南方、正北方 —— 關係重大

在正南正北這條子午線上，因為氣場最為龐大，所以一般小小的垃圾桶不會構成風水上的影響，但如果五個以上的垃圾桶都一線地擺到子午線上就會因汙穢之氣「聚少成多」而大大破壞了全公司的風水，極容易出現公司人員流動過大、人人自危的局面。

第六章

順風順水

——風水對事業的影響與作用

如何用風水學提升你的職場魅力

每個人都希望自己在職場中的表現可以得到更多人的肯定與認可，希望自己是出色而具有魅力的，你不妨從職場風水的角度上去看這個問題，打造一個全新的優勢風水，那麼，你就會發現，自己的能力與光芒在職場中會大放異彩。

☑ 屏風可擋大門煞氣

如果你的座位剛好沖著辦公室大門，除非你本身的磁場非常強，可以擋住大門的強力能量流，否則時間一久你的磁場一定會被干擾，運勢和腦子就跟著不穩了，所以你可以用屏風來幫你擋煞。

☑ 植物化煞法

葉類大型盆栽，如果你的座位前方或旁邊剛好有廁所，可在座位和廁所之間，放一些闊葉，一來可吸掉來自廁所的穢氣，二來可以擋掉不好的磁場。

☑ 座位周圍不要種藤類植物

室內的植物以闊葉類為主，因為葉子大可以擋煞，又可以吸收天地的能量，而葉子小或是會纏繞的線型植物，基本上都屬陰，會吸我們的能量，最好不要擺。

☑ 檯燈化煞法

如果你的座位上方有梁柱的話，可以在梁柱的正下方放一盞檯燈，時常讓燈泡亮著，可以減少上方來的不良氣場。

☑ 座位的牆上不可任意掛圖

一些比較陰沉或恐怖的圖畫，不適合掛出來每天看，猛獸或線條激烈的圖畫也不適合掛出來，因為這些圖有不良的暗示作用，看久了會影響潛意識的穩定。辦公室最好以素面或線條柔和簡單的圖來布置，最能提高效率。

白領階層應該掌握的辦公室風水有哪些

白領——都市中的奮鬥主角，生活與工作的壓力也使他們變得沉重不安，因此辦公品質的提升就對於這個龐大的群體來說變得十分重要。怎樣才能提升辦公品質呢？風水，直接關係到你的辦公品質，所以一定要明白其中的利弊。

(1) 辦公室風水需以負責人或最高主管為主，來尋找吉利的方位。
(2) 辦公室的大門須比對面的門大，因為大則在氣勢上就贏，小則敗。
(3) 辦公室天花板或牆壁滲水、漏水或龜裂，是漏財的象徵，宜速補救。
(4) 辦公室天花板要高為吉，太低有壓迫感不吉利，且影響業務的推展，同時通風較不良。
(5) 辦公室大門最忌對著電線杆、大樹、煙囪、路沖。
(6) 辦公室的主管、負責人，旁邊有水龍頭主漏財，其後方必須有牢固的靠山。
(7) 辦公室的樓梯不可對著大門，否則納氣與排氣相沖，對財氣、健康不利。
(8) 辦公室的財位在進門斜對角，該位置要明亮、乾淨，忌空門、放假花。
(9) 入辦公室大門，廁所如果就在旁邊，那就代表大凶。因為廁所阻斷生氣進來，故對財運、業務開展相當不利。
(10) 辦公室如果沒有窗戶也是大凶。因為空氣無法交流，死氣沉沉。

香水如何使用才能調整好女性的職場風水

用中華古代「五行」學說的原理來說，每個人所含五行比例各不相同，它直接或間接的影響到你的嗅覺變化，這就是為什麼一款香水用在不同的人身上會給人以不同的感受。性情決定了命運，而香水會直接或間接對人的性情有所影響，這種概論雖不是絕對，但香水對人的性情會產生影響卻是不可否認的事實。

☑ 第一感覺很重要

選香水的時候，懂行的人都會考慮到香水從噴灑到散發完的過程中氣味的變化。不過最好的選擇還是根據你自己的第一印象挑香水。要知道，往往在噴香水的一瞬間就決定了你與這瓶香水的緣分。購買香水時，根據自己想要獲得的運勢選擇香型，看看這種運勢是怎樣在噴灑的瞬間顯現出來的。當然，享受香氣變化的過程也很重要。陶醉於香氣彌漫周圍的心態本身就是好運到來的關鍵。

☑ 讓自己更有魅力

對於想提升女性魅力的人，可以使用花香系列的香水。風水中的「花」能去除身體中的水毒，帶來新的機會。

如果想增強外在魅力可選擇玫瑰香型；想煥發內在魅力可以選擇百合香型；想讓自己變得優雅可以試試茉莉香型；另外，「明亮有神的眼睛」也是提高魅力的關鍵，有了清澈動人的雙眼和帶來清晰視野的蝴蝶花香，就能避開不適合自己的異性。

☑ 香氣不同作用亦不同

豌豆花的芬芳能帶來幸福和美好的戀情;赤素馨香能使你更加美麗自信，關鍵時刻絕對必不可少；另外，小蒼蘭可以為你擋開你不喜歡的異性。而對於想和戀人有更進一步的發展，鞏固現有愛情的人可以試試報春花香。

在果香系列中，櫻桃香型能夠令你更加可愛，桃子香型能帶來快樂的戀情。如果想抓住你的他的心，可以試試橘子或橙皮苦酒的香型。

☑ 利用香氣抓住自己想要的東西

當工作遇到阻礙和麻煩時，噴灑清香型香水能帶來事業的轉機，從而在業務上建立更好的人際關係；如果希望個人生活美好，那麼就選擇薄荷香型。要想抓住身邊的機會，可借助水果系列香水。另外，檸檬香型不但能提高事業緣，還能增強學習的能力。想增加財運，最好選擇蜂蜜、巧克力、牛奶糖等甜香的氣味，尤其是考試或者抽獎前使用這種香水會帶來意想不到的驚喜。

☑ 什麼時候用香水轉運最強效？

「一日之計在於晨」，清晨是決定當天運勢的關鍵時刻，所以在上班之前使用香水效果最好。另外，如果不想把工作帶人生活，在下班時換種香型也是個有效的辦法。上班時用清香型的香水，下班後換成凸顯現代女性氣質的花香系列。另外需要注意的是，不要總是選擇同樣的香型。為了「抓住緣分」而持續使用柑橘系列香水，那新的緣分就很難再到來。最好以一週為單位，根據自己的需要來設計自己的轉運組合香水。

☑ 外出時不要忘了帶上香水

行走間的陣陣香風能有效增加你的好運氣。香水包裝的顏色太重會使緣分喪失，因此一定要換成玻璃或金屬製的小包裝。不要選擇塑膠包裝，那會降低香水的轉運作用。另外，黑色等深色系列的包裝也是犯忌的。萊茵石裝飾的彩色包裝盡現華麗風格。即使是不喜歡香水的人，對這樣的包裝也會接受。只要注意別總使用一種香水，你的魅力就會加倍增加。

☑ 放香水瓶的方法也有講究

漂亮的香水瓶特別能提升你的運勢。圓瓶體現快樂的生活，高瓶促進身心的成長。心型等造型可愛的香水瓶可以給你帶來和瓶子外形相同的運氣。推薦把各種各樣的瓶子組合起來，整齊的擺放在經常能看到的地方。最好的位置是房間的東南方。如果再擺上個玻璃做的小天使，效果會更好。

如何用風水技巧避免被裁員

目前，金融危機有越演越烈之勢，受全球經濟衰退影響，全球多個行業已經形成一股裁員熱潮，中小企業的生存環境都是舉步維艱。本來很平靜的辦公室氣氛也變得緊張起來了，大家都不知道自己會不會被裁掉，或公司部門合併導致工作變動。那麼，在風水上又有什麼應對的招數呢？

(1) 在風水中是最忌諱犯煞的，而在辦公大樓裡，因為空間環境需要充分利用，所以老闆會想盡辦法充塞辦公桌，那有些辦公桌的位置就很不利，如正好面對著牆角，如果是凹進去的還好，突出來的角犯煞會很嚴重，要當心老闆第一個開的就是你，應對方法：擺個仙人掌對著牆角來化煞。

(2) 辦公桌的前部稱之為明堂位，最好是打掃乾淨，一來是風水上會有利於自己，二來也會給老闆以幹練的感覺。

(3) 朝中有人好做官，在公司裡得有人支持，那些沒有背景的員工們，就要把自己風水上的靠山弄好，可以在自己座位後面放些高大、結實的東西，以加強自己的靠山之力。

(4) 在座位頂上有梁的朋友，需要注意這樣的風水會讓你的工作效率低，機遇變得差。本來經濟形勢就不好，再加上風水又不利，那肯定很容易被炒了，化解辦法是換開位置或頂上掛上葫蘆，或用紅色的圓紙貼在梁的上面。

(5) 所在的位置光線比別處暗，這樣的話容易給老闆感覺你做事不努力，運勢也容易變壞，化解的方法是加強自己位置的亮度，照明加強就可以。

(6) 你所在的位置在大門口或廁所口，這樣的位置也是風水上不利的位置。化解的辦法：在桌前放綠色植物來化煞。

哪些風水吉祥物有利於開運升遷

☑ 龍龜

眾多瑞獸中，龍龜是被眾人所認識的其中一種瑞獸。

在書桌上擺放一隻龍龜，則會在工作上得到貴人的扶持，得上司欣賞，工作方面會十分順利，除了在公司擺放龍龜，亦可以在家中客廳擺放，雙管齊下，相得益彰。

☑ 鳳凰

鳳凰被譽為最漂亮的瑞獸，比孔雀還要美麗，在居室內掛鳳凰圖畫就容易招貴人。

☑ 馬上封侯

是一隻馬和一隻猴子，而猴子多在馬背上或向馬背爬上去，因猴子在馬的上方，故形象的命名為「馬上封侯」；在職人員如果常佩戴此類物品，則有助於職務的升遷。

☑ 天祿

天祿是一隻瑞獸，其造型是短腿、有翼、雙角、連須及鬃的動物，獨角為天鹿，因為「鹿」與「祿」的讀音相同，故含有「爵祿「之意，適合擺放在辦公室，代表升遷快。

哪些風水吉祥物會讓你創意無限

人們生來即具有創造力，但不一定能夠保持它。據研究顯示，百分之九十的五歲兒童是富有創意的，而在成年人中，只有百分之二而已。為什麼會這樣呢？對此，科學家們有不同的解釋。然而，在這個競爭激烈的社會中，如果缺乏「創意」，就等於面臨著被「淘汰」的結局。因此，如何保持源源不絕的「創意」思維，就成了多數人所面臨的重要課題。

一般說來，構成「創造力」的基礎有三：一是堅強的意志；二是充沛的精力；三是嚴謹的「計畫」。在傳統文化中，有著利用吉祥物「助人」的記載，比如帶來財運的貔貅，化解煞氣的「泰山石敢當」，增強生命原動力的水晶等。可以說，一切吉祥物及風水物，在風水學上都是有根有據的，或許有人不認為它能改變自己的人生，但是，它的確是一種悠久的客觀存在。就啟發「創造力」的角度來說，就有不少具有「靈效」的吉祥物。

☑ 增加能量的「黑曜石」

沒有人擁有無限的精力，即使你精力過人，但仍是個凡人。因此，若想將自己有限的精力提高，可以選擇「黑曜石」來幫忙。

黑曜石是火山熔岩的一類，也是天然的火山玻璃，從火山口噴出以後，遇冷急速冷卻，來不及結晶，從而形成了一種無結晶的塊狀岩石。由此，它的能量剛烈、強勁，有「黑金剛武士」之稱。黑曜石的多變與能量，一直蒙著一層神祕的面紗，但經過許多人的親身體驗，它的確有著非常強大的作用，不僅可以避免負面能量的干擾，還能去除難聞的黴味與晦氣，不管貼身佩帶或是擺放家中，都是生活中最好的守護石！

需要注意的是，一般水晶手珠都適合戴在左手，而黑曜石手珠則適合佩戴在右手，這樣戴有助於吸收掉身上排出的負面能量。

☑ 使你有條不紊的「紫水晶」

當你總是遲到、沒有出席會議、忽視朋友、錯過截止日期，或者忘記做家事時，人們會認為你做事缺乏步驟性，即使這些小事在你看來可能是無足輕重的，但是，它也許會成為妨礙你成功的絆腳石。

紫水晶是水晶中具有最高貴氣質的水晶。紫水晶是二月的生日石，在中世紀只有教皇或主教才能佩帶它。相傳佩帶紫水晶飾品喝酒不會醉，打仗時都能英勇殺敵，凱旋而歸。

紫水晶通常在晶洞或晶簇中被人所發現。它通常有菱面形的尖端而沒有柱面，但它的紫色常常只在尖端部分。有的顏色常呈色帶分布，所以加工時要把有顏色的部位放在底部。

辦公室風水潛規則有哪些

☑ 背後有靠，升官有靠

安置辦公桌第一為後方要有靠。如果後方是走道，辦公會比較不安穩，心神不寧。後可是牆壁，或配置桌子、矮櫃都可以。

☑ 前面開闊，前途無量

辦公桌前方正面要開闊，不可太狹窄。如果是面對牆壁，前途也會像被牆阻擋一般，運氣無法展開。

☑ 正側無走道，升遷無阻礙

辦公桌的正、側面不可為走道，有如路沖般沖來。就像在室外的路沖一樣，這樣的室內路沖也會有不好的影響。

☑ 正面不對柱，做事不出錯

坐位的正面有柱子，就好像受到當頭棒喝，必然在事業上出大錯，平常也容易有頭痛的毛病。

☑ 距門太近

坐位安置在門邊辦公效率較差，辦公室內，職位越高要離大門越遠。職員也相同，依照職位高低，作一個相當的配置。

☑ 沖門、沖路，宜置屏風、矮櫃

辦公桌沖到門或路，影響身體健康，容易有意外災害。工作及升遷都有很大的阻礙。

☑ 頂上壓梁

辦公桌若剛好在梁下則要特別注意。容易心神不寧，頭昏出差錯。若壓頭頂要將桌位往前挪，避過即可。

☑ 座位逢切角

座位不可被不對稱的走道及座位切到。如果坐在這個地方辦公，會比較不順利。同事之間的關係，會發生摩擦與誤會。

☑ 老闆金庫宜隱祕

每日有現金收入的場所，最好將金庫安置在隱祕之處，這樣較不易破財，而且最好收在靠近自己座位的後方。

☑ 老闆辦公桌比員工大

一般老闆的辦公桌要比員工大，如此才為正確。如果不夠大的話，要在旁邊安置幾個櫃子，來增加氣勢。如此一來才能夠順利指揮員工。

贏得老闆重視的風水妙招有哪些

很多人感覺自己是懷才不遇、不被老闆重視。這個不利局面如何才能扭轉？下面幾個風水招數可以試一試。

☑ 石獅借氣

廟門口石獅子整天吸收日月精華，能帶給人們好運，懷才不遇的人可以摸石獅子額頭，再摸自己額頭，讓好的氣場附在自己身上，調整運勢。

石獅

☑ 擦亮額頭

額頭附近是官祿宮，代表事業發展以及職場運勢，如不受長官重視，可能這裡氣色也很黯沉，解決的方法，便是常擦保養品，保持額頭發亮。

☑ 寶塔高升

在家中較高的酒櫃、書櫃上面，安放一個銅材質寶塔，而且放得越高越好。因為這樣象徵著步步高升。

☑ 公雞帶冠

雞的飾品，特別是有雞冠的雞，不限材質，也有帶動職場運勢的功效，讓冷板凳坐久的人，重新獲得重視。適合放在家中的西北、正北、東北、正南方，任選其一即可。

☑ 黃燈旺氣

不論在客廳或者臥室，經常保持一盞黃色小燈明亮，能夠活絡氣勢，增加好運，也能夠擺脫僵化格局。適合放在家中的西北、正北、東北、正南方，任選其一即可。

☑ 寶石助陣

請準備七種不同材質、顏色，例如水晶、瑪瑙、玉石等的石頭，放在不限材質的容器當中，安置在自己辦公桌的左手邊，幫助自己工作順利。

☑ 銅板大順

同樣在辦公桌左手邊，或最大、最上方抽屜放銅板，會有開運的效果。

☑ 水晶納氣

紫水晶洞是常用的風水道具，因為其凹下去的洞穴，可以涵養好運，不妨放在辦公桌的左手邊，但是切記不要讓水晶洞碰到水。

職場中如何贏得貴人緣

經濟不景氣，職場的競爭與壓力也越來越大，但即使如此，人往高處走，誰都希望工作能越換越好、職位能越爬越高，下面就介紹幾招很管用的職場風水小妙方，它們不僅能幫助你爭取到更好的發展及晉升機會，更讓你有貴人相助，輕鬆奠定無可取代的職場地位。

☑ 除穢

將過去一切不如意的事，用白紙黑筆條列寫下，然後用火燒盡；之後於晚上沐浴時，加入含有橙花、白檀香、乳香、松針、佛手柑、薰衣草、雪松等成分的精油，洗淨自己的全身；最後連續四十九天早晚口念一遍《般若波羅蜜多心經》，並將心經隨身攜帶，即可提升好運氣！

☑ 開運

在辦公室或辦公桌的右手邊養一盆開運竹，放在右手邊有壓制主管的意思，讓你對抗討人厭的主管，免於無形的心理壓力。

☑ 招貴人

建議你可以佩戴紫水晶或紫色能量鑽石的飾品，如果是圓形的更好，因為紫色晶石具有招來貴人的能量磁場，搭配圓滿的形狀，更象徵貴人環繞，生機處處，為你廣招十方貴人，不僅可以讓你工作事半功倍，還有防小人功用，讓小人退散，財氣、人氣廣聚，開啟事業成功的大道。

應徵時需注意的風水問題有哪些

職場應徵，如何才能讓自己脫穎而出呢？在這裡除了自身的實力與命理的行運很重要外，同時面試時的印象也很重要，以下列出幾條面試時應該注意的風水以便能幫助大家。

(1)　在面試時，一定要把額頭這塊弄得比較乾淨，不可以有頭髮等擋著，這在命理上代表著印堂，要發亮才可以得到貴人相助。

(2)　家裡的鞋櫃需要整理好，不可凌亂，最好是鞋頭朝外，這樣可以帶來貴人運。

(3)　面試前最好先靜坐下，有條件的人也可佩帶些提高運勢的風水開運物在身上，如白水晶等開運物。

(4)　面試時，盡量不要背光，要讓光線照射到自己身上，如條件不允許，最好有側光能夠照到。

購車選車有哪些要掌握的風水知識

汽車的款型、品牌、車牌號碼、色調，如果與車主配搭適宜，可增加許多吉祥運勢，且讓人生道路一路順風，瀟灑愜意。

研究五行能量與人的運勢的專業人士發現，當今的許多交通意外事故，經事後分析大多數都是由五行中的金與木交戰而造成。因此，選購好適合自己的愛車顏色，是可以增加自己運勢的，而且會使交通意外減少。此外，不適合的生肖動物擺設，會沖犯了開車駕駛者的根基，也會帶來晦運。

針對汽車風水而言，慣常的說法是五行屬金的人應駕駛白色、金色的車，內部的布置亦要多採用白色、金色。屬木的人應駕駛綠色的車，內部的布置亦要多採用綠色。屬水的人應駕駛黑色、藍色的車，內部的布置亦要多採用黑色、藍色。屬火的人應駕駛紅色、紫色的車，內部的布置亦要多採用紅色、紫色。屬土的人應駕駛黃色、咖啡色的車，內部的布置亦要多採用黃色、咖啡色。

個人購車應選良辰吉日，以農曆七月，陽曆八月為例：八月十八日、八月二十五日、八月二十八日、八月二十九日、九月六日，這六日是較好的購車日，不過，下列生肖的人應該避免在本月購車，那就是屬猴、虎、雞、馬、牛、狗、鼠六種生肖的人。建議用其他生肖人的名字選購汽車，取車時不宜有孕婦或生理期的女士同行或同車。

另外，購車的顏色應該結合月分，譬如七月分紅車、純白的車及黑色的車盡量避免。若較滿意這些色系，可等下月再交車，交車時穿的衣物也很重要，上半身不著黑衣、白衣、紅衣，女性朋友更要注意不穿這三種顏色的衣服。此外現在流行露肚臍的穿著或破口的牛仔褲都是禁止的，露背的衣服也不好。

取車時刻也不宜安排在下午五點以後，這屬不吉利的時間，最好在晴天的上午取車，七月分午後下雨的時間不宜取車，也盡量避免晚上取車。取車時不宜在新車內放置布娃娃，取車後當日在路上遇到喪禮或墳場應繞道而行，千萬不要沾到陰氣，若有遇到車禍現場、塞車也應繞道而行。

上述說法，實際上是一種普遍的購物趨吉的習俗，也體現了人對新車使用的慎重。

怎樣選擇吉祥的個性化車牌

近年來推出的個性化車牌魅力十足，對現代購車人越來越有吸引力了。現實生活中的駕車一族紛紛以搶選到自己心儀的吉祥車牌號碼為榮耀，於是各地交管部門的車牌發放機構，因為購車人前呼後擁的吉祥車牌的選購而業務繁忙。

到底怎樣選擇自己愛車的車牌才算做到既表現了「個性」，又達到了「吉祥」的效果呢？這其中又有哪些竅門呢？

(1) 個性化。購車人一般會在自己的「個性」特徵的基礎上雜糅其他因素，進行一番吉利的組合後選擇車牌。較常見的如出生日期加姓名組合加門宅和電話、汽車號碼等組合法，會考慮家庭主要成員的出生日期，自己或主要家人的姓名聲母韻母、英文縮寫，在取其吉利諧音和吉祥數字綜合因素基礎上進行選擇，由於這種「個性化」選擇往往是以具有個性生命基因為根據，且與人的社會生活的外在特徵相連帶，往往不易重複。

(2) 個性化車牌的吉祥內涵。在大多數人的車牌吉利擇取上，多追求與數字 8 相組合的數字，168、518、558、888、688 等，168 取「一路發」，518 取「我要發」等數字和文字結合的諧音，當然也非一成不變，因為口語習慣，其差別會很大。如廣東人認為「4」、「7」數字諧音為「死」「欺」（遭人欺）不吉利一樣。

從汽車風水預測學的角度講「138」、「168」固然吉祥，「001」亦是好的暗示。但是太多的此類號碼，像「138」一生發，「168」一路發又並不是適用每一個車主，比如從五行術角度分析「138」為「木、火、金」，「38」是一個「火」剋「金」的組合，如果車主命理中忌「火」少「金」，就不一定是個好的選擇了。又如「168」，如果命中少「土」多「金」的人亦不是上選。所以開「138」、「168」號碼車的人不一定個個是千萬、億萬富翁，不開「138」、「168」號碼車的千萬、億萬富翁則大有人在。

汽車風水預測學往往又會和個人命理結合在一起，講求兩者之間的和諧，因此生活中最好不要去追逐同一種號碼，亦不要去追逐時髦，最好是找到自己所需的「吉祥」符號及數字，再組合自己的「吉祥車牌」。

助你升遷加薪的風水小竅門有哪些

辦公人員要想事業高升，財運滾滾，就應該利用風水催旺財運，這樣才可以加薪升值，不過成功講究的是天時地利人和因素，因此要想全面提升自己的運勢，促進事業順利，還得加上個人努力。

☑ 掛一張柔和的圖

辦公室的氣場一般來說會比自己家裡的氣場來得「硬」一些，所以可以掛張柔和的圖，在工作量大時，亦能從容以對，談薪水時必然義正辭婉。

☑ 東西多放在右邊

你可能不知道，左手的方向可是一個人的龍邊所在，要是把龐雜的東西都放在左邊，當然不容易賺到錢！

☑ 辦公桌以圓弧狀為好

現代辦公桌的款式大多以長方形為主，而在辦公條件許可的情況下，就應該選擇有利於自己風水格局的辦公桌款式，比如辦公桌呈圓弧狀，如同腰帶纏繞著自己，這就是「玉帶纏腰」型的辦公桌，這種環抱自己的辦公桌不但有利於讓吉氣得到聚集，而且還能化解自己面對的煞氣。

☑ 把電腦放在文昌位

職員大部分都有一部屬於個人使用的電腦，而這電腦便屬用來工作及替公司賺錢的工具，所以從風水角度出發，電腦擺放在何方都會出現一定的影響力。電腦最適宜擺放的位置便是以出生年分來推算的文昌位，在這裡是可以擺放電腦招財的。當知道自己命中的文昌位後，在辦公室內，可以將自己的電腦放在本命文昌位內，則自然能夠使工作效率提高、獲得升遷。

☑ 座位周圍的環境要整潔

良好的環境才能讓四周的氣場順暢，才能有好的財運和事業運。可以擺一些綠色植物等來轉化氣場。

☑ 擺一些葉子較大的植物

在座位旁，可以擺上一株小植物，但要記得選葉子大的闊葉綠型植物，這種植物可以幫助你的財運攀升！

☑ 盡量不要擺放石頭

有的人喜歡把一些可愛的石頭擺桌上，殊不知石頭可是陰氣很重的東西，把它擺在自己的生財桌不是個聰明的做法！

☑ 視線所及應避免銳角

這點是一般人易於忽略之處，就是要避免眼睛所及之處有家具或牆的銳角，因為銳角看久了，財神不會降臨。

如何用風水開運法招正財、聚偏財

☑ 懷錶正財開運法

精緻的懷錶也能給你帶來好財運，不過前提是，你要準備一塊懷錶（等級不限）和一根紅色的絲線。

把懷錶正面朝上擺放，將紅絲線從鍊子的末端，按順時針方向開始向表身纏繞，直到錶鍊與表身相連的位置。將懷錶貼胸攜帶著，而錶鍊則繫在腰際，並讓紅色絲線露出一角。絲線將四方財氣的波動、懷錶指針的走動、心臟的跳動連到一起，彼此之間次第呼應，財運就會滾滾而來，聚為己用。

☑ 絲巾偏財開運法

倘若正財難取，可用絲巾來保佑你偏財不斷。

選擇一條紅色的絲巾，再準備四張小卡片，分別在小卡片上用鋼筆精確寫上自己的生辰。然後用繡花針穿上金色的線，用針線把四張小卡片分別固定於絲巾的四個角。

最後將絲巾掛於臥室窗戶的右角上，這樣一來，四面八方的財道就為你打開了。

如何用好錢包為你增加財運

☑ 金色錢包

金色代表財氣，是最好的錢包顏色。對於要考慮一些大的投資項目的人來說，金色錢包能助你一臂之力。

☑ 黑色錢包

黑色代表沉穩，可以守住錢財，不輕易讓錢損失，尤其適合喜歡做一些小投資的人。

☑ 咖啡色錢包

咖啡色有黑色錢包同樣的意思，只是力量沒有黑色錢包那麼強。

☑ 紅色錢包

有人說紅色代表赤字的意思，也就是很容易把錢花光無法存到錢。不過對於本命年的人來說，紅色是避邪之色，即使不能給你帶來財運，但可以讓你平平安安。

怎樣的家居風水布局有利於你的事業

☑「紅」運當頭

在東方擺放一些紅色的家具及裝飾品，如紅木吊飾等，都可使家人充滿幹勁，有利事業與學業。

☑ 飛「黃」騰達

黃色一向被用來代表財富，在西方也被認為是主導事業及財運的方位，在家中放上黃色的家具飾品如黃水晶或其他黃色物品也可帶來旺盛的財氣，令事業飛「黃」騰達。

☑ 水晶的布置

白水晶有利事業健康，白水晶的能量，相應人體七輪（即指人體各部分）中的「頂輪」，即頭頂正中位置，可將體內之病氣、黑氣，從腳底排出，使人頭腦清晰、精神爽利，對事業與健康非常有幫助。若是放在辦公桌或書台上，就要擺放較大的白水晶柱，更可有助於開展事業。

☑ 臥室的選擇

北邊的臥室利於自由業者，西北的臥室利於管理職位者，東北的臥室利於服務業的人，東邊的臥室利於年輕不斷進取者，東南臥室的人易取得外界的幫助，南邊的臥室易取得靈感，西南臥室可以加強一個人的耐心，西邊臥室適合於緩解壓力，加強睡眠。

☑ 放置麒麟

宅運旺，才會利於事業發展，一般可以在家裡放對麒麟，這樣可以使家運旺，且麒麟不僅旺財也是利於送子的，現代人壓力大以及其他原因，不孕或晚孕的人相對比較多，而放置麒麟可加強這方面的運勢（麒麟頭宜朝外）。

☑ 設置玄關

對於經商者或從政者，打開房門一眼就能把屋內設施一覽無餘者，為大忌諱，如一眼就看到餐桌、臥室者，皆為不利，代表易為人所窺視，易失財，失官，榮華難久，最好設置玄關。

☑ 應對動土

在居住過程中，如果居住的房屋右方有動土的現象，代表著易有不利，對事業有損，可在相應位置放置麒麟。

幫你增加職場人緣的風水祕法有哪些

所謂的「辦公室文化」就像社會的縮影，在大染缸裡還能堅持原則實在不簡單，做人要能變通、處事要能圓融，因此在職場上善於人際經營的你，如果再出現貴人幫你一把的話，就更能有事半功倍之效了！現在就告訴你人緣增貴的開運妙法，讓你在職場上順暢得利！

(1) 想在職場上增進主管緣與同事緣的話，不妨連續七天飲用由玫瑰、迷迭香、馬鞭草等所調配而成的人緣花茶，有助於召集人氣，同時讓大家更樂於親近你，以此提高事業運勢。

(2) 不妨在辦公室或辦公桌的左手邊擺放馬形琉璃擺飾，並且一定要注意選擇馬的動作是躍起的「動態馬」，絕對不可以選擇四腳都貼地的靜態馬，否則動能不足，無法達到開運效果。琉璃自古以來即為佛教七寶之一，能夠開運避凶，且具有招貴人的能量磁場；而就命理風水而言，「馬」代表的是一種機會，將馬放在適當的位置，就會為你帶來好機會，在職場上便象徵著人緣增貴，能夠幫助升遷。

陷入事業危機後如何用風水轉運

由於這幾年來的物價指數不斷攀升，在一片的喊漲聲中，唯一不漲的就是薪水了。其實想要扭轉劣勢、突破「瓶頸」並不難，只要能先靜下心，找出問題的癥結，並勇敢的面對與解決，正所謂「運由心轉」，凡事都往好的方面去想，運勢才能有所提升。此外，不妨試試以下的幾個方法，幫助你順利突破瓶頸，再次贏得幸運之神的眷顧！

☑ 穩定心神、消除緊張

平時可多念心經，能幫助你獲得心靈上的平靜與突破萬難的決心和勇氣。或是在枕頭旁邊擺放具有增加智慧能量、穩定心靈磁場的紫晶擺飾，並且在心中冥想默念六字真言「唵嘛呢叭彌吽」，讓安穩的力量充滿心中，更添自信，讓你從容面對即將到來的挑戰。

☑ 連續七天早晨空腹喝一杯五百 CC 的陰陽水

所謂陰陽水，就是一半熱開水加上一半冷開水，並加入少許的鹽。陰陽水可排出體內的廢物，讓氣色變佳，增強內在能量，使整個人看起來神采飛揚，再多挑戰也不怕。

☑ 不妨經常佩戴葫蘆形狀飾品

葫蘆有收妖擋煞的功效，能防小人扯後腿，增加貴人提攜，讓您贏得事業先機，工作進展順利。每次佩戴時應冥想心中的願望，灌注善念，即可讓好運長存。

緩解憂鬱的風水竅門有哪些

「憂鬱症」是一種現代疾病，可能是突然的事件造成精神上過大的刺激，也可能是經年累月之中不良情緒積壓成疾，罹患憂鬱症的人除了看醫生吃藥以外，親友的鼓勵對於當事人是最大的助力，而在風水上也有一些方法，可以讓人減少煩惱、遠離憂慮。

☑ 屋內光線宜明亮

屋內及臥室內的光線不宜過暗，光線太暗會使人缺乏活力，也容易有較多負面的情緒與思維。

☑ 室內空氣宜流通

室內的空氣宜流通，窗戶宜適當的打開，讓空氣流通、光線明亮，人自然神清氣爽，也可以使用好的空氣清新劑讓空氣更為清新。

☑ 牆壁的顏色宜柔和

居家牆壁的顏色，尤其是臥室的牆壁，及床單、床被顏色的選擇，不可過於偏向冷色系，冷色系會使人更為憂慮，一般而言以米色或米黃色系為宜。

☑ 屋內不宜冷清清

屋大人少，或是經常一個人在家，少了聊天的對象，容易孤寂的感覺，也較喜歡胡思亂想。

☑ 屋內可以增加一些生氣

屋內放置一二樣綠色植物、插花、小魚缸或是收養寵物，都可以讓屋內多一些生氣（生動之氣）與綠意盎然，可以心情愉悅。

家居的電腦應該如何放置

電腦在我們的生活工作中的作用，已經到了非常重要的程度了，如果說普通上班族的電腦，還是上班時間之用的話；對 SOHO 一族，宅男宅女來說，電腦就是他們的生命，一日無魚，三日無肉都可以忍受，唯獨不能承受離開電腦。電腦已經成為他們生命中不可或缺的一員了。

電腦的影響不僅僅是其電磁波可能對人的健康產生影響，而且電腦的擺放位置、方向，還會對風水產生作用，從而對人的運勢產生影響。以下我們從家居電腦的擺放位置、方位，來講講電腦風水可能會帶來的後果，大家不妨結合自己家的實際情況來看看。

(1) 請勿將電腦置於你的喜用神方向。電腦置於喜用神方向，會壓制你的貴人；如果你的命理還忌火的話，那就更要小心了。

舉個例子，比如說你的喜用神為東方，你的命理忌火，你還把電腦放在了東方，這樣的話木生火旺，對你的運勢會產生極為不利的影響。

(2) 電腦最好放在電腦桌的左邊。這對經常依靠電腦工作的人而言，是比較理想的方位。按風水方位學來說，就是「龍怕臭，虎怕動」，左方是吉方，放電腦最恰當。

(3) 電腦對床是電腦擺放的大忌。電腦的顯示器如果正對臥床，會影響人的精神和睡眠品質，建議最好做出調整。

(4) 電腦要避免陽光直射。電腦放置的地方容易受到太陽直射的話，最易招惹是非，容易有口舌之爭；但如果擺放在陰暗的地方，也容易情緒低沉，影響工作狀態。

(5) 避免電腦擺放在空氣不流暢的地方。電腦最好擺放在空氣比較流通的地方，這樣不僅可以減小電腦的電磁波，也不會對主人有太多影響；如果是擺在一個空氣不太流通的地方會使你對外界反應緩慢，思路不清晰。

(6) 電腦位置一定要遠離水池、魚缸等近水的地方。近水的地方，容易讓電腦受潮不說，還容易水火相剋，誘發心血管類疾病。

(7) 電腦周圍不要擺放太多雜物。電腦周圍有太多雜物，容易讓人分心，產生雜念，無法專心工作。

(8) 顯示器最好與空間匹配。如果房間太小而卻用了較大的顯示器，容易造成親朋疏遠，同事遠離，主管不太重視的情況；反之，如果房間大卻用小的顯示器，則容易被人忽略，甚至看不起。所以在顯示器的選擇上不是越大越好，而是與空間相匹配為宜。

辦公室風水的缺陷該如何化解

俗語云：「風生水起鴻運來。」在職場打拼的人士，當然希望自己的事業穩固、步步高升了。傳統講求「天時、地利、人和」，其中天時主控在天，人和要各人自己來創造，唯有地利是我們可以選擇的，這個地利也就是風水。那麼，對於辦公室的風水缺陷，該如何化解呢？

☑ 座位周圍的環境要整潔

良好的環境才能讓四周的氣場順暢，才能有好的財運和事業運。擺一些綠色植物等來轉化氣場。

☑ 座位上方無壓梁或吊燈

長期坐在橫梁或吊燈的下方，會受到下壓的氣場的干擾，容易造成心神不寧、頭昏、工作上出差錯，嚴重者有損健康。

化解方法：立即將桌位挪移開；另外風水裡葫蘆起化病、收煞氣、添富的作用，請幾個開光的葫蘆放在辦公桌旁。

☑ 座位不可正對大門

大門是一間辦公室的進出口，所以氣場的對流最旺盛。除前台外，如果座位正好對著大門，就會受到氣場的影響，思緒會變得紊亂，情緒也會不穩定。

化解方法：在不能調整座位的情況下，最好是在前方擺放屏風，或者是在自己的辦公桌後放一塊泰山石破解。這樣你就可以穩如泰山，任何不好的因素都不會影響到你了。

☑ 不可背門而坐

門是人進入的必經之處，是辦公室的氣口，也是納氣之所，它包括生氣和煞氣。人如果長期背著門而坐，身後又時常有人走動，每天處在一種潛意識的緊張狀態之中，長此以往就會導致思緒混亂，不能安定的做事。

化解方法：調整辦公桌的擺放位置，換到不是背門而坐的方位。但作為職員是不太容易調整辦公桌的位置的，畢竟很多辦公桌的位置是因為工作的需要而擺放，那麼我們可以選擇一張有靠背的椅子來坐，這樣背後不但有靠了，還能阻斷雜氣的衝擊。

☑ 坐在靠走道的窗邊

如果坐位窗外是行人走道，不但會納入來來往往的雜氣，還會有行人的腳步聲、喧嘩聲，以及其他的噪音一類的聲煞干擾自己的工作。如果需要研究公司的機密事件，自然會擔心有閒雜之人窺視，在這種靠近窗口的辦公桌上工作自然會安不下心來做事。

化解方法：辦公桌要盡量離窗戶遠一些。同時也可利用窗簾遮住窗口，避免窗外來回晃動的人影影響工作者的思維。

☑ 座位後不可有窗

現在很多高級辦公室有明亮的落地窗，可以俯視群樓，給人一種高高在上的愜意感。有的人喜歡將辦公桌與窗平行擺放，將坐位設於辦公桌與落地窗之間，以窗作為靠山，其實這是錯誤的。座後有窗就如同座後有門一樣不可用。

化解方法：一是調整辦公桌位置；二是選擇一張有高靠背的座椅。

☑ 不可有鏡子照射

一些愛美人士喜歡放面鏡子在辦公桌上，如果鏡子每天都照射著自己，久而久之就會發覺自己經常頭暈眼花、決策失誤、睡眠不好等。鏡子在風水裡叫「光煞」，是一種避煞的工具。鏡子裡的世界叫幻影，會讓人頭腦混沌虛亂。

化解方法：在辦公桌上擺放屏風，消除災難、辟邪安生。

擺放辦公桌時有哪些風水禁忌

辦公桌擺放坐向有八個方位，這些方位均有利有弊，下面將其利弊分析如下，職場人士可根據自身情況參考使用：

☑ 坐西朝東

利於進取，並且能夠更加細心、自信、樂觀。

弊處是會導致野心太大，好高騖遠。

☑ 坐東朝西

利於積蓄財富，生活滿足且增加浪漫感。

弊處是易揮霍無度，惰性增加並且容易招惹桃花。

☑ 坐北向南

利於熱情四溢、引人注目、社交活躍。

弊處是壓力增大、感情波折、口角是非增多。

☑ 坐南向北

利於成熟穩重、創造潛能、獨立自主。

弊處是落落寡合、提心吊膽、事業趨於平凡。

☑ 坐西北朝東南

利於增強領導、拓展才能與責任感，增強尊貴與信用。

弊處是易剛愎自用，疲勞過度。

☑ 坐東南朝西北

利於增加領導能力、博得信任和尊敬。

弊處是我行我素、傲慢虛偽、干涉他人。

☑ 坐西南向東北

利於自我提升、目標明確、勤奮工作。

弊處是貪婪自私、過分緊張、魯莽行事。

☑ 坐東北向西南

利於家庭和諧、節約開支、貴人相助。

弊處是依賴他人、首鼠兩端、過分小氣。

如何根據五行風水來裝飾辦公室

辦公室的布局，除了大環境上要注意之外，還應與朝向的五行相結合，這樣才能更有利於事業發展。

☑ 如何裝飾屬金的辦公室？

從五行上來說，位於正西和西北兩個方位的辦公室都屬金。

為了能夠提高風水效應，在對這二個方位的辦公室進行布置時，可以擺放一些藤條製品的家具、飾品或雕刻擺飾。馬形的裝飾品在這裡有開運的作用，牛形、虎形的圖畫作品也可以嘗試。

在牆上可以掛一些有夜空的圖畫或是人物肖像，以此提高使用之人的運勢。

☑ 如何裝飾屬水的辦公室？

當辦公室位於整個公司正北方位時，可以視為其五行屬水。為了配合這個五行屬性，在進行辦公室的裝飾時，可以盡量多用一些弓形和心形的物品。要盡量避開牛、虎、狗、獅子等動物的圖案，裝飾品也要避開這些形狀的動物。

☑ 如何裝飾屬木的辦公室？

朝向正東和東南兩個方位的辦公室都屬木，在布置上可以多選擇木質家具，牆壁上可以擺上一些木雕的裝飾品。

挑選一幅較大的畫卷掛在牆上是個不錯的主意，但是一定要避開馬和羊這兩種動物。鮮豔欲滴的水果圖雖然可以讓人看起來胃口大開，但是卻可能會對風水造成破壞，就連看起來賞心悅目的仕女圖，也最好不要掛在屬木的辦公室裡。

帶曲線的物品五行屬水，不妨在屬木的辦公室裡擺上一件帶曲線造型的物品，能提升辦公室的運氣。

☑ 如何裝飾屬火的辦公室？

正南方位的辦公室五行屬火，挑選一兩件帶有珍珠或是純粹用貝殼做成的小飾品擺在辦公室，是非常明智的舉動。如果喜歡兵器的話，也不妨挑一兩件小型兵器掛在牆上或是擺在櫃子上。

不過，在挑選裝飾品的時候千萬要注意，最好不要選用彎月形、弓形和圓形的東西，一不小心就會招致財運下降，工作起來運氣恐怕也會受到影響。

☑ 如何裝飾屬土的辦公室？

依照五行方位來判斷，位於西南和東北兩個方位的辦公室都屬土。因此，在裝飾方面就必須要配合土性屬性來進行，不妨挑選一些優雅的仕女圖和有山羊、綿羊等圖案的畫掛在牆上。

如果環境允許的話，還可以弄個迷你音響擺放在辦公室，閒暇的時候放上一段音樂，不僅可以放鬆因工作緊繃的神經，聲波還能達到加強空間磁場和能量運動的功效。對於喜歡研究和收集兵器的人來說，最好不要把收藏的刀劍之類東西擺在屬土的辦公室中，小心會對你的工作產生不良沖煞。

哪些辦公室風水會阻礙公司的財運

新開公司或老公司更換地址時，可藉此時機把辦公室的布置重新擺設，而在實際生活中，許多人往往不懂風水，在不自覺中犯了風水大忌，以下總結了在實踐中一般人容易犯的風水錯誤，以供大家參考。

(1) 常見的辦公大樓，因為建築設計的原因，往往會形成一個狹長的走道，而有些公司的大門就直對狹長的走道，且門一開就看見工作位置，這是不利的，最起碼也得用屏風擋下。

(2) 有些公司為了體現龍馬精神，往往會在辦公室內放些如神鷹展翅，或猛虎圖之類圖畫，而這些都不是適合於辦公室放置的，因為會對老闆或員工的健康有害。

(3) 辦公室植物的放置，一般採用的植物最好是大葉、闊葉類的，而細葉或針狀的植物最好少用，另外有些人因為植物難養或圖方便，常擺放仙人掌之類的好照顧的植物，這也是錯誤的，可能會有糾紛。

(4) 日光燈與員工位置的布向，最好是呈現出日光燈縱向在員工頭頂上，不適合於直在員工前方，這樣會降低效率。

(5) 一些簡單的規則，如不可橫梁壓住辦公桌，不可門朝鏡子。與廁所最好不搭界。如對門或背靠廁所。

(6) 常見有些人的辦公桌是背後無靠的，這意味著背後沒有靠山，像有些人愛把辦公桌放在房子中間，這也是不好的，一般辦公桌之前面應盡量有空間，明堂要寬廣。

(7) 財務人員的位置很重要，一般要放在守氣、安靜之場所，而有部分公司往往因為業務的需要，財務的地方去得比較勤，這尤為重要。

(8) 辦公室天花板或牆壁滲水、漏水或龜裂，是漏財的象徵，宜速補救。辦公室內的地要平穩。

(9) 辦公室養風水魚的位置，一般最好是放在明堂位或財氣位，或者要不就不養，而養的話，則一定要放好，否則旺不了財還會破財。

公司的玄關應該如何設計

剛一進門的位置，叫做玄關，是門戶的主要位置，玄關更是一個公司的門面，它雖然所占的空間和面積並不大，但它卻具有重要的轉折作用，有了這個過渡空間，就可以使公司不至於像城門一樣敞開，一來可以化解室內外的煞氣，二是能夠擋住室內之旺氣不容易外泄。

現在居家和公司的玄關，其實就是老宅中影壁牆的一種延續，入院前先有一個迴旋餘地，引導我們的視線，然後再登堂入室，其主要的目的是阻隔室外的視線，不要對院內一覽無遺，保證院內生活的隱祕性，符合風水上的喜迴旋忌直沖的原理。

大的公司一進門最好有一個玄關，在玄關上可以標記企業標識的看牌或企業精神的標語，以提高公司品味、誠信，體現老闆的文化修養，為更好的達到招財和化煞的目的，可在玄關處擺放一些招財物品或裝飾圖案。

玄關處吉祥物品的擺放一定要符合公司的行業，在達到迴旋作用的同時，又達到了玄關之妙。

如何透過樓層選擇看出你的創業潛力

假如你的公司在一座八層的大廈裡，你希望自己的工作地點在哪一層？

1. 一層或二層。
2. 三層或四層。
3. 五層或六層。
4. 七層或八層。

☑ 選「一層或二層」

一層或二層你的創業意識較強，能腳踏實地，是個務實的創業者，但有時遇到問題過於猶豫，往往失去好的發展機會。

☑ 選「三層或四層」

三層或四層你很務實，有很強的思考能力，是非常精幹的創業者，只是過於機敏反而容易錯失時機。

☑ 選「五層或六層」

五層或六層你能夠抓住時機迎頭而上，具備超強的市場洞察力，並且能夠聽從他人的指正，是位非常有潛力的創業者。

☑ 選「七層或八層」

七層或八層你具有不服輸的性格，具有力壓群雄之勢，有競爭力，對自己創業充滿信心，但要避免出現急於求成的心態。

第七章

桃花朵朵開
——戀愛風水助你緊握幸福

可以增進夫妻感情的吉祥物有哪些

新婚夫妻由於生活中的瑣事和居家環境變化的影響，常常導致口角發生，以致爭執不斷，影響了雙方感情不說，還會給有心的第三者可乘之機。五年之癢、七年之癢同樣是夫妻間很痛苦也很難躲避的難題。

下面為大家介紹幾款增進夫妻感情，防止第三者打擾的吉祥物。

☑ 桃木八卦龍鳳鏡

桃木八卦龍鳳鏡直徑約三十公分，純桃木所製，為增進夫妻感情專用吉祥物法器。它可以預防夫妻感情出現危機，防止婚外情和第三者打擾，維持和增進夫妻感情。

☑ 桃木八卦鏡

需要注意的是，桃木八卦龍鳳鏡只適合掛於主臥室，掛於其他地方的作用不太好，尤其不宜掛於廁所等汙穢之地。

☑ 久久百合筆筒

久久百合筆筒針對夫妻感情設計，有和好如初、百年好合之意，筆筒內放置兩人的合影照片，效果更佳。可將其安放於辦公桌、書桌、床頭櫃上。一般推薦女士送男士，安放男士辦公桌使用為佳。

建議將久久百合筆筒擺放在左邊，左邊屬喜慶吉祥位置，右邊是比較凶的，不要放在右邊，以免引來不好的煞氣。

☑ 花好月圓

這個吉祥物代表夫妻兩人生活甜甜美美、團團圓圓，最適合新婚夫妻擺放在新房。可安放於書桌、客桌、梳妝檯等處。推薦新婚夫妻專用。

☑ 桃花斬

桃花斬專斬第三者，夫妻中有外遇者必用，與桃木八卦龍鳳鏡配合使用效果更佳。適合掛於有外遇者床頭的牆上，一般正對其頭部，斬去第三者外，不會傷害到本人的運勢。

最好將桃花斬掛在牆上，不要放進陶瓷類容器內，也不適合放於金屬類容器內，並且不適合放於紅色容器內。

☑ 硨磲龍鳳配

硨磲龍鳳配最大直徑約四公分，是一種天然硨磲製造的項鍊，經宗教開光處理。硨磲被佛教認為是世界上最潔白的貝殼，同時也被認為是世界上最堅硬的貝殼。象徵愛情的純潔和堅硬牢靠，是難得的珍貴貝殼之一。

龍鳳配宜男女分開佩戴，是唯一一款專為情侶夫妻設計的飾品，護佑情意永久相親相愛，可隨身佩戴。強力推薦情侶夫妻購買，最好女方送男方。

在佩戴吉祥物時講究男戴龍女戴鳳，千萬不要故意戴反了，否則毫無效用。

☑ 心連心

心連心為天然玉製作的精緻項鍊，經宗教開光處理。

心連心是一款情侶扣，心連心，心中有心，也是表達愛意和真心相連的標誌，可隨身佩戴。適於情侶佩戴，推薦送於對方。

心連心不適合學生孩子佩戴，只適合情侶夫妻佩戴，學生佩戴會導致精力不集中，學業成績下降。

☑ 紫黃晶女士手鍊

紫黃晶女士手鍊是最佳的調和石，顏色高貴，代表浪漫、姻緣。可令人腦筋靈活，增強創意，加強財運。結合了高頻浪漫紫色宇宙光與富貴吉祥的金黃色財運光，最適合調和婆媳、夫妻、朋友、同事、上下級之間的摩擦。

紫黃晶手鍊可促進異性緣，是催桃花的手鍊。不適合孩子學生佩戴，容易導致分心，精力不集中，學業成績下降。

☑ 鴛鴦圖

鴛鴦是祝福夫妻和諧幸福的最好的吉祥物。從古到今，鴛鴦都是愛情美滿的象徵。

鴛鴦圖一般擺放在主臥室、新婚洞房內。象徵意義：恩愛、幸福、美滿。鴛鴦是形影不離的，雄左雌右，所以古人稱為匹鳥。此鳥傳說若然喪偶，配偶者終身不再匹配。所以，很多人都送「鴛鴦戲水圖」給新婚夫婦。

☑ 和合二仙

和合二仙的外形為一仙手持一枝荷花，一仙手捧一隻竹盒。「荷盒」即為合作的意思。唐代時，有僧人寒山與拾得同拜一個師傅學道。師傅仙逝前，為了考察兩個弟子是不是真心和睦，遂給了寒山一枝荷花，給了拾得一隻竹盒，又私下裡分別傳給他們各自半部經書，留下話說：「參透此經，即可得道。」寒山、拾得各自參道，具無所得，苦思不得其解。好在兩人都不是小氣之人，彼此切磋時，便將各自半部經書拿出來一起參悟，終於得道。兩人也由此悟出師傅傳道的真意：即是「和合」（荷盒）才能成仙，這便是「和合二仙」的由來。

和合二仙可用於促進婚姻感情和睦融洽。象徵意義：寬容、合作。

不過，在單身男女的臥室擺放和合二仙不太合適，不但不會達到什麼作用，還會帶來不好的運勢。

☑ 龍鳳佩

龍鳳佩為天然玉石精製項鍊，經宗教開光處理。

此佩男女分開佩戴，是一款專為情侶或夫妻設計的吉祥物。可以護佑愛情永恆，使之始終恩愛如初。也可隨身佩戴，適於情侶或夫妻互贈對方。

龍鳳佩要按照正常順序佩戴，不要男帶鳳女帶龍，否則不但起不了作用，反而會有不好的運勢。

怎樣選擇結婚的好日子

怎樣選擇結婚的好日子，向來就有著不同的說法，但不管選擇什麼日子，盡量選擇那些大家都滿意的日子才是上好之選。

☑ 選擇閏年閏月

人們對結婚日期的挑選頗為看重，並且非常講究「閏月」、「閏年」之說，即每隔兩三年便會出現一個閏年，即該年有兩個「立春」，一個「閏月」。擇結婚吉日，最好在有閏月的年分。

☑ 避開三七九

結婚日最好避免在農曆的三月、七月和九月，因這三個月分分別適逢「清明」、「盂蘭」和「重公」，均為傳統的「鬼節」，不宜辦喜事。而在月圓的「中秋節」月分，即農曆八月是最適合辦婚禮的月分。

☑ 避開三娘煞

相傳月老不為三娘牽紅線，使她不能出嫁。基於報復心理，三娘喜與月老作對，專門破壞新人之喜事，故每月的三娘煞之日，即初三、初七、十三、十八、二十二及廿七，不宜結婚。

☑ 嫁娶擇日法

婚姻嫁娶的擇日原則是，以新娘方的出生日期為主的，並參考男方及其他人的出生日期，俗話說：「子靠出生時，女靠行嫁年。」所以若是把此原則顛倒或不顧，將會導致婚後的婚姻出現問題，甚至離婚；反之，則大吉。

☑ 不選父母生辰

在傳統習慣中，父母生辰不應與結婚吉日相同，其實只是指父母生日的正日不宜嫁娶，在該月分分內結婚卻沒有問題。

☑ 真正婚嫁日

如果你決定將註冊與結婚儀式的日期分開，最好這兩天都是擇日行事。如要取捨的話，便應以進行迎親及擺酒的傳統禮儀當日為準，選在吉日舉行，因為中華傳統始終視這天為真正婚嫁日。

☑ 良辰吉日計法

有些人認為還應該有更嚴格的良辰吉時計算方法，即用男、女雙方的出生日期時間推算出最吉利的婚嫁時日。不過這種做法相當繁瑣，更多人寧願去看黃曆選日子，或聽研究風水的人的建議。

☑ 要考慮雙方工作、學習的實際

如果一方正在業餘時間讀書，應避開緊張的複習考試日期；如果一方正夜以繼日的投身於單位的重大技術攻關項目，對方就要耐心的等待一段時間，待得捷報傳來之時再擇「吉日」。

☑ 要考慮雙方家庭的實際

選擇「吉日」，需兼顧雙方老人和親朋好友都有時間參加，都能目睹喜慶和諧的場面。

☑ 要考慮雙方的身體狀況

如果一方身體暫時不適，或者生病，最好不要急於安排婚事，而要及時診治，恢復健康再作商議。否則可能會影響新生活的和諧，也容易加重身體的病情。結婚日期要避開女方的月經期，女方不能羞於啟齒。選「吉日」時，男方要特別注意傾聽女方的意見。

☑ 將婚期和節假日統一

將婚期與節假日統一，是很明智的做法。這樣做的好處是：有紀念意義；新婚披上節日盛裝，增添情趣；親朋好友有時間參加婚禮，氣氛熱烈，並且款待親朋與家中過節合而為一，既節省又喜慶，但是假期結婚的新人比較多，要注意提前預訂酒店和車隊等。

什麼樣的風水有助於催化戀愛運勢

什麼樣的風水布置有助於戀愛成功呢？只要你掌握了以下幾點風水要訣，做個戀愛達人就不會太難：

(1) 住家風水陰陽調和是戀愛成功的必備條件，未婚獨居的男女，尤其要注意房間內的風水不可陰氣太重或陽氣太盛。

(2) 如果你很在意對方，但由於工作因素，雙方聚少離多，可在客廳的西南方位擺放一對鴛鴦、愛情鳥或交頸天鵝的飾品，這些有助於維持雙方關係。

(3) 新房布置，床具和桌椅盡量用木製品或木製基架，少用鐵具；床套和椅套最好都鋪上帶有五種色彩的鴛鴦圖案；床頭上、雙人枕頭最好也有鴛鴦戲水圖。

(4) 如果你碰到一個害怕結婚的人，可在臥室放置紅色的同心結。同心結象徵永無止境的愛，可使你們倆地老天荒。

(5) 天然水晶最適合用來提升愛情熱度。此外，裝飾用的花瓶和陶罐也可增強愛情熱度，如果上面再有象徵愛情的圖案，則效果更大。可將花瓶和陶罐放在住家的西南方位，並在瓶內放一些寶石。

(6) 如果你想催化戀愛運勢，可在臥室的西南方位擺放幾枝蠟燭，並使用紅色的燈罩。

如何提升自己的戀愛運

☑ 喝水提升戀愛運

必須用陶瓷杯來喝水，因為陶瓷在風水學的改善運勢上運用極廣，而且這是最容易的強運法；還有就五行木、火、土、金、水而言，增強情感運勢最強的就是水。

☑ 吃水果提升戀愛運

各種食物都與人體的氣場運勢有相對應的關係，而其中對戀愛運勢有著絕對關係的就是水果。想要感情穩定下來的話，加了紅蘿蔔的蔬果汁是最佳選擇；如果只是想單純的強化戀愛運，喝橙橘類果汁效果就很好。

☑ 髮型提升戀愛運

髮型最好是微蓬鬆又帶點俏麗的中短髮，稍微及肩的髮型再加上清麗的模樣，對於開展新的戀情有強烈的加分作用。髮型應該像微風吹拂過後的模樣，正所謂「良緣隨風而至」。

如何用浪漫的家居環境打造催情風水

如何提高戀愛指數？如何布置愛情風水？方法其實很簡單，我們可以從以下幾點做起：

☑ 空間催情藥 —— 音樂

背景音樂可以提升浪漫磁場，開發內在的能量，讓人有種想談戀愛的浪漫感覺，音樂最好是輕音樂、古典音樂或大自然的音樂，可長時間播放的音樂，當每天沉浸於「浪漫舒適」的氣氛中，身上就會產生一種想戀愛的強力訊息，你身旁的異性，也一定能接收到愛的訊息，進而啟動「愛的程序」。

☑ 空間魔法師 —— 側光

愛情需要來點變化，平淡的空間如果有燈光的點綴，就如變魔術，充滿驚奇，在側光映照下，空間會較有立體感，充滿生命美感，如果房中有花及小飾品，憑藉光影可增加空間的深度，讓整個環境充滿「浪漫」魔力，讓人不自覺間溫柔許多，使空間的愛情魔力全釋放出來。

☑ 愛的訊息 —— 浪漫的電影、CD 或書報

愛是一種環境訊息，想要戀愛，就讓自己沉浸在愛的訊息中，就好像看完浪漫的電影和小說，全身充滿想戀愛的因子，如果這些訊息能放置在最舒適的角落，自然喚醒愛的訊息，時間久了，開發出的愛情能量，就能隨時傳達給心儀的對象了。

☑ 催情改運劑 —— 鮮花

鮮花擺置是男右女左，男生請放在客廳的右手邊（以坐在沙發的方向），放一束鮮花，不能用塑膠花代替，花瓣最好是大花瓣，而花瓶最好是陶瓷瓶，還有不能讓花枯掉！否則愛情還沒報到，反而帶來災厄和病痛。

☑ 桌巾、窗簾隨季換「服裝」

環境隨著擺飾不同，會有不同的風水變化，會散發出新的愛情能量，新的活力，可以從桌巾、坐墊、地墊著手改變，接著就是窗簾，最好每季換個不同花色，實際去感受這些小地方所散發出的愛情能量。

怎樣的風水布局有助於「性」福生活

東方人喜歡談風水，什麼事都可以與風水有關，希望與另一半「性」福生活，不妨藉由風水來使力，避開一些催情藥物輕鬆得到「性致」。看看以下六種風水法哪種適合你？或者六種都用上？

(1) 臥室使用紅色系的燈和圓型的床，並在床的旁邊放一張鏡子，這樣做有助於刺激性慾。

(2) 把床用布簾或屏風隔起來，或者在床的四周圍上布幔或蚊帳，如此的桃花局，會讓雙方的情欲如排山倒海，一發不可收拾。

(3) 依個人所屬的生肖，在所屬的桃花位上，用淡紫色的花器，插入一株粉紅色的玫瑰，或是一束桃花、一枝銀柳來催動彼此的性欲。

(4) 在客廳的角落，養一些紅色或粉紅色系的魚，這些每天在你們面前游來游去的魚，就是觸動彼此欲望的催化劑。

(5) 男性可多在房間的西北、西南、東北或西方多放些凹型的擺設，女性則在屋內的北、南、東或東南方多放些凸型的飾品，都有助於情欲指數的提升。

(6) 在枕邊放個和你生肖相合的玩偶（男左女右），例如屬馬的就放羊，屬虎的就放豬（組合為：鼠配牛、虎配豬、兔配狗、龍配雞、蛇配猴、馬配羊），有了這個「性」運物有助於你得到「性」福。

裝修婚房應該掌握哪些風水事項

許多新人在婚房中開始渡過人生的一段新的進程。而婚房裝修是否合於風水往往對兩個人的生活有很大影響，在此提出家居中需要注意的幾點。

(1) 廚房爐灶要坐煞向吉才可達到風水原則。向著吉方，則家中人口健康，夫妻感情融洽。相反，婚姻難得美滿，經常爭吵或體弱多病，這點需要注意，因為廚房是影響女主人運勢的地方。

(2) 已婚的家庭不適合於放置過大的花瓶，萬一不小心放在桃花位上，會催促另一半的桃花運，而產生第三者插足的現象。

(3) 北方一般是掌管夫妻之間的婚姻及情感的能源所在地。如果想永保夫妻之間的親密關係，使用熱情奔放的色彩布置北方就對了，例如放置暖色調的飾品，刺激夫妻之間的愛情保持常新。

(4) 暖光燈利於感情，在臥房的燈光對夫婦感情相當重要，應盡量採用暖色光的燈泡，少用寒色光的燈泡或日光燈等。

(5) 即使你對風水半信半疑，但最好是要把風水中不利的因素都排除掉，如壓梁、角沖射等。

(6) 粉紅色易使人心情暴躁，易發生口角，爭是非、吵架之事頻繁；尤其新婚夫婦，為了調節閨中氣氛，在凡人眼中看來是極有羅曼蒂克的，但是，隨著色調的不調和，過一段時間後，兩人心情會產生莫名其妙的惱火，容易為芝麻小事吵不完，最後走上離婚不歸路。

(7) 如果女方懷孕的話，房間的氣場對孕婦及胎兒會有很大的影響，因此，孕婦家居布局的重點在於納氣，並以納陽氣和旺氣為佳。孕婦所處的房間必須保持空氣流通，多開窗換氣，可以在西南方放置水生植物或水動的裝置擺設，加強氣場，有利於小孩的順利出生，此外，孕婦家中的花草植物不宜太多，否則陰氣太重不利於身體健康。

(8) 臥室要選擇方正的臥房格局，可以讓你的戀情發展更為平穩堅固，且愛情也會呈現中庸的狀態，不會太過也不會不及，雙方會處在一種平等且和諧的關係，如果你的臥室沒有方正，那也可以藉由物品與環境的布置，讓房間「看起來」是一個方正的格局。

如何布置洞房的風水

洞房的布置擺設、裝修關係到如何共同建立一個溫暖的新家和一對新人的美好未來。

洞房位置和布置應當以明亮歡快為主色調，如色調昏暗，如深藍、深綠、深灰色等淒涼、肅殺的色調，很容易使人有壓抑的感覺，心情就容易煩悶，脾氣也容易變壞。同時，如果臥室內紅色或粉紅色的暖色調太濃，很容易使人過於激動、不安、易發脾氣，而鬥嘴吵架之事就必然會常常發生了。

洞房內的一切布局均應以「整體布局平衡論」和「細微布局協調論」的要求進行處理，同時還要兼顧「布局理氣統一論」，也就是說，具體的布局應用時在方位上，應當符合理氣的要求。

一般情況下，床不要被門沖，不要對鏡子也不要在洞房內放置電視機，放置電視機在洞房內看，這一條可能很多的新人都會違反，這樣非常不好，很容易出現精神不足，注意力不集中等神經系統範圍內的問題。

新婚洞房的風水禁忌有哪些

（1） 洞房空氣應該暢通，以免新家具及裝潢之木材（忌黑檀、黑色）、油漆味熏塞人的呼吸系統，影響頭腦。

（2） 洞房牆壁及家具、窗簾盡可能不要用粉紅色，因為這樣會使人產生腦神經衰弱、慌恐、不安、易發脾氣，而吵架之事必然常常發生。

（3） 洞房位置最好在陽光充足之方位為吉，如光線太暗，容易使兩人心情煩悶。

（4） 洞房地板顏色不要太黑暗，或大紅、特紅、粉紅色、易使人脾氣暴躁，口角多。

（5） 洞房色調如果太陰暗，如深藍、深綠、深紅、深灰色等，容易使夫妻心情不爽朗。

（6） 洞房的床頭上方，新婚大照片最好不要懸掛，壓迫感過重，使夫妻時生噩夢（發生離異之夢）。

(7)　洞房的床頭枕頭兩側，不可被櫃角或櫥角、書桌、化妝台沖射，易使人偏頭痛。

(8)　洞房天花板顏色不可是紅色或深藍色。

(9)　洞房天花板不可五光十色，奇形怪狀的裝潢，謹防成八卦形狀、天羅地網，百病叢出。

(10)　洞房的床位腳部側面，不可對廁所門。

(11)　洞房的床前不可放電視機正沖，謹防腦神經衰弱。

(12)　洞房的床頭櫃上，千萬不可放音響，以免引起腦神經衰弱或口舌之災。

(13)　洞房的床前及左右，最好不要照到大鏡子，口舌多。

(14)　洞房內掛圖布置力求樸素、高雅，藝術照片、掛圖也盡可能減少。

(15)　洞房床位頭部兩邊千萬不可沖門，易使人心情不安，頭痛不越。

(16)　洞房床位之青龍方緊靠牆壁或近牆為最佳，易生男（龍為貴）。

(17)　洞房床位不可壓梁，如果天花板有裝潢則無妨。

(18)　洞房床位不靠在落地窗邊，陽光太烈，夫妻難安。

(19)　洞房的床頭兩側，不可向衛浴之門，身體欠安。

如何用風水學化解三角戀

目前的社會，無論是未婚還是已婚人士，很多時候都會碰到三角甚至多角戀，其實要防止不是沒有辦法的，利用風水學就可防止情敵的出現！

預防有情敵或第三者出現，首先要避免家居顏色或家具採用紅色或粉紅色色系，因為紅色系列屬九紫火星，代表容易吸引桃花來臨，如果是已有伴侶那便更容易惹上不必要的桃花了。同時自己亦要避免穿著紅色系列的衣服，男性更要避免打上紅色領帶。

在風水學中，桃花地為子、午、卯及酉，子屬鼠、午屬馬、卯屬兔、酉屬雞，故這四個生肖的人會較容易惹上桃花，為了阻止其出現，可以利用三合生肖桃花法。

生肖屬鼠、猴、龍，在五行為三合水局，水生木，因此如多穿藍、綠色的衣服，有收水之效，令桃花不易埋身，而木的飾品是毛公仔及佛具。

生肖屬蛇、雞、牛為三合金局，金生水，而水是黑色，可以多穿黑色衣服，或佩戴屬水的飾品，如水晶便是。

生肖屬虎、馬、狗為三合火局，火生土，可多穿黃色衣服，或戴玉器屬土的飾品。

生肖屬豬、兔、羊為三合木局，木生火，故應避免穿紅色系列衣服，或佩戴鑽石飾品。

另外，家中亦要避免放散盆盆栽，就算養魚也不要只養三條，這樣才能阻止三角戀的事情發生。

怎樣的風水讓女性難脫單身

單身終老是人生的一種缺陷，絕大部分人都不希望自己晚年會孤身度過。但是，到底是什麼樣的風水會造成自己難脫單身之苦。

☑ 住地下室暗房

地下室的房間或者雖然不是地下室但是房間非常陰寒，這種地方住久了之後心情會自然而然的變得孤僻，因此很不容易招惹桃花，久了就容易成為老處女。

☑ 床上堆滿書本或雜物

床除了可以讓人睡覺之外，多餘的空間還可以容納桃花，如果睡覺的床上全部都放滿東西，完全沒有空間，這樣就很不容易招惹桃花。

☑ 困字屋

房子的中間有一株大樹，形狀就像是一個困字，樹木是木代表桃花，房子是土，木剋土，因此桃花就沒有了。

☑ 孤寡屋

房屋很狹窄而且四周都沒有房屋或者居住的房間，離家中其他人太遠，這種房子或房間住久了之後容易排斥、逃離人群，因此不容易有桃花。

影響夫妻關係的臥室風水有哪些

☑ 床頭放花，易犯桃花

夫妻兩人都會有外遇，久而久之，會分道揚鑣，家庭破碎。

床離玻璃窗太近，影響事業發展

空透無依，不能腳踏實地，影響事業的發展。現代大都市往往樓前有樓、樓後有樓、樓邊有樓，臥床過度的靠近窗戶，使得臥室不能很好的保持其私密性；另外，由於城市變得日益繁雜，惱人的噪音會穿過這並不太厚的玻璃窗而影響您的睡眠；據以前的風水書籍中記載，臥床太靠近窗戶，還容易導致「紅杏出牆」。

☑ 床頭嵌鏡，招惹鬼魅

主人經常頭疼、失眠。浪漫要講原則和風水，可不能因為浪漫而影響了健康。許多年輕人把屋子裝修的標新立異。殊不知物各有序，悖之受牽累。

☑ 臥室家具忌用不平整

不平整即代表不和諧，久居則易生口角事端。

床上和地下凌亂會影響主人的運氣

在生活中，許多人不明白整潔能帶給人好運的道理。其實，風水並不像大家想得那麼複雜，它就在你身邊。既不像有些人故意把它神祕化，捧到了天上，也不像一些人根本就不懂風水，卻說是迷信，給踩到了地下。風水就在你身邊，無處不在，簡潔易懂。誰都知道亂糟糟的人做不出大事，所以收拾好你的環境，給自己一個好心情。好運自然來。

☑ 小葉花草不適合放在臥室

臥室喜放大葉、闊葉的植物。增強夫妻之間的感情，增強主人的財運。做起事來得心應手，易得上司青睞。小葉花草會讓主人陷入瑣碎的境地。做事老有反覆。

怎樣用風水製造浪漫的愛情氣氛

製造浪漫的氣氛其實很簡單，下面就告訴你一些風水妙法，它們可以幫助製造浪漫的愛情氣氛！讓你的感情甜甜蜜蜜。

☑ 放一杯水在床頭可降火氣

一個人如果長期無法睡好，就一定會火氣大，一般來說，火氣大就容易口臭，而一開口就有異味的人，通常是沒有迷人魅力的。在傳統的風水學中，認為睡不好是頭部或床頭的火性能量太高，讓自己的腦袋和神經無法冷卻下來，才會睡不好，所以你可以在你的床頭放一杯水（要冷水，不可以用熱水)，最好用陶瓷杯來盛水。

☑ 用聚光燈及花來增加你的美感

在家裡的花瓶的上方裝一盞聚光燈，當你心情煩悶，靜不下心來時，集中自己的精神去接受燈光下花的美感訊息，讓聚光燈下的強烈美感來取代你精神上的不良訊息，自然你就會擁有好心情，想擁有愛情的人，不妨先從擁有美感下手。

☑ 露骨無情煞的化解

家中有許多冷硬突出和鐵鋁窗架，每天都面對這樣的生活環境，心就柔軟不下來，愛情也會因此而消耗殆盡。可以在這些地方加裝窗簾（窗簾的效果比百葉窗好）或擺幾盆柔和的植物，這樣的話你的柔軟心性會增加，如此一來便可增加你的溫柔性情，好的姻緣也就會隨之出現。

☑ 用顏色刺激你的情緒

紅、橙、黃之類的顏色，對人的情感和活力，是最富刺激和催化功能，你可以在桌上放一些暖色系的擺設，掛張暖色系的畫，穿暖色系的衣服，只要你能在家中安排這些催化愛情能量的色彩訊息，你身上的愛情訊息也就永遠都不會退化衰老，你就永遠都有機會和伴侶來電。

☑ 增加你的桃花運

你可以在你的床頭放一個花瓶，在花瓶裡插上桃花三株，在睡前說出自己的姓名及你喜歡的人的名字，這樣持續七天，會有意想不到的效果，如果還沒有特定對象的人，也可以增加你桃花運的機會。

怎樣的風水布局有助於讓愛人永不變心

人一生下來，其先天的命運訊息就已經形成，在不知道的情況下，只能按著先天訊息的步驟走下去，喜、怒、哀、樂也只能順其自然。大部分人在到而立之前，首先要戀愛、結婚，這段時光是美好幸福的，然而，沒有永遠的坦途，夫妻兩人上個月還好好的，恩愛有加，不知為什麼，下個月其中一方忽然轉變，對自己的愛人形同陌路，毫無任何好感，再也找不到從前的感覺，而此時，其他（她）異性也「恰巧」出現，讓出現問題的一方重又找到戀愛的衝動，這種情況，用《周易》的理論來解釋就叫做犯桃花，說明已經走到這個運勢，如果不採取措施，很可能最終的結果是各奔東西。

☑ 改造臥室擺設

最簡單、最直接有效的方法，是在臥房內擺放一把桃花斬。夫妻雙方誰出現問題，則靠近誰的床頭擺放。

另外，如果老公或男友太花心，首先檢查他的房間。花心的原因在於不好的「水」氣太多，房間裡擺了太多黑色的家具，黑色空間會削弱男人的運勢，壞的水氣會全往女性身上跑。讓老公或男友泡個海鹽澡，讓房間通風晒晒太陽，應該就會收斂些。或找個溫泉泡泡，將身上的惡水排出，好運就會跟著來。

☑ 廁所是關鍵

你家的廁所是不是很髒？如果是就要勤打掃，並在廁所裡插鮮花。家中椅子最好都放個墊子，營造舒適悠閒的環境，就能削減他的花心，可以考慮買套舒適沙發。鮮豔的綠色有中和過多水氣的效果，或是帶毛的家飾品，它能吸收身上過多的水氣。玄關的地毯或室內拖鞋可選毛茸素材，再買個木製相框，擺著你倆的合照。木製框的色澤不宜太深，自然的淺色澤為宜。多吃燉煮類食物能增強土氣，獲得安定能量，不妨多吃民族口味的燉煮料理。激昂的音樂旋律也能壓抑他蠢蠢欲動的心，讓他不再花心。

☑ 阻擋爛桃花的有效法器

從風水專業的角度來研究處理方式，應該是用天然的桃木八卦鏡，經過無數次的驗證和實踐，這種吉祥物有神氣美妙的作用，值得一試。

哪些風水會將愛情拒之門外

哪個人不想擁有美好的愛情，但往往有些人窮其一生都難得到一份真感情，是命運的作弄還是後天處理不當？或者為人處世不當的原因呢？透過現象去看本質，下面，我們列出幾種風水上會把愛情拒之門外的現象，以供參考：

（1） 臥房的窗戶，如果被其他牆角所沖，或是高壓電塔、電壓箱、電線杆，馬路相沖，那居住裡面的人在感情上易有被硬生生的拆散或受到創傷的現象，愛情之神自然會遠離。

化解：可於窗口放置天然水晶、晶柱或晶簇，窗內擺設天然粉水晶圓球；或者於窗內擺設水晶七星陣。

（2） 所居住的臥室戶型不正，如三角形或梯形，或是過大，都是不利於感情的促進，也會讓自己對感情沒有信心，舉足無措，不知道進退。

化解：臥室在於溫馨，過大的臥室可做個隔斷，戶型不正的可擺上家具，以使其變得方正。

（3） 許多人在裝修時為了美觀，會在自己的屋內設置一些半月型的東西來修飾，雖然看起來很美麗，但不知這樣卻犯了破鏡煞。就好像鏡子破了，這就叫破鏡煞，最好還是做成圓型的裝飾。

化解：破鏡重圓，把半月型的修復成圓形。

（4） 睡覺的床頭直靠著窗子，導致後背無靠，這樣的布置會讓自己的愛情沒有穩定性，不容易遇到好的對象，即使交往到好的對象，也是容易節外生枝或被人搶走。

化解：調整好床位，睡覺的地方一定要占住有利地形。

（5） 在房子的中部會看到有黑、灰、藍這幾種色彩的大物品，有此類物品會對愛情、婚姻起負面作用。

化解：可放置紫水晶球，或白水晶球於此位置。

臥房的風水怎樣設計才能增進夫妻感情

現代社會的夫妻，白天大多各忙各事，只有晚上才能相聚，一天中，也許臥房裡才是兩個人待在一起時間最長的地方，所以，臥房風水影響夫妻情感的時間也就最長、最緊密。因此，夫妻臥房風水絕不能小視。那麼，什麼樣的臥房風水才可增進夫妻感情呢？

（1） 宜靜不宜動。臥房的地基下絕不能有地鐵、地下道、地下水等動態的東西透過，這樣會嚴重影響到感情的穩定性，也會影響到夫妻性生活的次數和品質，嚴重的一方還會莫名其妙得一些暗病。另外周圍的環境也要安靜，如果總有音煞干擾休息，會讓人煩躁，心神不寧，同樣會影響到夫妻情感。

（2） 通風通光好。白天房間通光效果好，不要陰暗，否則陰氣過重，感情會死氣沉沉。房門與窗戶盡量不要在一條直線上，這樣容易吹散雙方感情。

（3） 宜方不宜長。方方正正、平平穩穩，才能平平安安。房間狹長、三角形、圓形、異形等都不恰當，會增加感情不安定的成分。

（4） 面積適當。有的夫妻適合面積較大的臥房，有的夫妻要小一點比較合適，是大是小要根據雙方的八字來定。在實際調整風水時發現，有的夫妻按其八字來看應該臥房小一點，但他們住的房間太大，結果一方或雙方都有了外遇，後來讓他們搬到另一小一點的房間，夫妻和好如初。

（5） 色彩選擇。房間裝飾主色調按有利夫妻的五行來選取。五行木，以綠色、藍色為主。五行火，以紅色、紫色為主。五行土，以黃色為主。五行金，以白色為主。五行水，用黑色不好，可用生水的金色替代。

(6) 房間擺設。要整潔，不可凌亂，否則夫妻會發生爭吵和鬥氣。盡量不要在臥房裡長時間使用較大功率的電器，電器五行屬火，長時間使用會增加雙方或一方的火氣，也會導致夫妻脾氣躁易吵架。

(7) 五行適合。動、植物、金魚、風水物等之類，要根據八字中五行的需要來擺放，否則也會影響到夫妻情感。

(8) 燈光柔和。讓房間充滿浪漫、溫馨的色彩。

第八章

風水之器

—— 功效神奇的風水吉祥物

驅邪的吉祥植物有哪些

☑ 桃樹

「千門萬戶曈曈日，總把新桃換舊符」。桃樹為五行的精華，故而每逢過年，以桃符懸於門上，即可阻止邪陰之氣入內。

☑ 柳樹

柳為星名，二十八宿之一，柳樹亦有驅邪作用，同桃樹的作用一樣，將柳條插於門戶上可以驅邪。

☑ 艾

艾在古時候被用作對老人的尊稱，而艾葉加工後可用作灸法以治病。端午節將艾製成艾虎，帶在身上，能達到辟邪除穢的作用。

☑ 銀杏樹

銀杏樹齡長達千餘年，因在夜間開花，人不得見，暗藏神祕力量，因此許多鎮宅的符印要用銀杏木刻制。

☑ 柏樹

柏樹剛直不阿，被尊為百木之長，木質細密有芳香，氣勢雄偉，能驅妖孽。

☑ 茱萸

「遙知兄弟登高處，遍插茱萸少一人。」茱萸是吉祥植物，香味濃烈，可入藥。古時習俗，夏曆九月九，佩戴茱萸囊可以去邪辟惡。

☑ 無患子

無患子以中日兩國為多，在植物中尤為受到尊崇，無患子生青熟黃，內有一核如珠，就是佛教所稱的菩提子，用以串聯做念珠攜帶，可保平安。

☑ 葫蘆

多籽，原產印度，在風水學中葫蘆是能驅邪的植物，亦有多子多福的含義，古人常種植在房前屋後。

十二生肖各自最忌諱的風水吉祥物是什麼

風水吉祥物是種具備能量的物品，有吉祥如意的象徵，如果佩戴得當，會給自己帶來好運，要是再配合風水的話，就會達到扭轉乾坤的作用，可讓運勢不好的人絕處逢生，尤其是增強個人的信念。下面列出十二生肖佩戴吉祥物的錯誤處，以供參考。

鼠：此類人不宜戴「馬上封侯」這類的吉祥物。

牛：此類人不宜戴「三羊開泰」之類的吉祥物，如果有生肖狗之類的圖案也是需要避免的。

虎：此類人在運用提升事業運的物品上，要迴避「代代為侯」或「馬上封侯」類的吉祥物。

兔：風水物品中的金雞是不適合此類人放在家中的，吉祥物中的「數錢」也是不可用的（一隻老鼠抱著錢，俗稱數錢）。

龍：一般不合適戴龍題材的吉祥物。

蛇：如果招財的話，請不要用招財豬之類的物品。

馬：迴避老鼠或蝙蝠之類題材的吉祥物（蝙蝠有福的寓意，所以傳統吉祥物用得不少）。

羊：此類人的吉祥物需要迴避牛題材的物品。

猴：需要迴避與虎有關的題材，如老虎的掛畫，虎頭的飾品。

雞：需要避免與兔題材有關的物品，如蟾宮折桂等。

狗：需要迴避龍題材有關的吉祥物，如貔貅之類的，如果化煞用的物品可適當考慮，如龍龜。

豬：一般旺財不適合放招財豬或相關物品。

以上是十二生肖最忌諱的吉祥物，在挑選吉祥物時還需要注意，要採用自然材質的東西才有效果，如果是化工或合成的則很難有效果，此外，材料的品質應以玉器為佳，其次是水晶、青銅器，還有些木器也是很重要的，如桃木劍。

在材質的挑選上多以吸收日月精華的物品為佳，材質的稀有性與形成的環境與效果成正比。

風水吉祥物應該如何擺放

很多人都喜歡在家中放一些吉祥物，既美觀同時也希望能圖個吉祥，招來好運。不過，吉祥物的擺設在風水上也有講究，亂放的話，不但招不來好運，還可能惹來是非。

一般來說，家中擺設一些孔雀、駿馬之類的動物，即有所謂「孔雀開屏」、「馬到功成」之意，在選擇時，要選栩栩如生的，如孔雀不開屏，馬兒垂頭喪氣的，就不要購買。

若擺設名人字畫，則那些字畫一定要選擇一些有生氣的、歡樂而且適合自己身分的才可以懸掛。悲傷的字句或蕭殺的圖畫就不宜懸掛了。

至於裝飾品，牛角適合競爭性強的行業，獸頭、龜殼、巨型摺扇等含有戾氣的裝飾品，並非每個家庭都適合，要加以注意。

此外，不少人喜歡收藏刀劍等物品。其實刀劍在風水上多是用來擋災化煞的，若沒有煞氣，便不一定需要擺放。當然，作為收藏品陳列也不是不可，但要注意刀劍最好是未開刃的，否則容易招惹血光之災。若是已經開刃的，則一定要放在鞘中或錦盒內，切不可露出刀刃來。

有些人家喜擺佛像，主要是辟邪，如果事業不成功、精神不振、食慾欠佳等，擺放了佛像，有佛保佑，心理上有了寄託，容易取得好的效果。當然，也有些人家擺放福祿壽三星，以增添吉祥之氣。但是，必須保持清潔，切不可任其塵封，否則會給人以敗落的感覺。

植物在風水上也頗有講究，一般來說家中適合擺放闊葉的常綠植物，同時仙人掌類的尖刺類植物多用於化煞或吸收電腦、電視的電磁波。最好不要擺放陰氣很重的蕨類植物。

風水學上的財神有哪幾類

財神大致上可分為「正財神」及「邪財神」二類：(1) 正財神可分為二種：文財神；武財神；(2) 邪財神如四面佛、車西元帥等之類。

文財神也可分為二種：福祿壽三星及財帛星君。

福祿壽三星是大多數家宅中都喜歡擺放的財神，若能放置在正確財位上，財源立刻滾滾而來。

☑ 福祿壽三星

簡單了解一下福祿壽三星：

福星手抱小孩，象徵福氣臨門之意。

祿星手抱如意而身穿華麗官服，象徵加官晉爵，財祿增添。

壽星手抱壽桃，象徵長壽安康之意。

其實在福祿壽三星中，只有祿星才是正直的文財神，其餘二位是主福氣及壽元增添的神。若能三者共存，則形成三星拱照，滿堂吉慶，自然財運增添了。

財帛星君則是一個面白、須黑而長的神，身穿錦衣玉帶，左手捧著金元寶，右手拿著「財神進寶」的卷軸，號稱金神，是天上的太白星君，又稱財帛星君，專職掌管天下之財，若能安裝得益，求財者自易得財。

武財神也有二種：關公及趙公明。

關公又名關雲長，是三國時代之武將，與劉備及張飛結義兄弟，形象威武，正忠義膽，可鎮宅平安，招財進寶。南方人特別喜歡供奉關帝聖君在家居或店鋪內。

關公可分為二種：

（1） 紅衣關公可安放在家中，保家宅平安；

（2） 彩衣關公可安放在店鋪之內以招財。

趙公明又名趙玄壇，為一神將，能伏虎降魔，也稱武財神，可以招財化煞保家宅平安，北方人往往喜歡把他拱奉在店鋪之內。

下面，我們再來簡單了解一下邪財神。

邪財神最主要的一種就是四面佛。四面佛是婆羅門教的一位神，又稱為四面神。四面佛掌管人間的一切事務，其四面所求各不相同。一說是：四面分別代表事業、愛情、健康與財運。正面求生意興隆，左面求姻緣美滿，右面求平安健康，後面求招財進寶。另一說是：代表慈、悲、喜、舍……凡是祈求升天者必須勤修這四種功德。他不宜置放在神龕內，因為四面佛應該環視四方才能產生效應。倘若供奉在神櫃上便變成了三面壁，效力便大打折扣，極不應該。通常四面佛應置放在花園內，用玻璃架蓋上而供奉，或者露天供奉也無問題，這樣它便能四面兼顧，以達到制煞招財之效。

財神應該怎樣擺放

財神的擺放會直接或間接影響家居財運及健康。有些家裡自擺放財神後，夫妻經常發生口角紛爭，財運也並沒有得到轉變，這其實就是因為財神擺放不妥所致。

(1) 文財神應放在近門處之左右兩方的位置，不論是福祿壽三星抑或財帛星君必須面對自己屋內，方能財源廣進。反之面對大門，自會送財出屋外。

(2) 武財神如關公或趙公明，必須面對大門屋外，既可招財，又可鎮宅保平安，財源廣進。

(3) 邪財神如四面佛之類，必須供奉在屋外，如花園、天台、露台、窗外或門外空地，方可制煞招財。切忌安放在廳中神龕之內或房間內，更不可與觀音、佛祖、關帝、祖先並列，否則凶災立即發生。若能安裝妥善，誠心敬奉，自能家宅平安，疾病減退，財運亨通。

十大傳統吉祥物指的是什麼

☑ 龍鳳鏡（主臥專用）

說明：直徑三十公分，純桃木，增進夫妻感情的專用吉祥物系列法器。

用途：為夫妻感情設計專用，防止家庭感情出現危機，婚外情，確保家庭和睦，不被第三者打擾，維持夫妻感情，和好如初。

安放：適合放於主臥室床頭。

☑ 平安瓶（廚房、次臥）

說明：直徑二十八公分，純桃木，廚房次臥專用的吉祥物系列法器。

用途：為廚房次臥室專門設計，解決廚房處於凶位，進大門正對廚房，廁所正對廚房引起的健康問題，或者次臥位於凶位，主要是老人孩子風水比較差的臥室。

安放：正對廚房或者次臥室門安放。

☑ 獸頭（廁所專用）

說明：直徑二十六公分，純桃木，廁所房專用的吉祥物系列法器。

用途：為廁所專門設計，解決廁所占了吉星位，廁所正對大門臥室門等風水問題。

安放：正對廁所門安放。

☑ 台式鏡（缺角專用）

說明：直徑三十二公分，純桃木，缺角專用的吉祥物系列法器。

用途：為缺角專門設計，解決缺東北角、西北角、吉祥位置缺的角。

安放：正對缺角位置安放。

☑ 結（不規則專用）

說明：直徑二十九公分，純桃木，不規則專用的吉祥物系列法器。

用途：為不規則專門設計，解決房子不是正南正北，形狀怪異，引起的運氣反覆問題。

安放：正對大門放於客廳為好。

☑ 富貴魚（送禮專用）

說明：直徑二十六公分，純桃木，送禮專用的吉祥物系列法器。

用途：富貴魚，連年有餘，為家人帶來富貴吉祥和平安健康，最合適的贈送禮品。

安放：在客廳安放為好，正對主人臥室。

☑ 大錢幣（家庭聚財）

說明：直徑四十五公分，純桃木，家庭聚財專用的吉祥物系列法器。

用途：為家庭聚財專門設計，解決家庭收入日益減少不穩定、破財流失等錢財問題。

安放：在主臥室正對床位。

☑ 小雙龍（公司聚財）

說明：直徑三十五公分，純桃木，公司聚財專用的吉祥物系列法器。

用途：為公司、店鋪聚財專門設計，解決公司付出勞動多，而收入少不穩定，步步難行等問題。

安放：在總負責人辦公室，正對總負責入座位。

☑ 大雙龍（公司最常用聚財法器）

說明：直徑三十八公分，重十五斤，純桃木，是目前最精緻的吉祥物系列法器。

用途：主要用於集團公司和行政職務等場合來藏風聚氣，彙聚人氣，人氣就是財氣，事業騰達，財源滾滾，節節高升。

安放：放於公司單位大廳內，正對大門為好，聚集金源、召喚錢財、行運高升。

☑ 神龍戲水（特大號）

說明：直徑一百一十～一百三十公分，重七十斤，純桃木，是目前最大的吉祥物系列法器。

用途：目的是化解戾氣，會聚人氣，確保平安，生意興隆。

安放：需在專家指導下安放。

風水吉祥物泰山石敢當的使用宜忌是什麼

「石敢當」，亦名「泰山石敢當」「石將軍」「石神」等，人稱之為「吞口」，是民間的一種建築風俗。通常是在家宅的大門或外牆邊，或街道巷口、橋道要衝、城門渡口等處立一塊石碑，也有嵌進建築物的，碑上刻有「石敢當」三個字。舊時人們認為其作用有三：一是辟邪，二是鎮鬼，三是祛除不祥之氣。在一帶，還傳說這塊石碑有「能暮夜至人家醫病」的神通，所以它又被稱為「石大夫」。

泰山石敢當

宜：房屋缺角宜置泰山石敢當

如果房間出現缺角的現象，使用以朱砂書寫的「泰山石敢當」，鎮宅、化煞之功效會更佳。安放時要注意，泰山石要用乾淨的清水清洗，讓它自然晾乾，並將其擺放正對著缺角的地方，擺放的時間以早上九點以後為好。

忌：泰山石敢當擺放忌不接地氣

在進行室內布局時，有的人喜歡將泰山石放在一張大供桌上以示尊敬，但是石頭下面若被架空，則不能接地氣，這是必須避免的。一般來說，「泰山石敢當」幾個字要朝外，同時不宜正對著臥室和廚房門，以免帶來不良的沖煞效果。

風水吉祥物鎮宅桃木劍的使用宜忌是什麼

鎮宅桃木劍最大的長度約九十八公分，由純桃木加工而成，做工精緻，經過正規的開光處理。此吉祥物採用傳統的雕琢工藝，經手工精心雕刻、打磨而成，外形設計上獨具匠心，融入傳統文化與現代藝術相結合的吉祥圖案，配以賞心悅目的色澤，更顯其品質高雅、卓爾不凡。桃木劍具有收藏價值，也被人們視為饋贈親友、居家收藏之工藝珍品。

宜：辟邪化煞用桃木劍

桃木劍可解決大門正對門、路、牆角等風水問題，另可化解窗戶正對煙囪、水塔、大廈、加油站、寺廟等不良建築物的沖煞。家宅、店鋪遇有邪祟之事、發生過血光的房間、離喪葬場所較近或家中有病人長期不癒、又診斷不明病因，適合在大門兩邊掛桃木劍辟邪，可將其掛在正對大門的客廳牆壁上，或者掛在正對窗戶的牆壁上。

忌：桃木劍忌掛在金屬物品的下方

桃木劍屬純木製品，在五行生剋中，金剋木，故桃木劍不可與金屬類物品齊放，更不可以放置於金屬類物品的正上方或正下方。另外，桃木劍不可放置於嬰幼兒臥室內。

風水吉祥物天機四神獸的使用宜忌是什麼

四方之神指的是青龍、白虎、朱雀、玄武，它源於古代二十八星宿的傳說，天機四神獸是傳統風水吉祥物中歷史最為悠久和最靈驗的四大守護之神，能夠鎮宅、護家、安定運氣，且對主人運氣的反覆、失眠、神經衰弱等有奇特的效果，對婚姻、事業及財運也都有一定的促進作用，亦可化解房子形狀的怪異。安放時要注意，一般可在住宅的正東放青龍，正西放白虎，正南放朱雀，正北放玄武。

宜：房屋缺少地氣宜置天機四神獸

一般位於高層的樓房都無法接受地氣，想要解決這個風水問題，就可以在居室內放置天機四神獸，此外，天機四神獸還可以彌補房屋缺角帶來的負面影響。

忌：天機四神獸忌獨個擺放

天機四神獸最忌單個擺放，一般都是四個一套，同時擺放在四個方位。如果只擺放白虎則會帶來血光之災，只擺朱雀會帶來口舌之非，只有四個全部擺放才能夠相互制約平衡，達到化煞、吉祥的風水作用。

風水吉祥物獸頭的使用宜忌是什麼

獸頭直徑約二十六公分，純桃木材料製作，為衛浴專用的吉祥物系列法器。獸頭頭頂有兩角，怒目圓睜，形象十分威猛，有驅邪、化煞、除汙之功效。

宜：衛浴間宜置獸頭化煞

獸頭是專為衛浴間設計的吉祥物。衛浴間占據吉方會帶來煞氣，不利家運，此時可用獸頭化解。將獸頭正對衛浴間的門安放，還可以化解衛浴間正對大門、臥室門的風水問題。

忌：獸頭忌置用餐、休息場所

獸頭不可以放置於臥室、廚房、客廳、餐廳等空間。因為獸頭屬猛獸，可以驅邪、化煞、除汙，如果將其放於人們用餐、休息之地，則會給家人帶來不利因素。注意在擺放獸頭的下方也不能有金屬類物品，以免引起不良風水。

風水吉祥物文昌塔的使用宜忌是什麼

古代道教寺院在建九層文昌塔前都要先選定好文昌方位，而諸多的文人墨客都要在塔裡學習研究、著書立傳。文昌方位是精神集中的地方，是專為做學問而設立的方位。如果實在難以將書房設在文昌方位的話，可以在自己的桌子上放一座風水文昌塔以提高注意力，開發想像力，提高工作效率。

宜：加強文昌運宜置文昌塔

文昌塔可增添學習氛圍，提高學習和工作效率。一般擺放在辦公室區域或書桌上，象徵意義：步步高升、聰明智慧。所謂文昌是指支配文人命運的方位，叫做「文曲星「的星宿，自家大門的方位不同，文曲星的方位也就不同，這個方位就叫「文昌方位」。文昌塔的能量可以給做計畫、創造等研究工作的人給予強力支持，所以建議想成為董事長、總經理、創業家以及從事技術開發、文學、藝術等創造性工作的人們使用文昌塔；另外接受種種考試的學生們為了提高考試成績，也可將其放在自己的書桌上和水晶龍一起使用，效果會更加明顯。

忌：文昌塔忌置右邊

建議將文昌塔擺放在左邊，左邊屬喜慶吉祥位置，右邊是比較凶的，不要放在右邊，以免引起不好的煞氣。

風水吉祥物姜太公釣魚的使用宜忌是什麼

提起姜太公釣魚，幾乎男女老少都知道他的釣法與眾不同，並充滿了傳奇色彩。人們都說他釣魚時用的是直鉤，不僅不用魚餌，而且不放在水裡，還背對著釣魚的地方。

宜：「姜太公釣魚」宜置辦公室、書房

姜太公釣魚象徵用特殊的方法來工作，最後獲得成功。可將姜太公釣魚筆筒擺放在辦公室或書房裡，以便獲得提拔、獲得成功。

忌：「姜太公釣魚」忌置右邊

建議將姜太公釣魚筆筒擺放在左邊，左邊屬喜慶吉祥的位置。右邊是為白虎方，屬凶方，因而不要放在右邊，否則會帶來不良的風水。

風水吉祥物騰龍一角的使用宜忌是什麼

騰龍一角一般可擺放在書桌、辦公桌上，有催功名，旺學業，利名聲的效果。

宜：上班族、學生宜使用騰龍一角

騰龍一角最宜剛剛創業的人和將要考學、晉升的人士使用，象徵出人頭地、大展宏圖、獨占鰲頭，適合上班人士、學生使用。

忌：肖龍、狗、兔者忌置騰龍一角

屬龍、狗、兔三生肖者不適合擺放龍的飾品，也不適合放置帶有龍圖片的裝飾品。

風水吉祥物魚躍龍門的使用宜忌是什麼

明代李時珍的《本草綱目》裡記載:「鯉為諸魚之長。形狀可愛，能伸變，常飛躍江湖。」因此，魚躍龍門，常作為古時平民透過科舉而高升的比喻，被視為幸運的象徵。跳龍門寓意事業有成和夢想實現，「魚」還有吉慶有餘的含義。

宜：催功名宜放魚躍龍門

魚躍龍門象徵金榜題名，衣錦還鄉。可擺放在學生、想當官、想晉升的人的書房或辦公桌，有利學業、催功名的功效。

忌：魚躍龍門忌年長者使用

魚躍龍門為利學業、催功名的吉祥物。年長者最好還是安享晚年，不要再為功名所累，如果整天對著魚躍龍門這類吉祥物，會產生心理上的壓力，使人整天悶悶不樂。

風水吉祥物九龍筆筒的使用宜忌是什麼

九龍筆筒最大高度約十六公分，為玉石底座的精緻擺飾，助運。經特殊開光處理後有開運的功效，但生肖為狗、兔者不適合擺放龍的吉祥物，以免引起不良的沖剋。

宜：求升遷宜置九龍筆筒

九龍筆筒宜安放在辦公桌或書桌上，在文化法律類行政部門、政府部門工作，以升遷為主要工作目的的人士，使用九龍筆筒最有效果。

忌：郵局、銀行、收銀台等公共區域不宜選用九龍筆筒

如果使用的人太多，龍的吉祥效應無法發揮，便會影響到周圍的每個人。

風水吉祥物一路榮華的使用宜忌是什麼

芙蓉花亦稱木芙蓉，蓉與榮同音，花與華古時通用，鷺為白鷺，與路同音。此吉祥物為一朵芙蓉花與一隻鷺在一起，意為「一路榮華」。

宜：求富貴宜置「一路榮華」

「一路榮華」象徵永遠榮華、富貴，適合擺放在辦公場所或經營店鋪內，「一路榮華」寓意將交上好運，榮華富貴享之不盡。

忌：「一路榮華」忌與金屬放在一起

一路榮華最好與陶瓷、木製品放在一起，不適合與金屬類物品放在一起，並且不適合與紅色物品一起使用。

風水吉祥物紫檀駱駝的使用宜忌是什麼

駱駝背上有山峰，似筆架，背藏養分和水分，可以很多天不吃不喝，精力充沛，能經受艱苦環境的考驗。紫檀駱駝象徵精力充沛、不怕困難，拚搏向上，走向成功！

☑ 紫檀駱駝

宜：學生和創業階段的公司宜置紫檀駱駝

紫檀駱駝最宜學生和處在創業階段的公司使用，一般可擺放在書房、學生臥室、辦公室內。

忌：年長者忌使用紫檀駱駝

專業人士建議年長者不要使用紫檀駱駝，因為駱駝會令老人感到心力疲憊，在擺放時要注意，要擺放在左邊，因為左邊屬喜慶吉祥的位置。

風水吉祥物蘇武牧羊的使用宜忌是什麼

蘇武奉漢武帝之命出使匈奴被扣，堅貞不屈，曾被放逐到冰天雪地的北海，但因其堅持不懈的精神而受到世人的尊敬。

宜：提升意志力宜放置蘇武牧羊

蘇武牧羊宜放置於辦公室或商業場所內，象徵堅貞不屈，可以提升辦事人員的意志力，堅持不懈，獲得成功！

忌：蘇武牧羊忌置右邊

建議將蘇武牧羊放在左邊，因左邊屬喜慶吉祥的位置。右邊是比較凶的，不要放在右邊，以免引起不良的沖煞。

風水吉祥物官上加官的使用宜忌是什麼

官上加官的形狀為一隻鳴叫的公雞。公雞因其不凡的身世和高貴的美德而備受人們重視。是人間辟邪的吉祥之物，象徵升官和功名。

宜：求功名宜置官上加官

公雞鳴叫表示「功名」，公雞雞冠高聳、火紅，表示顯貴。因此，將一隻有漂亮雞冠的公雞雕飾品作為贈禮，可祝賀對方能夠獲得官職，用來表示「官上加官」。

忌：肖狗、兔者忌用

從生肖的屬性生剋來看，肖狗、兔者與雞相剋，所以這兩個生肖不適合擺放官上加官！

風水吉祥物步步高升的使用宜忌是什麼

持水晶的龍站在玉和銅錢上，代表「高」，旁邊擺放三顆花生，代表「升」。

宜：步步高升適合擺放在辦公室或書房

步步高升一般擺放在辦公室或者書房，可使升遷加薪、步步高升、生意興隆。

忌：步步高升忌置右邊

建議將步步高升置於左邊，左邊屬吉祥位，右邊是比較凶的位置，不要放在右側，以免引起不好的沖煞。

第九章

風水開運

——助你有個好運勢的風水絕學

人工調理風水的主要方法是什麼

完全符合要求的風水是不多的。有的地方有來龍，有護砂，卻沒有界水；有的地方有來龍，有界水，卻沒有護砂。風水學認為是地理上的不足，有些可以透過人工進行改造、補救，有如下幾個方面：

☑ 開渠引水

開渠引水或築塘蓄水。對於缺水的穴位，以此法補救；背靠來龍主脈，左右有護砂，前有明塘。來龍貫氣，護砂藏風，明塘得水，這就成了大吉地，對於一個村莊，如果附近有河流，也可採取開渠引水的方法進行改造和利用。如穴前有溪水經過，來水急躁宜築壩以使其緩慢下來，如來水「撞城反背」，可將河流改道，使成環護狀。

☑ 培龍補砂

來龍低平，砂山低缺，可以人工挑土墊高填補，並植樹以增加高度，以達到避風，調整溫度、濕度和降溫的目的。

☑ 修補住宅

如改變原住宅的大門朝向，改變門窗的大小尺寸，改變住宅內部的布局，以符合八宅術、五宅術坐向「風水理論」的要求，對於正對大道或大街的住宅，可採用建照壁的辦法加以遮擋，照壁建在門外或門內。其用意一為擋風，二為避煞。

☑ 採用風水鎮物

風水學上的鎮物有許多種，如鎮河的寶塔。河水急湍，常常氾濫成災，建寶塔以鎮之，橋亦有鎮邪的功能，風水學認為，在水口建橋，可以有保護的作用，能使鎮村留住財氣。來龍形勢急猛逆折，有不羈之象，宜建塔樓以鎮之。「石敢當」也是一種鎮宅之物，常是在正對大路、大街的方向上立石頭，以擋邪鎮宅。照妖鏡鎮宅是另一種方法，據古人認為，妖魔鬼怪忌照鏡子，因為一照便會現原形，所以照妖鏡有避妖驅邪的作用。另外還有一鎮物為符，它是一種書寫的文字或圖畫，如：「五嶽鎮宅符」用桃木為板，上有朱書五嶽神符。《陽宅十書．論符鎮》中說：「五嶽鎮宅符：凡人家宅不安，或凶神邪鬼作怪，此符鎮之大吉。」

☑ 花草樹木調整

許多人都知道利用仙人掌和仙人球擋煞，如住宅周圍有物體尖角沖煞，就可以在窗外或門外對著尖角的方向擺放仙人掌和仙人球進行阻擋，效果很好。眾所周知，植物可吸二氧化碳，放出氧氣，將其擺放在房內既可供氧，也可以它的枝葉來擋煞避邪，如果有沖煞之形對著門口，則應在剛進門的迎面處擺放相應植物，這樣不但可以避擋煞氣，還能達到招財進寶的作用。此外還可使用掛風鈴、掛寶葫蘆、掛寶劍、擺放石獅子、麒麟、金魚、金牛、金雞等物進行避邪助運。

家居風水開運要掌握哪些常識

家居風水一直是大家關注的焦點，下面是一些流傳頗廣的風水理論，希望對你的家居裝修有所幫助。

(1)　家裡的桌椅，是否有搖晃現象？如果已經很舊、搖晃的桌椅需要加固，最好是換為新桌椅。否則會影響你的事業。

(2)　屋宅附近是否有廟宇、高架橋、橋梁、吊橋等動工，是否有挖馬路、搬遷裝潢等現象？如果有，就犯了動土煞，需將一些生銹的金屬用品丟掉，財運才會轉好。

(3)　買些寬葉綠色盆栽，大量綠化家裡，會使家庭好運提升、改善夫妻關係。

（4） 男童臥房最好在東邊、女童臥房最好在西邊；父母臥室最好在西北或者西南位置，否則不利健康。不能調整的話需要化解。

（5） 家裡的金屬類器具如果出現（腳踏車、汽車、電風扇、電器的金屬板、計算機）故障，需盡快修好，此舉可緩和在金錢上的衝突。

（6） 注意煤氣爐、熱水器以及門窗使用順暢度，可減低口角、防小人搞鬼。因為家裡的火源與電能（電器用品）故障，容易引起是非口角。

（7） 注意天花板、牆壁、地板有無龜裂現象。可以修理的，請速解決。改變客廳的布置，移走一張椅子或移走立式檯燈皆可。

（8） 屋宅用的桌巾、餐巾、臥房床單與窗簾，多用綠或水藍色系來布置，多穿綠色，會使家人的情感更加和諧。

（9） 如果可能，請挑選日子燒香，並同時調整自己辦公室的風水，比如常犯小人的可以在辦公桌桌子位擺放仙人掌。

什麼樣的內衣能開運

提升運氣的方法有很多，可以從五行顏色、風水飾品、心理信仰等多個方面來實現。現實中人們往往很重視身外的東西，比如住房、汽車、用品等等，而忽視了從自己身上開始調整。其實影響人生運氣的一個很重要的方面，就是內衣的選擇與穿著。

內衣是指直接貼身穿著的衣服，包括內褲、胸罩、背心、襪子，及天冷時穿著的秋衣秋褲等。因為這些衣服直接接觸人的皮膚，所以它們所蘊涵的五行氣場，會對人的生理與情緒產生直接的影響，進而對人的運氣產生調適作用。不同顏色、不同款式的內衣會產生不同的影響。

一般來說，紅色系列的內衣，會增強火氣，使情緒昂奮，熱情活潑，躁動不安，衝動易怒。

綠色系列的內衣，會增強木氣，使情緒怡然，朝氣蓬勃，生髮萌動，渴望進取。

黑色藍色的內衣，會增強水氣，使情緒冷靜，思維清晰，隱忍容讓。

金銀白色的內衣，會增強金氣，使情緒穩定，性格堅毅，果敢勇猛，信心十足。

土色黃色的內衣，會增強土氣，使情緒凝重，語言木訥，行為厚實，做事扎實。

從款式上來看，寬鬆肥大的內衣，會使人情緒慵懶，輕鬆閒適，但有時也難免不思進取，而緊窄瘦小的內衣，則會使人情緒緊張，但有時卻能勤勉自勵。

嚴實厚重而凝重固板的內衣，會使人封閉自我，離群索居。

輕薄暴露而飄逸舞動的內衣，會使人放浪形骸，捉摸不定。

根據內衣的這些不同特性與功能作用，便可以因人而異用來調整運氣了。

如果自己火氣過旺，那便可以多穿一些黑色藍色基調和柔滑飄逸的內衣，來增強水勢抑制火氣。

如果自己水勢過旺，那就適合多穿土色基調和凝重固板一些的內衣，來增加土氣抑制水勢。

如果自己木氣過旺，那就適合多穿一些金銀白色基調和緊窄剛健一點的內衣，來增強金氣抑制木氣。

如果自己土氣過旺，那就適合多穿一些綠色基調和朝氣蓬勃的內衣，來增強木氣抑制土氣。

如果自己金氣過旺，那就適合多穿一些紅色基調和熱情似火的內衣，來增強火勢剋制金氣。

至於自己先天是哪種五行強弱，這是一個比較複雜的問題，解決的方法，一是憑自我感覺去判斷，二是向專業人士諮詢一下。

當然，也可以根據不同場合和不同需要，去調適內衣的穿著。比如情侶愛人相會應穿一些含蓄性感的；朋友公共聚會則應穿一些熱情奔放的；而上班工作時則應穿著比較莊重嚴謹的等等。

這些不同人士、不同環境下的不同搭配，都是為了調適自己的情緒，調整自己的心情，進而發揮內衣服飾的功能作用，去融合氣場，營造氛圍，達到提升和改變運氣的最佳效果。

鞋子是如何改變運勢的

你相信嗎？我們日常穿的鞋子竟然也有風水，也會對家居風水的運勢達到一定的作用。或許你從未關心過，但是它的問題是不可否認的，究竟有多少問題藏在我們所不知的鞋子中，現在就為您解析。

相信大多數的女士都擁有很多不同款式的鞋子，並喜歡將鞋放於臥房內，方便逛街前選鞋穿搭。可是從風水學角度上看，鞋只適宜擺放於大門口附近，卻不宜放在屋內其他地方，包括臥房。

這是因為出門穿的鞋，回來後沾染了金、木、水、火、土五行的氣，通常比較雜亂，所以比較適宜放於經常出入的大門附近。如果把鞋子四處亂放，外面帶回的「不好的氣」就會隨鞋子進入屋內，直接影響屋中人的運勢。所以，家居最好添置一個鞋櫃，將鞋子全部放進櫃內，不好的磁場便無法隨便釋放出來。

對於大門面向走廊的家居，鞋櫃更可兼作屏風之用，阻擋由大門直沖而進的煞氣。至於不曾穿過上街的新鞋，或供室內專用的拖鞋，放在家中任何地方都沒有問題。至於鞋櫃擺放的方向也要注意。一家之主若從事文職工作，宜把鞋櫃放置於家中的文職位，即東南方；藍領工人等靠勞力謀生的朋友，則宜放於武職位，西北面最有利，有助事業更上一層樓。以上的方位長年適用，無須每年轉換。

說這些的目的在於，喜歡風水的朋友能從生活的點滴開始，即使是小小的鞋子都會透露風水的小祕密，只要我們平時在生活中多注意細節，調整好風水是如此簡單。不管它所能發揮的作用有多大，至少規律的生活可以讓我們養成健康向上的優良習慣。

陽台擺放哪些吉祥物品可以幫助開運

陽台是大多數家庭都有的，有些人家中的運勢背，多少年都一直在走霉運。還有的人家今年流年不順，發生各種不利的事情。而在陽台上擺放一些開運的吉祥物，就會令你的運勢大有改觀。

☑ 風水輪招祥

從室內面向陽台的左方，放置風水輪，讓風水輪滾滾流動的水氣，招收各路財富，並且流向自己的家中，充實財庫。除了坐收財氣之外，對職場運勢也頗有幫助，可以招來貴人。

☑ 水晶洞補強

天然水晶洞具有放射與接收磁場的能量，可以在陽台放一個紫水晶，放置方位與晶洞大小不忌，但需要注意的是，白天需將水晶洞口朝外，黃昏時則要把紫水晶洞口朝向屋內，才能讓白天吸收的好能量，散發屋內。

☑ 種植物盆栽

在陽台種植三盆或五盆松柏樹盆栽，具有招貴人的功能，尤其適合從事商業或業務工作使用。種植幾盆芙蓉、紅玫瑰，也可以發揮招納吉氣的效果，還可以化解室內煞氣。

☑ 風鈴懸掛

有些人命理缺金，或者陽台是財位，可以在陽台懸掛風鈴，不但能聆聽鈴聲撞擊時發出的清脆悅耳的聲音，還有招財、旺財的效果。

☑ 寫字當符令

準備一張紅紙，剪成硬幣大小，上面用黑筆寫一個「火」字，貼於陽台上的牆壁上，以作為擋煞之用。以符令的力量，對於驅逐無形的煞氣，具有一定的功效。

☑ 泰山石敢當

如果你家陽台外面有煞氣向室內輻射，比如尖角煞、樓角、煙囪、電線杆、通訊基地台等，就可以在陽台上對著煞物放一個泰山石敢當來進行化解。

開運植物應該如何擺放

家居擺放開運植物首先應著眼於裝飾美，數量不宜過多，否則不僅雜亂，生長狀況亦會不佳。植物的選擇須注意中小搭配。此外，應靠角放置，以不妨礙人們走動為宜。

植物的擺放應該避免阻礙家人的活動，也不宜擺得雜亂無章。大型盆栽植物，如巴西木、假檳榔、香龍血樹、南洋杉、蘇鐵樹、橡皮樹等，可擺放在客廳入口處、大廳角落、樓梯旁；小型觀葉植物，如蔓綠絨、萬年青、彩葉芋等，可擺放在茶几、矮櫃上；中型觀葉植物，如棕竹、龍舌蘭、龜背芋等懸掛植物以及常春藤、鴨跖草等可擺放在桌櫃、轉角沙發處。

此外，家居財位的植物擺放也很重要。有財則萬事順，繁茂的盆景襯上財位能使運勢更佳。盆景花葉須圓且大，忌針葉類及杜鵑。尤以發財樹、萬年青之類的植物最佳，因為這類植物象徵著主人積極向上、樂觀進取的人生態度，而且花瓶的高度最好是房子的一半高度以上。若花瓶的高度不夠，則可用架子墊高，使人一進門便可恰到好處的捕捉到這道風景，可謂美不勝收。

流年不利要準備哪些開運植物

如果最近流年不利，不妨擺放開運植物轉轉運。有哪些植物適合流年不利者擺放呢？

☑ 菊花

功效：菊花是延年益壽，增加福分的象徵，有助於氣場磁場的穩定。

注意：長壽菊、大波斯菊都適合放在家中，但要注意陽光照射問題，蟲害也要留意。

☑ 金桔

功效：金桔金澄澄的模樣，有金銀財寶的含義，對增加財源頗有幫助。

注意：不要把金桔拔下來，枯枝落葉更要時常清理。

☑ 水仙花

功效：避邪除穢、帶來吉祥如意，同時也可招財。

注意：水仙在沒有開花前，宛如一根大蔥，要維持它的新鮮，非常重要。

☑ 富貴竹

功效：又稱「萬年竹」，是受歡迎的「搖錢樹」，象徵招財。

注意：不要澆太多的水，免得根部因此而腐爛。

☑ 松柏

功效:所謂的「迎客松」,利用松柏常青的特質,促進人際間的和諧氣氛。

注意:要有充足的陽光照射,不可放在陰暗的角落。

☑ 蘭花

功效:聚合人氣、掌握權力,也可拓展人際關係。

注意:蘭花不好養,要多花心思照顧。適合放辦公室。

養風水魚來開運的正確方法是什麼

在家裡養一缸風水魚,不但有觀賞價值,而且還有招財化煞開運的作用,不過,要養好風水魚,以下事項就必須注意。

☑ 找出財位

風水魚最大的功能是添財添祿,其次才為化煞驅邪。不論在辦公室或者住家,要擺設風水魚缸,第一步一定要找出合適的方位,唯有擺對了位置,才能夠讓魚缸提升轉運的境界,而不僅僅只是美化環境的單一效果。家中的明財位一般處於對角線的位置,不論大門開在哪一個方位,打開大門之後的對角線,一般認為是住宅中的明財位,魚缸放在這裡,一開門就能看到,視覺上相當搶眼,對財運也可發揮提升作用。

☑ 養魚的數目

養多少魚當然與魚缸的大小有必然的關係,太擁擠的空間會造成魚類生存困難。除此之外,根據易經八卦相生相剋的道理,魚只數目以二、六、七的倍數為佳。

☑ 養什麼顏色的魚最適合

傳統觀念中,大紅大紫的金魚相當福氣,除了這個廣受歡迎的色彩之外，還可以在魚缸中種植些水草，讓翠綠的顏色發揮中和五行的功效。

☑ 魚養死了怎麼辦

有人認為，魚如果一下子死亡太多，表示牠們替你抵擋了煞氣，但不管如何，把魚養死了，絕對是風水大忌，飼主一定要馬上把死掉的魚撈出來，補上新的魚。

☑ 養假魚可以嗎

養魚的目的就是借重魚的活力與生氣，如果在魚缸裡面放假的魚，隨波逐流，了無意義，還不如不養。

吃魚開運的方法是什麼

魚是人類日常食物的一種，尤其是現代人營養過剩又怕膽固醇過高，於是常將攝取禽、獸之肉類食物改成魚肉。魚屬亥水，故命中缺水者，可多食之，應有改運的效果。具體的吃魚開運方法可參考以下幾個方面：

依出生季節之不同來吃魚

(1)　春天生人：吃魚肉時可搭配羊肉吃。

(2)　夏天生人：吃魚肉，可增進人際關係。

(3)　秋天生人：可吃生魚片。

(4)　冬天生人：魚肉配合羊肉吃。

以上之吃法特別有助於開運。

需要特別指出的是，容易疲勞者若魚、羊肉合吃（字義為鮮）亦有相當之效果。

依人體需求和心理狀態之不同來吃魚

(1)　需要和對方溝通，競爭並說服而達成交易者，宜多生吃魚肉，最好是魚背肉的生魚片。

(2) 壓力大、睡不好、應酬多、喝酒過量、膽固醇高，脾氣暴躁、運氣不佳者，應多吃魚腹肉，生吃魚腹最好。

(3) 上班族想增進與老闆、客戶間的溝通者，可多生吃蝦肉。

(4) 主管想擇善固執、增加領導統御能力者，可多吃烏賊、魷魚、花枝。

(5) 體質多病者想擁有健康魅力，讓異性垂青，多吃海蚵、鮑魚。

(6) 如果你真的是運氣「背」到極點，心情惡劣萬分，那就多吃海鮮吧！

不同魚種的開運效果

(1) 鯉魚：熱量不及虱目魚一半，含鐵量卻是它的一倍，活動量少而用腦多的人應多吃鯉魚。喜吃鯉魚之人較文雅。

(2) 虱目魚：煎起來最具風水效果，營養效益佳，體力消耗大者宜多吃。喜吃虱目魚的人較務實。

(3) 鰱魚：含水分高，利水順暢，筋骨效果好，對增加活力與情趣大有幫助。喜吃鰱魚的人較浪漫。

(4) 鮪魚：鮪魚含豐富的蛋白質、鎂、磷等。可補益心血與心腎，青少年多吃會更有活力。

(5) 鱒魚：具有逆流而上的習性，有較豐富的維生素 A、E 及磷、鋅，在肝腎俱疲時有很好的養護效果。

(6) 鮭魚：含色紅、菸鹼酸與維生素 B12 及鐵較多，對皮膚及血液養益有很好的功效。

(7) 鱈魚：含鈉較高，鉀、磷也較豐富，養肺益腎效果好。

(8) 烏魚：脂肪含量高，對體力勞動者有補益強健筋骨的效果，其烏魚子可助性。

(9) 鯛魚：含鉀、鎂較多，安神定志效果好。

（10）黃魚：有優質維生素 B12 及磷，是女性美容養顏的佳餚。

（11）小魚乾：含鈉多，可安神定志，對活力不足及神志恍惚的人頗有幫助。

（12）鯖魚：能祛除疲勞，增強精力，人在很累吃不下飯又該吃飯時，吃它是很有補益的。對腦、心血管、動脈硬化有相當的防治效果。

（13）四破魚：可養心益血，安神益志，是很多勞累的家庭主婦的最愛。

（14）吻仔魚：對更年期婦女及老弱族群有相當好的補養效益。

（15）鰹魚：可分兩種，春鰹魚，較具養生活力，預防效益高；秋鰹魚可防治動脈硬化，治病效果較高，對氣力不足與容易疲累的人有幫助。

哪些開運食物可以增強異性緣及感情運

愛情是世界上最令人快樂的事物之一，但它所衍生的問題與煩惱也最多；其中又以適婚期之男、女最為煩惱，例如：單戀、失戀、早婚、未婚先孕……比比皆是。

另一方面，已婚者卻煩惱與另一半之間的感情越來越淡，溝通不良、個性不合、外遇……，最後鬧得分居或離婚的下場，目前社會離婚率越來越多，造成許多的單親家庭，以及老父老母的孤單無奈，也因而產生許多的社會問題。

如何減輕愛情的煩惱，食物開運就是一個非常不錯的方法。

男性增強異性緣及感情運的開運食物及吃法如下：

吃蝦肉及蝦殼。食蝦對男性會增加魅力，但食殼則困難度高，可找一種蝦乾（較大隻的蝦米），回家不要用熱水浸，只要用礦泉水浸二小時（不可用水龍頭之水沖），用三～四顆蛋黃做水蛋蒸蝦乾（其數量為二、四、六、八、十隻），每週一至三次不限，但最好在每月農曆十五日前、後吃，效果更佳。

需要注意的是，吃蝦肉蝦殼不可與其他肉類一起吃，尤其不可與蟹肉一起吃，否則會有反效果。

女性增強異性緣及感情運的飲食建議如下：

（1） 多吃螃蟹。其食法為：每週一隻。記得要一個人吃，而且最好整隻螃蟹吃乾淨（蟹殼除外，蟹肉由頭至腳全部吃掉效果最好）。蟹蓋內的蟹膏一定要吃。入秋時節，陰曆九月、十月這兩個月吃蟹肉最好，因為這段期間雌蟹發情，其蟹膏發育成熟，特別是女性吃後自然發散一種魅力氣息。

要注意的是：吃蟹時，不可吃其他肉類，若與蝦肉同時吃則會沒有效果。

吃完後，可吃八仙果，或口香糖去除口臭，否則口臭逼人會有反效果。若擔心膽固醇過高，可多吃新鮮蔬菜、沙拉、番茄等。

（2） 一般人體的鎂元素含量要夠，而天然鎂的來源為各種種子、花生、豆類、堅果、深綠色蔬菜、蘋果、海帶、玉米等。

（3） 蛋黃：水煮蛋、茶葉蛋均可，但不可用鴨蛋，煎蛋（只吃蛋黃，蛋白不要吃）。

（4） 如果很少食用綠色蔬菜，則可吃天然綜合維生素來幫助吸收。

什麼樣的風水布局會讓你好運常駐

每個人的運勢不同，想強化好運氣，除了帶著喜悅的心情來祝禱，還可以利用一些簡單的動作與擺設來淨化磁場，使好運能量運轉更順利。以下就教幾個既好用又有效的開運小妙法。

（1） 太極本就為一轉動磁場，以太極圖樣的熏香座搭配百年老檀香一起使用，不僅可以去除穢氣，還能啟動淨化磁場。無論是外出旅遊、運勢不順或是進出醫院回家後，皆可利用此種淨化方法來安定心神，穩定情緒，提升好運勢。

(2) 在玄關、門口、客廳中央或餐廳中央掛上風鈴，能達到鎮宅、解厄制煞的功效。此外，不同顏色的風鈴，更能招來不同好運，想追求桃花運可使用紅色、粉色的風鈴；想追求財運可使用黃色、金色的風鈴，即可營造一個充滿福氣的好磁場。

(3) 歡喜佛俗稱彌勒佛，是慈愛、喜樂、光明與希望的化身，而五行中的水行代表財源豐厚與人際圓融，所以不妨在大門對角線的位置擺設一尊黑曜石材質的歡喜佛，能活絡招財磁場，提升人緣財及偏財運，幫助投資獲利；此外，還可防小人設計陷害，化解官司爭訟及是非口舌，讓事業拓展順暢，進財源源不絕。

不同職業者怎樣用手錶開運

☑ 手錶開運

自古以來，人類就靠雙手創造一切，而手腕部位是給予萬能雙手最大支撐的部位，加強這個部位的氣場，有助於「掌握全盤人生」，創造生命財富；而在腕部所佩帶之飾品，不外乎手錶、首飾帶及腕環類。以雙手而論，左手掌握先天，右手掌握後天（不分男女），而手錶一般都佩戴在左手，所以影響先天運勢就很多，進而影響到職業運；換句話說，帶上合運的手錶，有助於使你的事業一帆風順。

那麼，不同職業者如何佩戴手錶才能開運呢？

☑ 文教、學生、教師

適合佩戴：長形手錶配上皮錶帶。

☑ 屠宰業、雕刻、五金機械、技術業、外科醫生、婦產科

適合佩戴：圓形手錶配上金屬錶帶。

☑ 服裝業

適合佩戴：長形手錶配上布質錶帶。

☑ 建築、營造裝修業

適合佩戴：方形手錶配上金屬錶帶。

☑ 內科醫生、研究實驗人員

適合佩戴：長形手錶配上皮質錶帶或水晶錶帶。

☑ 演藝、攝影業、傳播業

適合佩戴：不規則形手錶配上鑲鑽錶帶。

☑ 家具、汽車業

適合佩戴：方形手錶配上皮質錶帶。

☑ 電氣、鐘錶業

適合佩戴：橢圓形手錶配上金屬錶帶。

☑ 化妝品、藥品業

適合佩戴：方圓形手錶配上金屬錶帶（陶瓷面錶帶）。

☑ 餐飲業

適合佩戴：方形手錶配上金屬錶帶。

☑ 花店、水果店

適合佩戴：圓形、橢圓形手錶配上水晶錶帶。

☑ 鞋業

適合佩戴：方形、長圓形手錶配上羊皮或牛皮錶帶。

為什麼說男戴觀音女戴佛

據佛經記載，每個人從一生下來就有位菩薩或佛在守護你，佛教是人類文明最珍貴的精華，對東方文化及人類文明，有深遠的影響。佛法的廣大無邊，平等圓融，通上徹下是最有用的。它提出的藥方是：人人要平心靜慮，快樂不在外界，幸福在自我心中，唯有透過靜思熟慮，少欲知足，捨己為人，自己才能快樂，一切苦惱才會熄滅。

過去經商的、趕考的等等都是男子，常年出門在外，最要緊的是平安。觀音可保平安，同時人們也希望在其保護下，生活順利、事業順心、身體健康、萬事如意。玉文化中的觀音是經過幾千年來的提煉，以佛教中的觀音大士與道教中的王母娘娘融合形成現在我們所見到的女身形態。佛也就是彌勒佛 —— 未來之佛，能帶給人們福氣、祥和之氣，以祈盼美好的明天。

男人多戴觀音，是讓男人少一些殘忍和暴力，多一些像觀音一樣的慈悲與柔和，自然就得觀音保佑平安如意。

女士多戴彌勒，是讓女人少一些嫉妒和小心眼，少說點是非，多一些寬容，要像彌勒菩薩一樣肚量廣大，自然得菩薩保佑快樂自在。

總的來說，男戴觀音女戴佛也就是男女互補的意思，男人可以吸取一些女性的優點來彌補男性的缺點，而女性則可以吸取男性的一些優點來彌補自己的不足！

戒指如何佩戴才有利於開運

戒指無論男女均可佩戴，很多人將戒指作為身分的象徵。佩戴戒指有時也可以為自己開運。當然，這是需要技巧的。那麼，該怎麼戴才能夠幫到自己呢？

☑ 材質

你所選的這個戒指，最好是選純金跟純銀去打造的，因為金銀代表富貴。

☑ 佩戴

男孩子佩戴在左手，女孩子佩戴在右手，就是以男左女右來區分。

☑ 佩戴的手指

如果說你想要增強你的權力地位、事業功名跟文昌考運的話，那麼你要佩戴在食指。

如果想要改善你的經濟狀況也就是增強財運，那你所帶的位置，就要帶在無名指;如果你已經有對象了，但是一直以來都沒辦法結婚，為了招姻緣，你也可以帶在無名指，所以一般我們結婚的話帶戒指都一定是帶在無名指，最主要就是因為這個手指頭代表姻緣。

如果你想要招來貴人或者想要擋小人，增強人際關係或者要求桃花，那麼你就把戒指帶在小指頭上面，因為小指頭所代表的人際關係包含貴人、小人、桃花。

如果你希望你所帶的那一根手指頭可以全部都能夠概括，那麼你就帶在中指，不過，因為它概括的關係很多，所以它的力量是會分散的。

各個星座如何轉運職場壞風水

職場上，瞬息萬變，怎麼樣才能把時機和好運都盡握手中呢？以下星座風水的分析有助於使你時來運轉，走上好運！

☑ 白羊座如何轉運職場壞風水

行事一向光明磊落的白羊座，向來喜歡把工作的環境也弄得明亮，因此，白羊座辦公室的採光絕對大有講究，一個光線充足的辦公室才能絕對符合白羊座對環境的要求。整個辦公室的布置應以青綠色為主，讓辦公的空間充滿一些戶外氣息，在這樣的環境中工作會大大提高你的熱情，工作不易疲憊。白羊座的衝動性格在財務管理上容易產生混亂，最好在房間內噴一些淡淡的香水，這有助於穩定情緒，會在工作中發揮得更好，財運也會滾滾而來。

白羊座職場禁忌:不要在牆上掛一些詭異抽象的畫，畫的色系不宜偏紅，因為這樣會影響你的潛意識，破壞你的情緒。而線條較柔和、簡單的圖畫，才能對白羊座達到積極向上的作用。

☑ 金牛座如何轉運職場壞風水

金牛座雖然自信，有時候卻難免勇氣不足，建議辦公桌放置在南面，這樣不會帶來消極的情緒，還可以在房附近放上一個小碗，會提升你的財運。藝術鑒賞力和食量一樣驚人的金牛座，隨時都不忘對環境的挑剔，所以經過精心設計的辦公室會很符合金牛座的高品位，另外擺放一些接骨木在抽屜裡也能提高金牛座的財運。

金牛座職場禁忌：金牛座的人在辦公室內不宜擺藤蔓植物，室內的植物最好是木本植物，因為葉大才能擋煞，吸收不好的能量，而藤蔓植物反而會吸收人的能量，對以耐力見長的金牛座不宜。

☑ 雙子座如何轉運職場壞風水

雙子座愛好廣泛，尤其對新奇的資訊十分好奇，喜歡閱讀各種稀奇古怪的書籍，所以辦公室裡少不了一個大大的書架。雙子座要想增強運勢，可以把音響放在辦公桌附近，時時聽著音樂，擺放一些小玩具在抽屜裡，休息的時候偶爾拿出來把玩，可以降低在工作中產生的煩躁心情，將筆筒變成粉嫩的粉紅色，會給你補充源源不斷的能量。

雙子座職場禁忌：不宜在辦公桌上擺些鋒利的金屬器物，愛擺弄小東西的雙子座很有可能會傷到自己。

☑ 巨蟹座如何轉運職場壞風水

對於家庭看重的巨蟹座，再也沒有比家人的照片等物品更能讓他們開運的事物了，在辦公桌上放置家人的照片，巨蟹座工作起來會是更加賣力。巨蟹座的幸運色是藍色，如果有虎耳草的話，就用漂亮的玻璃瓶裝起來養，也可以增加你的運氣！

巨蟹座職場禁忌：右手邊不要擺太多東西，一般巨蟹座的人習慣用右手寫字，右手邊放太多東西，影響活動的順暢性，所以茶杯、檔案夾、書等最好擺在左邊。

☑ 獅子座如何轉運職場壞風水

霸氣十足的獅子座應該擺放的物品是比較大型的豪華物品，他們喜歡聲色和光影的刺激，也重視高級的物質享受。獅子座的房間內要多放一些銀色的裝飾品，這會讓自己有興趣去專心工作。如果已經有了戀人，別忘了將合照放在辦公室，在相框背後偷放兩片薄荷葉，象徵兩人會永遠相伴一生。

獅子座職場禁忌：有人進出的地方不宜擺太多阻礙物，如果出入處擺太多大型物品，走路常常要左躲右閃的，時間久了，獅子座的心裡會多少有些不舒服，間接的導致工作和人際也不會很順利。

☑ 處女座如何轉運職場壞風水

十二星座中以潔癖聞名的處女座，整齊清潔對其說是最基本的。假如處女座剛好被安排在靠近廁所，其氣運就會非常之差，愛乾淨的處女座，建議你隨時放一把雨傘在辦公室裡，會使你更加從容應對天氣的突變。

處女座職場禁忌：對處女座來說坐靠近廁所的位置是大凶。因為廁所阻斷生氣進來，故對財運、業務開展相當不利。

☑ 天秤座如何轉運職場壞風水

為了讓愛漂亮的天秤所買的衣服能有個歸宿，如果有可能的話，天秤座的你最好是放一個衣櫃在辦公室裡，同時帶去一個小箱子，可以放那些堆不完的裝飾品。辦公室內最好多擺些小瓷器，可避去不必要的麻煩，給自己帶來莫大的幫助。

天秤座職場禁忌：天秤座在辦公室的位置最好在中間，最忌諱的是進門時左右牆角，顯眼的位置會讓人緣增加。

☑ 天蠍座如何轉運職場壞風水

天蠍座天生就有一種致命的吸引力，普遍認為天蠍座與性是分不開的，床對天蠍座來說有著非常的重要性，因此，在辦公室放一個可折疊成床的沙發，會讓性感的天蠍座更加充滿魅力。另外需要注意的是，天蠍座可以在辦公室的西南面放置一塊大型的鏡子，並在鏡子上方掛一個香包，這可以增加人緣，有財務周轉不靈的狀況，也將有所改善。

天蠍座職場禁忌：天蠍座辦公位置最好不要在門口玄關處，如果只能坐那裡的話，最好設置一個流動的水景，或是一個魚缸，因為水能轉化磁場，將衰氣轉為旺氣，對自身發展和對公司整體發展都有正面的助益。

☑ 射手座如何轉運職場壞風水

天生熱情好動的射手，樂於接受新事物，射手座如果想迎接更多的好運，最好把辦公用品全部換成粉黃色系，在辦公室插上一些蒲公英，噴一些檸檬菸草味道的香水，讓自己盡量保持清醒，切勿在忙亂中做決定，一旦失去了方向感，將很容易落入別人的圈套之中，所以寧可錯過投資機會，也不要因為一時的大意而造成大的金錢損失。

射手座職場禁忌：射手座女性應避免灑太濃的香水，因為很容易讓老闆有不良的聯想。

☑ 摩羯座如何轉運職場壞風水

有工作狂傾向的摩羯，對他們來說辦公室完全是另外一個家，把家裡的東西全搬來不失為一個好主意。星座是摩羯座的人，個性往往讓人覺得過於嚴謹，雖然這也是一種優秀的風格，但卻會讓很多異性誤會其很不好親近！如果是做客服工作，建議把辦公室布置成橘色調，燈光也要柔和，讓全身可以充滿溫馨的感覺，這會增多許多兼職或賺外快的機會。

摩羯座職場禁忌：摩羯座的你平時已經夠壓抑自己了，辦公空間一定不能太小，最好在辦公桌正前方保留一片空間，可發揮聚納吉氣的功效。

☑ 水瓶座如何轉運職場壞風水

水瓶座是個一向不按牌理出牌的星座，水瓶座的人覺得在家裡工作，在辦公室吃飯，在餐廳休息並沒有什麼不對勁。辦公室對他們來說是可以做任何事，是可以充分發揮自己的地方，水瓶座想提高運勢的話，可以自由搬一個可調坐臥角度的沙發，最能滿足自己隨興的生活態度。水瓶座的人很有主見，白色或米色都是幸運色，辦公室的窗戶要常常敞開，窗簾則以藍色最優，在桌上放一盞可愛的米白色小檯燈，可大大增加人格魅力。

水瓶座職場禁忌：最好坐在辦公室的財位，在進門斜對角，該位置要明亮、乾淨，注意不能放假花，否則會產生反效果。

☑ 雙魚座如何轉運職場壞風水

一心追求浪漫的雙魚座，對辦公室的嚮往其實來自一種美好的幻想，愛浪漫的他們非常喜歡粉色系的東西。雙魚座應該在辦公室內的東南方擺上漂亮的鮮花，鮮花以粉色為主。若是沒有鮮花，綠色的仙人掌也可以，休息的時候可以吃一些無花果補充體力，這樣絕對能改善你的運氣。

雙魚座職場禁忌：雙魚座的你記得不要放置屏風，以免阻擋財運。

衣服的顏色怎樣搭配會給你帶來霉運

穿衣服時，在不同的時間和不同的場合，某些顏色的搭配是不合時宜的。那麼，在什麼時候什麼樣的組合不妥呢，什麼顏色的搭配會給你帶來霉運呢？下面，我們就來簡單了解一下。

☑ 求職面試時禁忌搭配 —— 上半身黑色、下半身紅色

這代表著母親的離開、受到老師訓斥等意思。意味著在重要的面試時，可能會出現決定錄用與否的主管會缺席，或發生其他意想不到的狀況，你應當注意不要出現類似的搭配。

☑ 與消沉的朋友見面時禁忌搭配 —— 上半身紅色、下半身白色

這樣的組合代表著一種優越感。向遭受失敗和挫折的人展示自己的幸福與成功，這會使你珍貴的友情產生裂痕。

☑ 受邀慶功時禁忌搭配 —— 上半身紅色、下半身藍色

這樣的組合表示嫉妒與羨慕。雖然明白失落的心情，但絕不要將其表露出來，坦誠的向對方表示祝賀吧！

☑ 在決勝前後禁忌搭配 —— 上半身藍色、下半身白色

乍看之下有點清爽，但實際上象徵著失敗。面臨考試、約會、簽訂重要的合同時，應該避開這種組合。

☑ 與討厭的男性交往時禁忌搭配 —— 上半身紅色、下半身綠色

紅色和綠色表示對性的興趣濃厚。如果你沒有這種意思，則絕對不要在討厭的異性面前穿這樣顏色組合的衣服。

☑ 訪問朋友家時禁忌搭配 —— 上半身紅色、下半身黑色

這樣的搭配表示父親的離開或死亡，暗示著由於保護人或監護人不在，而陷入惡劣的環境下不能自拔，進而發展到無法挽回的地步。

☑ 與男朋友見面時禁忌搭配 —— 上半身黑色、下半身藍色

這樣的組合暗示了覺悟、居心不良、報復。與他吵架或是關係不順時，穿這樣組合的衣服非常糟糕！會漸漸與他陷入險惡的境地！

十二星座吃哪些水果可以開運

眾所周知，適當吃水果可以補充身體所需的營養元素，還可以美容養顏。可是，吃水果還能開運就不是所有人都知道了，下面就簡單介紹一下依照各個星座個性應該吃哪些適合的水果來開運。

☑ 白羊座開運水果：石榴

白羊座樂觀開朗，有幹勁，但耐性不足，不停往前衝，容易摔跟頭，吃石榴可以培養耐性與穩定性。石榴果粒細而多，吃的時候得慢慢品嘗，還得吐出籽，因為不吐籽不易消化，適當吃可以讓性情更溫和，耐力增強。而且，石榴果粒紅似瑪瑙，白若水晶，象徵吉祥如意，可以帶來好運；果粒成簇象徵豐富，可讓生活更加多彩多姿。

☑ 金牛座開運水果：櫻桃

金牛座很有耐性，待人友善，但有時顯得有些木訥，給人沉悶的印象，吃櫻桃可以激發活力因子。櫻桃果形珠圓紅豔，十分誘人，光是欣賞就能讓人大飽眼福，吃在嘴裡更是鮮美，使心情愉悅，性情也變得活潑開朗起來。小巧玲瓏的外形象徵著可愛，讓人更顯青春，帶動桃花運；而紅豔豔的色澤則象徵著熱情與好運，可讓你鴻運當頭。

☑ 雙子座開運水果：蘋果

雙子座聰慧靈巧，多才多藝，但不夠專一，持久力較弱，易半途而廢，吃蘋果可以讓你更為務實。蘋果樸實無華的外形，給人安全感，每天適當吃蘋果可以讓你更顯冷靜，做事有始有終，容易獲得他人的信賴，被認同的感覺會讓你很有滿足感。另外，蘋果象徵著平安，可讓你的生活更加平順安康。

☑ 巨蟹座開運水果：梨

巨蟹座溫柔體貼、善解人意，但精神壓力較大，容易悲觀，吃梨可以讓你心情開朗，生機勃勃。梨，汁甜味美，皮薄肉細，香脆可口，適當吃可以讓你精力充沛，激發你的才華；梨的造型似「葫蘆」，象徵著幸福與好運，可以去除你身上的負面能量，讓你變得更加樂觀豁達，容易感受到幸福；淡黃色的表皮象徵著陽光與財富，讓你的內心充滿希望。

☑ 獅子座開運水果：葡萄

獅子座充滿自信，重視自我表現，但有時會顯得獨斷、傲慢，吃葡萄可以讓其更顯內斂，表現出親切隨和的一面。如紫水晶般晶瑩剔透的葡萄，蒙著一層神祕與誘惑，適當吃可以讓你凸顯浪漫感性的一面，更受歡迎；粒粒成串的葡萄象徵合作精神，可增強你的組織、協調能力，讓你更懂得如何表現、保護自我，而不會鋒芒太露。

☑ 處女座開運水果：草莓

處女座心思細膩，追求完美，但保守、含蓄，較挑剔，不易獲得感情，吃草莓可為你打開愛情之門，為你迎來好姻緣。草莓是美好優雅的象徵，能更好體現你的完美。適當吃還可以改善你的氣質，讓你更顯樂觀，更懂得珍惜並享受生活；而紅豔的果色象徵熱情好客，讓你更顯活力，笑容常掛在臉上，在不知不覺中吸引異性的目光，桃花不請自來。

☑ 天秤座開運水果：哈密瓜

天秤座擅長交際，生性浪漫，但有時顯得輕浮、懶散，吃哈密瓜可以讓你更顯沉穩、含蓄。哈密瓜表皮看上去布滿網紋，顯得粗糙，但肉色如晶玉，甘美肥厚，芳香醇鬱，象徵著樸實，同時又蘊涵著美好，適當吃可改善你的慵懶作風，更具內涵；而「哈密瓜」也有樂觀、歡喜之意，可讓你更富幽默感，快樂心情隨處可見，但又不張揚。

☑ 天蠍座開運水果：桃子

天蠍座領悟力強，充滿神祕氣息，但好勝心強，沉默寡言，吃桃子可以讓你內心更平和，提升社交能力。桃子又稱壽桃、壽果，有鎮定的功效，適當吃桃子可以讓你身心健康，提升修養，還能讓你顯得更合群，受人歡迎；「桃」蘊涵「桃花」之意，可增加桃花緣，助你修成正果；桃子還象徵著財富與成功，能讓你夢想成真。

☑ 射手座開運水果：柚子

射手座熱力四射，聰穎純真，但顯得粗心、不安分，易受傷或無意中傷到他人，吃柚子可以提升運氣。柚子果肉有促進傷口癒合的功效，適當吃可讓你身體健康；光潤表皮的淡綠或淡黃色所散發的光芒磁場，能讓你更安靜；而渾圓外形，厚實果肉，象徵團圓美滿，讓你家庭幸福，生活美好；「柚」還有「佑」之意，能給你以庇佑，帶來好運與福澤。

☑ 摩羯座開運水果：火龍果

摩羯座沉穩、謹慎，有抱負，但有時顯得刻板無趣，給人距離感，吃火龍果可以為你開運。火龍果張揚而紛繁的色彩，豔麗迷人，適當吃可以讓你變得活潑開朗，懂得在人群中展現自我，與人親近，而內心又能像火龍果肉般細膩、清甜；火龍果又稱仙人果、吉祥果，它的表皮似龍鱗，有吉祥、富貴之意，讓你的人生更平順、絢麗。

☑ 水瓶座開運水果：香橙

水瓶座思想新穎，友善博愛，但有時會顯得固執，不滿現狀，吃香橙可以讓你更懂得享受生活，體會平淡中的美好。香橙表皮的橙黃色是溫暖的象徵，給人暖暖的感覺；其清新的氣味、甜而不膩的滋味，聞或吃都能讓你心情舒暢；香橙還象徵著圓圓滿滿，適當吃可以讓你的生活美滿富足，更懂得珍惜隨手可得的幸福。

☑ 雙魚座開運水果：香蕉

雙魚座溫柔善良，思想脫俗，但多愁善感，缺乏自信，吃香蕉可以讓你變得堅強。外皮堅硬，果肉柔軟的香蕉，象徵剛柔並濟，適當吃既能讓你擁有溫和的性情，遇事又能表現出堅強、剛毅的一面；香蕉的果肉及芳香的氣味，可驅散悲觀煩躁的情緒，讓你保持平和、快樂的心境，提升自信心；而表皮的金黃色則能給你帶來源源不斷的能量。

走霉運有哪些預兆和化解方法

人都會走霉運，或因為一件事而長期走霉運，或由於某種意外走霉運，或由於小人搗鬼走霉運，或自身毛病多多走霉運，不一而足。如何發現霉運跡象，將霉運擋在門外？下面就介紹一些方法作為參考：

預兆一：某天你突然發現自己鼻孔的鼻毛外露，那麼就是長槍外露，會破壞你的財運和感情運。

預防和解決方法：趕緊修剪鼻毛為宜。注意，千萬不能剪破鼻子，否則運勢更糟。平時注意要經常修剪鼻毛、防患於未然。同時可以在無名指戴上白金戒指（男左女右），然後在戒指環上用細紅線圈三圈。

預兆二：早上起床發現自己很難睜開雙眼，眼皮發沉，那麼，你要注意了，凡是跟財運有關的事情都可能對你不利，要小心你的荷包，謹慎投資炒股。

預防和解決方法：床頭不能與衛生間相對，不能沖西，調整床頭，將臥室裡的鏡子用布蓋住。

預兆三：驚奇發現自己鼻頭周圍長出暗瘡，那麼意味著你會入不敷出，你可能會被解聘，老闆會做不成生意，發不出薪資，面臨極大的危機中。

預防和解決方法：及時去除暗瘡，同時看看是否由於辦公室調整或住家調整後帶來的霉運，請一個與自己生肖相合的吉祥物佩戴。注意：辦公室或家中若有懷孕之人，則不適合搬動家具，需要孕婦避讓為宜。

預兆四：你的雙眼比平時眨動要頻繁，那麼，要留神了，不好的消息可能隨之而來，你要小心再小心，謹慎再謹慎。

預防和解決方法：你是否動了你的存款？你是否加入了炒股大軍？預兆說明你並不適合此項舉動，三十六計走為上計。應該好好調整自己屋宅風水，防止在風水學上先失一利。

預兆五：額頭受損或額頭撞到東西，這意味著你運勢將要走霉運了。

預防和解決方法：人的額頭是你的神燈所在，千萬不能被頭髮蓋住，女性往往對此忽視，實乃大忌。

預兆六：家中或辦公室漏水，或者是樓板牆壁滲水，或是水龍頭、抽水馬桶漏水，意味財運嘩嘩往外流。

預防和解決方法：除及時修理外，還需查勘是否由於屋宅風水流年問題而引起的風水輪流轉效應，一定要注意流年不同，各種吉祥物擺放也不一樣。

預兆七：最近你老是丟三落四，明明能找到的東西卻找不到，要小心，包括你桃花運在內的運勢將立即轉壞，跡象已經很明顯提醒你了。

預防和解決方法：看看屋宅的財位和桃花位是否被不好的物品所占用，及時調整。建議平時要有這方面的基本知識，防止東西亂擺亂放。

預兆八：你的車被追尾或者你追尾他人的車，你的車莫名其妙發生故障，比如音響出毛病、轉向燈不閃等，那麼，小心可能你被小人盯上了，好運將要消失。

預防和解決方法：檢查你的車是否放置了不合適的物品，與你的五行相沖；或者車曾經停放在不合適之處，帶來了霉氣。建議徹底清洗車內外，同時點上三炷香在車內繞三圈。注意：任何物品都有靈性，可以帶艾草在身上或者將玻瑰花梗剪成七段放在紅包袋裡。如果你的車突然間要去那種陰氣比較重的地方，需要準備七片榕樹葉或三十六粒糯米粒來辟邪。

預兆九：談判或考試前情不自禁抖動腿部，意味你會失敗、名落孫山。

預防和解決方法：談判或考前去拜佛，拜時應準備平時使用的鋼筆或原子筆前去拜拜。另外，紅色可以辟邪，談判或考試時胸前的口袋放紅包，可以護住心神，較不受干擾，同時玉佩、寶石，也可讓邪氣不敢入侵；特別注意：談判或考試時喝茶絕不能喝烏龍茶。

預兆十：入住旅館聽到莫名其妙的聲音、做噩夢、發現旅館牆上的壁紙圖案很像動物或人像，那就要換房，否則，運勢極差。

預防和解決方法：因為賓館進出人眾多，氣場雜亂，而一些靈界眾生會聚集在此。注意外出的時候需佩戴護身符，歐美旅館會有一本聖經在房間裡，因為歐美人士有許多在睡前有禱告的習慣，另一方面也有辟邪的作用。特別提醒：如果你從不太乾淨的地方回來，可以吃豬腳麵線，因為豬腳麵線有去邪氣及晦氣的功能。

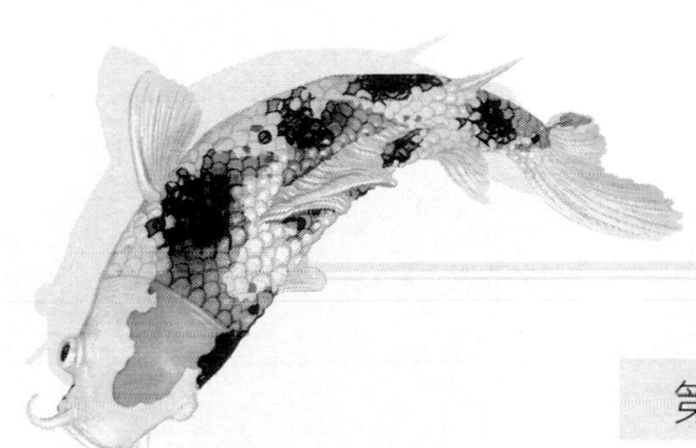

第十章

相由心生
—— 了解一點風水相術

哪些面相和手相的人最好不要做朋友

「人上一百，形形色色」，那麼，從相學的角度講，在人群中哪些人最好不要做朋友呢？來看看他們的特徵。

☑ 眉毛中斷、出現島紋

如有眉毛中斷、出現島紋，這種長相的人容易騙朋友的錢。就面相而言，眉毛中斷的人不是這麼容易看出來，因為大多數這樣眉毛的人，都可能會去畫去修補，所以看眉毛時一定要看那個人原本的眉毛。手相則是看成功線，成功線就是無名指下面，如果這條成功線有出現島紋，這一種人，本身金錢理財能力比較差，或者花錢沒有節制，會很容易缺錢，這個時候想到誰，就會跟誰借錢，或是找人做保，但之後就會捲款潛逃，總之就是會騙朋友的錢。

☑ 眉毛相交、雜亂

這樣的人往往會阻礙你的工作，阻礙的方式有很多種，例如說沒有團體精神，不把自己分內的事情做好，進而影響到朋友也做不好，更壞的還有會去老闆面前說別人的壞話。這種人的長相，就是眉毛長的很近，近到相交，而相交的意思就是，兩個眉毛之間很多的雜毛，這種人很容易想不開，心情容易鬱悶，所以不喜歡合群，這當然會影響朋友的成敗。以手相來看，成功線會雜亂無章，這兩種特性就本身來說，就是個心胸不開闊，做事不負責不盡力的人，這樣的人一定會拖累到朋友。

☑ 前聚後淡，出現破壞

這種長相的人會破壞別人的感情，就面相來說，眉毛前聚後淡，前面很濃後面分散，有這種面相的女孩子一般不容易看出來，因為女孩子大部分都會修補眉毛，所以一定要看她原來的狀況。而就手相來說，成功線會出現破壞，手上有破壞，那這個人也會把什麼事情都看成壞的，她不一定自己動手阻礙朋友，但她會認為別人都不會成功，就算現在是朋友最後還是會斷交，也就是看不得人家好。

如何透過唇齒看人

☑ **唇色蒼白通常體弱多病。**

唇色暗紫如雞肝色的人多是孤獨者，或無子女，或因做了錯事而失信於人。

唇色朱紅，一般是食祿豐裕者。

唇色暗紫的女人容易有食滯、氣滯現象，也可能會與丈夫分手。

牙齒過白的人性情多輕佻。「明眸皓齒」是對美女的一種美譽。其實，不論男女，如果牙齒過白，則性情淫蕩而輕佻。

齒色白中帶黃且十分滑潤的人，性情溫和，身體健康，壽命久長。

齒色雖白，但枯乾而不滑潤的人，往往性格粗暴，是短命之相。

牙齒黃色而帶有潤澤的人，雖然看起來顯得柔弱，但其身心較為強韌，且多半是幸運兒。而牙齒色黃且不滑潤的人，往往是很難擺脫貧困之境。而且多逢不幸。

牙齒的形狀與臉部輪廓的大小有密切的關係，臉長的人齒也長，臉短的女人齒也短。如果有女人臉很小而牙齒很大，牙與臉部不成比例，則其命運之中必然遭受到許多坎坷。

形狀很大的牙齒稱為「龍齒」，據說嘴大且生有龍齒的人，能成大器，其金錢運亦很順暢，且名聲頗佳。

排列很整齊，齒根在口腔內深且短的角型齒，被稱之為「牛齒」。具有此種牙齒的人，富裕而長命，子孫也十分興旺。

牙齒生得尖銳如同鼠齒一般的人，在技術方面頗有才能，人也很精明，只是總不順利，會遭受許多挫折。

許多暴牙者，做事都很積極、熱情，往往是事業的帶頭者。他們手段高明，很善言談，性格豪爽，很少出錯，即使是在閒聊的場合，也不會使人感覺乏味。

牙齒長得參差不齊的人，個性貪婪，好欺侮人，有時會因輕舉妄動而身敗名裂。這類人自我意識強烈，心中所想與口中所述及實際行動三者均無一致可言。當然，其中有的人可由修身養性而逐漸將缺點拋棄，同時也修正了其人生之路。

牙齒排列的形狀與人的姿勢是一致的，脊椎骨彎曲的人，其牙齒排列亦參差不齊。

如何透過看身體特徵推知一個人的貧富

☑ 臀部厚實本錢足

臀部是否厚實有彈性代表了你是否有發財的本錢。本錢不僅僅指普通意義上的金錢，還包括你的智慧、運氣以及健康狀況。擁有豐滿臀部的人通常活力充沛，有非常好的財運！

☑ 男人手小抵萬金女人指長能抓錢

大多數人認為手指越細長越好看。一個女人如果擁有纖細修長的手指，財運通常不會太差，不用太過操心就能過上好日子。對男人而言，較小的手部和勻稱的手型反而能帶來大量財富。如果手部膚色微紅，更是大富的象徵。

☑ 小腿長，財運好

小腿修長的人，表達能力非常好，能夠找到別人的興奮點，缺點是人緣不會太好。財運或許不錯，但是有可能背上各種罵名。

☑ 胸部微微下垂者更務實

女性胸部微微下垂、男性胸部有點肉的人，會有比較樸實的金錢觀。總能利用比較少的本錢獲得相對較多的物質回報。但是不愛「彎彎繞」的個性讓其不太適合做商人，股票、保險等投資更適合這些人。

☑ 脖頸長是野心家，能賺錢不賺錢

脖子在體相學中，通常意味著權力欲、支配欲、進取心。脖頸較長的人，一般都具有相當頑強的性格，愛出風頭，由於自己很努力，所以財運不錯。但是揮霍的欲望讓其金錢難以積存下來。

☑ 肚腹平的人靠才氣變富有

肚子平的人相對會有較高的智商，充滿藝術才華。其人會有很好的財運，可以靠創意和想法幫助自己聚積大筆金錢。不過內心深處喜愛刺激，很可能因為某件事把大筆金錢一次性投入，弄得血本無歸。

☑ 肘部有「窩」的行動派

肘部代表著一個人的行動意識，如果伸直手臂，用另一隻手能摸出來肘部有個指頭大小的窩，說明其人是個見到掙錢機會就會馬上爭取的人。如果能約束自己的不當衝動，那麼，獲得成功的可能性非常大。

☑ 四肢肥大的人，會經歷財運大風波

四肢肥大的人喜歡事事爭先，注意控制好自己的欲望及手段，否則可能會引起不滿，失去幫助。有這種體相的人，不要奢望得到貴人相助，一切都靠自己打拼。這種體相的人的個性決定，某個選擇可能讓其一夜致富，也可

能讓其馬上變窮光蛋。

如何透過孕婦的面相推測生男生女

在中華傳統相學中，有很多非常有意思的方法是教大家如何分辨孕婦生男生女，因為在古代沒有像 X 光這種先進的辨別設備，因此對於古人而言，便透過了長期的觀察和實踐，逐步總結出一套用相學判別嬰兒男女的方法。

下面，就向大家介紹一些其中的方法，希望對於大家來說能有所借鑒。

☑ 看孕婦的神態

在相學的理論中，神態具有不可忽視的重要地位，神態的清濁直接影響著孕婦胎內嬰兒的身體發育情況，因此在相學中判斷男女的方法之一就是看孕婦的神態而定。具體方法是如果胎內有男嬰，則孕婦的氣色很好，並且氣力很足，從神態上表現出常常精神有光，言談舉止中多了一些平靜優雅，少了一些急躁、慌張、散亂的神態，有這種神態的孕婦往往在相學中寓意著有男嬰誕生，並且嬰兒在出生之後身體茁壯，健康幸福。相反，在相學中認為如果孕婦的神態常常出現慌亂、渾濁或分散的情況，並且夾帶心情上出現不穩定情況，往往是因為孕婦胎內的氣力略有不足，因此降生女嬰的可能性較大，作為孕婦的親人，應對孕婦多補充一些營養。

☑ 看孕婦胎動情況

在相學中，判斷孕婦生男生女的另外一種方法就是看嬰兒的胎動情況，所謂「胎動」是指嬰兒在孕婦體內的活動情況，在中華傳統相學中，如果孕婦的胎動情況比較均勻有節奏感，則往往生育男嬰的概率很大，並且如果胎動勻稱有力，還象徵著嬰兒的發育情況很好，因此在出生之後不容易受到疾病的困擾，撫養起來比較良好，相反，如果孕婦的胎動時常出現不勻稱、不穩定的情況，在相學中往往生育女嬰的概率會大一些。因此，作為孕婦的家屬，常常關注一下孕婦的胎動情況不但能夠得知嬰兒的發育情況，並且還是判斷嬰兒性別的一個比較有效的手段。

☑ 看孕婦的臉部氣色情況

上面我們已經說了，孕育男嬰的孕婦氣力往往很足，因此在氣色上也會有所顯現，主要表現在孕婦的雙眼下方的膚色比較白皙晶瑩，有潤澤感，此外孕婦的兩眉之間的膚色光明發亮，沒有發黑的情況，鼻頭也比較亮澤潔淨，有這種氣色面相的孕婦往往男嬰降生的概率會比較高，並且嬰兒的發育情況和健康情況都比較理想。相反，如果孕婦的雙眼上方出現膚色發青或不光亮的情況，往往是因為氣力不足而導致，因此生育女嬰的概率會大一些，此外對於有這種氣色的孕婦來說，家人要多給孕婦一些營養的補充，這樣才可以彌補孕婦胎內的氣力不足，對於孕婦和寶寶而言都是很不錯的選擇。

人體有哪些開運吉痣

究竟痣需不需要點掉呢？這是個見仁見智的問題，一般人想把痣點掉，無非是為了增加自信心並改善厄運，而點痣這種行為從命理學的角度看也的確能改善三分的運勢，如果你覺得某些痣的確給你帶來了身心上的困擾，不妨考慮找個可靠的醫師點掉它。所謂「有心無相，相隨心生，有相無心，相隨心滅」，其實只要試著改變你的人生觀，以平常心面對你的生活，那些惡痣自會在你的心中消弭。

☑ 開運痣相 —— 太陽穴

太陽穴部位在相學上稱做「遷移宮」，也稱之為「驛馬宮」，可以顯示出一個人的遠行、旅遊、升遷及移民等訊息，這個部位如有惡痣，表示出門旅行或在外做生意時會很不順遂，如果有善痣，那表示你有旅途得益或遠方獲利的喜兆。

☑ 開運痣相 —— 兩眉間

兩眉間在相學上又稱「事業宮」，象徵一個人事業的發展及職位的升遷，從這個部位的氣色可以斷出一個人一生的吉凶禍福，這個部位如有善痣，表示你將來會擁有龐大的事業，如果是一顆灰暗的惡痣，二十八歲前後很可能會發生嚴重的婚姻或感情問題。

☑ 開運痣相 —— 眉眼間

眉毛和眼睛之間為「田宅宮」，這個部位如果有善痣，表示你是一個公正清廉、多才多藝的人，事業上甚得長輩器重，婚姻也會很美滿，如果是惡痣的話，你會常常搬家，住的地方也容易發生一些莫名其妙的事，諸如漏水等，最好不要去做房地產方面的投機生意，否則恐會招致嚴重的挫敗。

☑ 開運痣相 —— 眉毛後部

眉毛的後半部在相學上稱之為「彩霞」，象徵著一個人的理智與才能，眉毛後部如果有善痣，可謂「喜上眉梢」，表示你的人際關係很好，做生意很有一套，如果是灰暗的惡痣，表示你的親兄弟姐妹或堂表兄弟姐妹中，會有一位招致不幸，要不就是自己容易四肢受傷或被婚外情所困，這些現象在你三十三、三十四歲時尤其要特別注意。

☑ 開運痣相 —— 鼻頭鼻翼

鼻子在面相十二宮中稱為「財帛宮」，鼻頭越豐隆，收入就越多，鼻翼越飽滿，積儲也越多，鼻頭突然出現痣表示你最近會進點小財，女性則夫運較差，總是會為了另一半而操勞煩心，疾病方面則小心得到痔瘡，尤其四十八歲的時候要特別注意，鼻翼上若有痣，就好像保險櫃有個漏洞似的，使錢財容易流失而留不住，尤其是虛歲四十四、四十五或四十九、五十歲要特別注意！

☑ 開運痣相 —— 上唇

上唇有痣在相學上是一種福相，表示一生將不愁吃穿，除了經常有人請吃飯外，同時也是個美食主義者，人際關係經營得很不錯，缺點是有時候說話太直，容易得罪人，命中忌水，一生中多多少少會遭遇到一次水難。

☑ 開運痣相 —— 下巴

下巴附近的痣，主的是田地基址、屋宅奴僕，此處有善痣表示你老來必置房屋田地等不動產，另一方面，你也會是一個很講究生活品位的人。

☑ 開運痣相 —— 顴骨

顴骨上如果有善痣，表示你在職場上有一定的權勢與地位，如果是惡痣，顯示你太過相信別人，很容易被他人出賣，在戀愛時常會遭到第三者橫刀奪愛，好事也容易被別人捷足先登，此外你的心臟及血液循環方面會有潛在的病變，平時要注意預防保養。

☑ 開運痣相 —— 胸部

胸部有痣代表你有一個富貴命，在家中也會掌握經濟大權，姑且不論是「胸懷大志」，抑或是「雙龍搶珠」，你的運氣都不會差。

☑ 開運痣相 —— 手心

手心有痣代表你是一個聰明而不缺錢用的人，老年會很有成就，手背有痣則表示你頗善於理財，且能在婚後掌握家中的經濟大權，是一個占有欲頗強的人。

☑ 開運痣相 —— 腳底

腳底有痣的人有很多機會雲遊四海或出外旅遊，在職場上也能夠呼風喚雨，腳趾裡有痣，顯示你是個忠厚老實的人，頗能獲得部屬、朋友之擁護及幫助，將來在事業上必也會有一番作為。

☑ 開運痣相 —— 生殖器

生殖器上有痣對男性而言是會帶來偏財與旺子運，對女性而言也脫離不了富貴的象徵。

好男人應該有什麼樣的面相

☑ 八字眉、眉尾下垂

這種男人沒什麼脾氣，多半是一個好好先生，不管是你對還是他對，他總是第一個說「對不起」的人，同時他也沒什麼數字觀念，賺來的錢都會交給妻子去管，掌握經濟大權的永遠是妻子。

☑ 右眼大左眼小

右眼大左眼小的男人很怕太太，這種男人是標準的「三從四德型」，你只要瞪他一眼，保證他在外頭不敢造次。

☑ 耳廓不突出

耳朵的外緣稱為「輪」，裡層的軟骨叫做「廓」，廓不突出的男人個性不是很強，不會和你死抬槓，而且這種人喜歡待在家裡，不愛往外跑，嫁給這種人，天天都可等到丈夫回家吃晚餐。

☑ 鼻頭與鼻翼好像梅花瓣或蒜頭、鼻子較小

這樣的男人，工作努力，很會賺錢，但捨不得花錢，對朋友則非常的吝嗇，這種人你不用擔心他在外頭花，因為他連一杯咖啡的錢都捨不得花。

☑ 多層眼皮、緊貼下眼瞼接近眼袋的地方有痣

這樣的男人，會特別寵愛子女，小的時候不管是泡奶粉、換尿布他都會一手包辦，大一點從做功課到交作業，他又是全程督導，為了孩子他可以全心付出。

☑ 兩顴豐隆、骨肉相稱

這樣的男人懂得扛起應負的責任，盡其該盡的義務，是個很有責任感的人，婚後會為了這個家而全力打拼，是一個值得託付終生的人。

☑ 上下兩片唇都薄

會下廚是現代好男人的先決條件，上下兩片唇都薄的男人烹飪技術一流，可以讓你盡享口福。

☑ 人中深長、下巴圓厚寬大

這樣的男人年老後運氣好，住家寬大而安定，家庭和睦親愛，子女運也不錯，同時這種人的心臟好、頭好、身體強壯，在所謂「先生的健康就是太太的幸福」下，夫妻倆「性」福美滿自是不在話下。

怎麼看是否有夫妻相

一對面貌、身形相似的情侶，擁有夫妻相是很有好處的。到底面貌相似是否就是良好的夫妻相呢？以下就幾種明顯的夫妻相做一個簡單講解。

☑ 眉毛

男人眉粗，就會膽小怕老婆，或者也有謙讓對方的意思；女人眉粗，就會有男子氣概。這種一柔一剛的配合，會彌補雙方不足，因而是比較典型的夫妻相。

☑ 鼻梁

高鼻梁的人，自尊心都比較強，面子最重要，不容易接受他人意見，另一方面低鼻梁的人，自尊心反而沒那麼強，但會多少缺乏自信心，能夠接受別人意見，兩者也可以互補長短，衝突也相對少些。

☑ **頭髮**

頭髮較細且柔軟的人，性格容易內向，比較溫柔，容易接受他人的意見，男女雙方頭髮都是細且柔軟的話，性格自然接近;若其中一方頭髮較粗，性格會比較固執，與另一方頭髮柔軟的相配，也是可以相處得來；最壞的情況是雙方頭髮都比較粗，那麼二人相處可就容易發生爭執了。

☑ **嘴巴**

嘴巴大的人比較外向，膽大、善於交際等，嘴巴小的人相反，性格內向，沒有主見，怕羞，情侶間一個嘴巴大，一個嘴巴小，就會出現嘴巴大的有說話權，另一方也不太會反對。如果都嘴巴大，就會出現矛盾點，進行爭執；如果都嘴巴小，那麼兩人在一起就比較沉悶、單調，缺乏趣味。

☑ **身形**

情侶間身形有反差就比較合配，但也不宜反差過大。例如高個子配矮個子、肥配瘦、壯配弱等都屬有夫妻相，其中道理離不開兩人互補長短。

以上就有夫妻相的情侶做一簡單講解，但有夫妻相不等於可以白頭到老，不等於二人可長相廝守。因為有夫妻相只表示二人相處較融洽。但婚姻或姻緣卻是命中註定，就算二人走到一起，註定要分開亦是無可奈何。相反有些夫妻終日吵吵鬧鬧，卻也可白頭到老。

如何從印堂看一個人的運勢好壞

對於「印堂」這個詞，相信很多人並不陌生，在很多古裝影視作品中都會看到一個古代相士對一個運氣很差的人說「印堂發黑，運勢不佳」。那麼，印堂究竟有沒有那麼神奇的判定作用呢，下面我們就來了解一下印堂。首先，印堂的位置是居於兩眉之間、鼻梁之上的位置，在中華傳統相學中，印堂又稱之為「命宮」，與人的一生和運氣有著緊密的聯繫，這也就是大家常常能在影視作品中聽到「印堂發黑，運勢不佳」的淵源。那麼，怎麼判斷印堂和運勢的關係呢？以下，我們來了解幾種比較有典型特徵的印堂，看看它們和運勢的聯繫。

☑ 特徵一：光如明鏡

所謂「光如明鏡」是指印堂位置整體看上去光潔亮澤，沒有發暗、有疤或交眉等情況，猶如一面鏡子一樣給人從視覺上來看是乾淨亮澤的。有這樣印堂的人自我能力很強，在為人處世上都能夠表現出來，其次，這種印堂的人往往目光比較長遠，不容易因為眼前利益而放棄未來發展，在他人眼中是很有抱負和目標的人士。這種人往往比較樂於學習新事物來提高自我的綜合素養和能力，因此整體運勢穩中有升，很容易取得事業工作上的成功。

☑ 特徵二：鼻梁豐直

因為印堂的位置是在鼻梁之上，所以只有印堂與鼻梁相互配合才是好的印堂特徵。這個印堂特徵是指如果鼻梁飽滿筆直的話，再配上一個潔淨開闊的印堂，那麼對於有這種特徵的人來說，在一生中的財運情況會有很不俗的表現，容易因為機會、貴人而財力大增，因此運氣不錯。此外有這種印堂特徵的人往往在社會中也具備著一定的社會地位和聲望，尤其對於從事演藝等對外工作的人來說，有這種印堂特徵會比別人更有機會取得大家的認可，因此有利於工作、事業的全面發展。

☑ 特徵三：凹沉暗淡

所謂印堂的「凹沉暗淡」是指在印堂處有內凹發烏的跡象，也就是大家通常所說的「印堂發黑」，有這個特徵的人首先從近期運勢上來看有差強人意的地方，在工作生活中容易遇到困阻不順利的情況。其次，如果這種凹沉暗淡的情況持續的時間很長，就容易出現有破財的情況，不利於自己的財運。因此有這種印堂特徵的人在日常生活中要小心謹慎一些，方可有效避免財運破損的情況發生。

☑ 特徵四：眉接交加

因為印堂的位置是處於兩眉之間，所以有一種印堂特徵就是「眉接交加」的情況，具體是指印堂處有眉毛生長，正視來看好像兩眉相交雜在一起一樣，有這種眉毛的人首先從自身性格上來說容易產生嫉妒、自卑等不良情緒，因此會在日常的為人處世的過程中有所影響。其次，有這種印堂特徵的人往往對自身發展存在著憂慮焦急的情緒，因此在做很多人生重大決定時會有退縮等情況發生，不利於自己的今後發展，有這種印堂特徵的人要在平時樂觀積極一些，這樣自己的運氣才會否極泰來。

如何從臉型看情侶般配指數

如果你剛交了新男（女）朋友，或者你們已經是情人關係，看看你們是否可以步入婚姻殿堂或是白頭到老，有個簡單方法，從臉型可以看出你們的速配指數有多高。

(1) 男女都是圓臉：因彼此太相近，缺乏耐心而易分手。因不能以差異相補充，看不見對方的美感。

(2) 男女均方臉：也缺少默契，不能互補而失和。

(3) 男「甲」字面，女「同」字面：這種男人立不起，骨頭不硬，怕老婆，工作上怕主管；女人卻十分厲害，在家發號施令，工作上也是說話算數。

(4) 男方臉，女圓臉：男人有氣魄，內外都容易占主導地位；女人有愛心，能與丈夫配合，操持家務亦在行，是賢妻良母。

(5) 男圓臉，女方臉：男人喜歡享受；太太勤奮，對丈夫起保姆兼太太的角色。

(6) 男「甲」字面，女圓臉：男人小氣，喜歡挑剔，總跟在女人後面；太太愛虛榮，浮誇。

(7) 男圓臉，女三角臉：主丈夫活潑，光明正大；太太心思細膩，剛好彌補丈夫的活潑有餘，為丈夫當參謀。

(8) 男女均為「申」字臉：主先生的感情很豐富，太太照顧得也周到。可謂棋逢對手，將遇良才，旗鼓相當，所以珠聯璧合。

(9) 男的嘴小，女的嘴唇豐滿：男人顯得小氣，沒有什麼前途，但家庭有太太掌管、操持，家庭生活還是可以過得有滋有味，幸福美滿。

(10) 男女雙方均為大眼睛：彼此都追逐浮華，愛慕虛榮，生活中浪費較多，最後會搞得不歡而散。

(11) 男女均為小眼睛：彼此都很艱苦樸素，能不用錢都不用錢，兩人可能賺不到大錢，但小康生活還是不難得到的。

(12) 男大眼睛，女小眼睛：先生出手大方，喜浪費，好請客吃飯，但多多少少受到太太的控制，不至於將錢用光。

(13) 男小眼睛，女大眼睛：男的內向，心思縝密，好思考；女的外向，好交際，貪耍。

(14) 兩人下唇均薄：夫妻感情有如朋友一般。若上唇也薄，則雙方都是自私自利之人。

(15) 男人唇薄，女人唇厚：男的生命力弱，女的生命力旺，所以二者之中，女的要多多照顧男的才是。

(16) 男女臉部皆寬：二人的工作能力都很強。生活上也都很會揮霍，而且二人均很會用錢。

(17) 兩人下巴皆細：彼此都很情緒化，容易發生衝撞、吵架，從而導致二人最終分手。

(18) 男人下巴寬，女人下巴細：男方工作能力強，在工作上可以當官，女的做事仔細，把家務料理得清清爽爽，乾乾淨淨。

(19) 男的下巴細，女的下巴寬：主先生好挑剔，有潔癖，有時還喜歡穿花衣裳；太太卻有陽剛之氣，但固執己見。

(20) 兩人均為圓下巴：二人都善社交，長袖善舞。因此，生活舒泰，朋友多，晚年也是很幸福的。

(21) 男人下巴圓，女人下巴方：這兩副相猶如齒輪永遠合不攏一般，最容易發生衝突，兩人爭吵幾乎是常事。

(22) 男人下巴方，女人下巴圓：先生工作拼命，經常搞到半夜三更才回家，因此太太意見大，不體諒。兩人爭吵，幾乎是常事。

(23) 兩人的顴骨皆突出：一個鋼，一個鐵。二人水火不容，各說各的理，遲早分手。

(24) 男鼻豐滿，女鼻尖：男的能掙錢，工作順利；女的能花錢，把丈夫掙的錢花掉大半也是小事一樁。

(25) 男鼻骨凹，女耳鼻凸：女個性強，好鬥；男願意讓步，二人相安無事。

如何從指甲形狀判斷個性和職場發展

☑ 修長指甲

喜歡漂亮，具有藝術特質，略有神經質。身體的呼吸系統、胃腸系統較弱，對自我要求很高，凡事追求完美。適合從事音樂、美術、設計方面的工作。

☑ 短指甲

做人比較實在，忠厚老實。身體健康、體力好。腦筋好，工作認真，有責任感，適合從事新聞傳播及研發等相關工作。個性心直口快，缺乏幽默感，容易得罪人或不肯屈就他人。

☑ 圓指甲

圓形指甲的人，熱情且開朗，無憂無慮，凡事不會太計較。沒有金錢觀念，缺乏自制力，心地善良，很容易去相信別人，小心因被騙而導致心理鬱悶，影響身體健康。

☑ 橢圓形指甲

橢圓形的指甲，是最漂亮的指型。為人熱情且很有人緣。適合從事比較有美感的工作。很注重外表，因此容易被欺騙感情。工作上，缺乏耐性，但只要是自己喜歡的工作，都會盡全力去完成。

☑ 扇形指甲

指甲呈扇形張開的人，占少數，因為這種人個性比較詭異，思維邏輯也比較特別，甚至超乎常人的方式，做事獨斷獨行，很難與一般人融洽相處，容易與人有爭執，放下己見則會有大作為。

☑ 四方形指甲

個性樸實。缺乏浪漫的情趣，是一位很專情的人。對於分內的工作定能盡心盡力去完成。待人誠信，雖然有些古板老氣，但仍受到朋友、親人的肯定。很會賺錢，不愛花錢。

如何從牙相看人

別小看一排牙齒，在面相學來說，透過牙齒可看出一個人鮮為人知的內心世界，甚至對方的心理、生理、健康、財富等情形。如果天生的牙相不好，不用擔心，可透過後天矯正牙形來彌補先天的不足，令運勢得到好轉。

☑ 門牙崩，父母緣薄

在牙相來說，門牙占最重要的地位。左邊門牙代表父、右邊門牙代表母。崩左門牙父緣薄，崩右門牙母緣薄，兩個牙都崩，會刑剋父母。

☑ 門牙有縫，誠信不足

門牙有空隙的人，言語多失，不但與雙親緣薄，且不擅儲蓄。另外，在相學上，牙齒有「忠信堂」之稱，主一個人的信用有多少。牙罅疏代表信用差，好搬弄是非。

☑ 一口蛀牙，體力不佳

有一口蛀牙或爛牙的人，體質及體力多數不佳。男士多爛牙，性方面容易「力不從心」。

☑ 下齒突出，小心眼

下齒突出的人，多爭執，性格剛烈頑固。對於感情方面非常小心眼，猜疑心很重，不容易相信別人。

☑ 牙齒焦黃，欠缺耐性

牙齒黃，除了代表健康不佳外，也反映一個人做事不積極，做事往往虎頭蛇尾，欠缺耐性。

☑ 牙齒傾斜，為人古怪

上下牙同時向內傾斜的人，個性怪異，令人難以捉摸，不知腦子裡想什麼，這種人往往人緣不佳，財富難聚。

☑ 天生平齒，情緒不穩

牙齒太平的人，壓力比平常人大，易引起憂鬱症或躁鬱症，情緒不穩，過於敏感。

☑ 缺齒，小病多多

一般牙齒短缺的人，多數會消化、吸收不良，並長期小病不斷。

☑ 門牙重疊，小偷小摸

有一些人，兩顆門牙會稍微前後重疊，此種並非好牙相。門牙重疊的人往往比較貪，有時甚至會做出小偷小摸的行為。

☑ 倒嗑牙，晚年運差

倒嗑牙看上去是下排牙齒包上排，形成「地包天」的形狀。上排牙齒代表天及父，下排牙齒代表地及母，有此種牙相的人，一生運勢反覆，晚運不佳。

☑ 哨牙，多是非

哨牙看上去為上排牙包下排牙，形成「天包地」的形狀，有哨牙的人是非多，晚年孤獨。

☑ 牙齒不齊，易生意外

牙齒最重要的是整齊及潔白，相學上，參次不齊的牙齒就好像虎口，而俗語說「馬路如虎口」，有這類牙形的人，容易發生交通意外。另外，此種牙相的男人，在中老年之時，較容易出現陽痿現象。

如何從耳朵上看出一個人的個性

在相學中，面相為各人袒露在外最直觀的對象。此外，五官之中，耳相歷來為人重視。所謂「鼻祖耳孫」，耳朵是胎兒在母體裡最後發育完成的器官，如果父母雙方的身心都很健康，那麼生出來的孩子耳朵也必會勻稱美麗；反之，一個人的耳朵歪斜醜陋，顯示他的雙親不是身體欠佳，就是感情不睦，三國演義就形容劉備「雙耳垂肩，具帝王之相」，封神榜也曾提「明珠出海，太公八十遇文王」，都說明了耳朵對一個人身心及運勢的影響，相學亦云「夫耳根於腎，為心之門戶，為身之窗也」，因此從耳朵不難判斷一個人的個性。

☑ 耳朵有輪無廓

個性內向，有自閉症的傾向，人際關係稍差，運氣也不怎麼好，多往戶外走走或許情況會有所改變。

☑ 耳朵有廓無輪

聰明善良，胸無城府，對朋友兩肋插刀，出手闊綽，家中經常是高朋滿座，被朋友拖累也無怨無悔。

☑ 招風耳

喜歡打破砂鍋問到底，同時也是個消息靈通人士，身體方面要慎防腎臟的病變。

☑ 耳廓大而耳垂小

粗枝大葉，不拘小節，做任何事都很率性，不用大腦，缺乏耐性，因此工作經常在變換。

☑ 耳廓小而耳垂大

心胸寬闊、個性溫厚、有人情味，喜歡幫助人，工作認真負責，晚年能受到子孫的愛戴。

☑ 耳朵端尖尖

很難溝通，但工作卻非常認真，必須離鄉背井出外謀生才會成功，家產則要小心被不肖子孫散盡。

☑ 耳朵小的人

雖有才幹，但自信心弱，膽子小，意志不夠堅定，喜歡搬弄是非，很難得到上司的賞識。

☑ 耳朵厚大垂肩

心地仁慈，樂於助人，身體很好而且長壽，一生的運勢都不錯，古時所謂的帝王之相即是如此。

☑ 耳孔內長毛

是個健康且長壽的人，一般是年紀較大的長者才會有此現象。

☑ 耳孔很大

智慧很高，記憶力甚佳，見聞廣闊，智慮深遠，事業及財運都不錯，有當老闆的潛力。

☑ 耳垂上有黑痣

會賺錢，也很會存錢，但有些小氣；在感情方面，因太挑剔所以姻緣會來得稍微遲些。

哪些面相預示三十歲之前會創一番事業

☑ 耳高於眉

耳朵高的人志向比較高，而且比較容易受到貴人提拔。

☑ 耳朵大

耳朵大的人工作很努力，通常出身家境都不錯，基礎比較好，因此容易在三十歲之前成功。

☑ 額方而高

額頭方而高的人比較務實而且有自信，在思考方面比較成熟，另外這類人理財能力不錯，年紀輕的時候就知道怎樣賺錢，工作上也知道怎樣表現。

☑ **眉毛順而揚**

眉毛最好上揚而且毛要順，因為眉毛代表志氣以及不認輸，即使失敗了也能很快站起來。

哪些手相表明一個人不會缺錢

☑ **錢財紋**

在無名指和小指間有細細的斜線叫做錢財紋，一般人都有，例如工作獎金、意外小獎、分紅等就屬這類。

☑ **理財紋**

在手掌感情線上方有一條平行的紋叫做理財紋，有這種理財紋的人通常是替老闆、上司理財，通常會是大公司裡面的會計或者出納，通常幫人家理財，當然自己也會理財，因此不會缺錢用。

☑ **三豹紋**

一般人在食指上面有一條橫紋叫做指節紋，如果有三條指節紋的話叫做三約紋，這種人一生中不缺錢，往往都是由桃花來的，例如男人可能娶到很有錢的老婆，或者女孩子會拿錢給他，抑或者是做女性用品生意的。

☑ **鳳眼紋**

在拇指第一節指節上面的指紋呈一個圈行的紋路叫做鳳眼紋，通常有鳳眼的人會得到一個好老公或好老婆，因此可以一生中衣食無缺。

有散財相的人如何改運

在相學中，判斷經濟是否拮据的散財相方法有很多，下面就向大家詳細介紹其中的幾種典型的方法。

☑ 特徵一：眉尾發散眉頭交

所謂「眉尾發散眉頭交」，是指出現了眉毛末端有發散，眉頭有相交的情況。

有這種眉毛的人，往往在財運上有一定的破損情況，容易在賺錢的過程中因為吃不了苦或者沒有耐性而中斷，不易做到有始有終，因此在財運上也會有所顯現，此外，這類人由於在性格上多了一些急躁和嫉妒，因此容易因為與他人的矛盾是非而有所破財。

改運法：對於這種人而言，多從事一些能夠靜心或舒緩壓力的活動，如書法、太極等可以對自身的性格和財運都達到很好的改善作用。

☑ 特徵二：鼻斜鼻孔露

「鼻斜」是指鼻梁有歪斜或者不整齊的情況，而「鼻孔露」是指正視看對方時有鼻孔向上翻露的情況。

因為在相學中，鼻子是財帛宮和疾病宮的象徵，因此如果出現了「鼻斜鼻孔露」的情況，首先這類人的身體健康運勢有所欠佳，容易受到流行性或者突發性疾病的困擾，因此在財運上有所破費，此外對於「鼻孔外露」的人來說，往往在消費時大手大腳、沒有預算和節制，因此個人消費會成為財運破損的一個原因。

改運法：對於這種人而言，注意身體的健康、避免不必要的開銷便顯得比較重要了，這樣可以預防因這兩點而給自己帶來的破財運。

☑ 特徵三：下巴尖斜

「下巴」在相學中是「地閣」的象徵，象徵著田地、房屋等不動產，也象徵著一個人財運的穩健情況。

如果下巴尖薄並有一些歪斜的話，在相學中寓意著個人的財運情況不是非常穩定，因此破財的情況也會有所發生，主要表現在容易因個人利益的驅使做一些冒險的投資項目而使財源有所破損，此外還容易做一些違法亂紀的事情而破財。

改運法：對於這類人而言，在投資理財或者為人處世方面，一定要謹記「穩中求勝」這四個字，不要在投資時過於樂觀或抱有僥倖心理，這會對你的財運消耗很大，要提高注意。

☑ 特徵四：牙齒疏、黃、尖

牙齒在相學中被認為是保護運氣的一道壁壘，有防止運氣外散和阻止晦氣的作用。

如果牙齒呈現出稀疏、暗黃和尖薄的情況，象徵著這類人的財運有一定程度上的損耗，這種損耗主要表現在身體健康方面和工作方面。首先在身體健康方面，這類人容易時常受到疾病和一些意外情況的困擾，導致身體出現每況愈下，且有所破財。其次在事業方面，這類人在工作時往往有困阻事件出現，因而不能很順利完成既定的目標，在財運上也有所損耗。

改運法：對於這類人而言，在身體健康為前提下，多儲蓄一些財力，少一些不必要的開銷可以對財運的損耗達到削弱的作用。

☑ 徵五：眼神似醉

眼睛在相學中是「精氣神」的象徵，同時也象徵著一個人的運氣、智慧等方面，所謂「眼神似醉」，是指在日常生活中，眼神常常流露出昏昏沉沉、似醉未醉的神情，讓人看上去有一種沒有精神的感覺。

這類人在財運上的表現不會太理想，在工作中也比較低迷，有懦弱、膽怯等情況，因此在事業上總是容易處於低谷位置，起色不大，因此財運也會隨之受到影響，此外，這類人往往比較貪戀酒色，容易產生自暴自棄和「無所謂」的人生態度，因此進取心較弱，不利於因勇於開拓而財運大發。

改運法：對於這種人而言，樹立自信和積極性顯得尤為重要，只有積極進取，永不言敗才可在財運上有所轉機。

最具桃花運的手相是怎樣的

男女雙方誰的桃花運更旺呢？從風水學的角度來講，不同的面相會有不同，不同的家居風水設計也會產生不同。而不同的手相其實也能反映出桃花的旺與衰。那麼，什麼樣的手相最具桃花運呢？

☑ 男人手柴、女人手綿

「男人手柴桃花來，女人手綿情綿綿」，有這兩種手相的男女，桃花運會很旺。

☑ 月下台長的男女

「月下台」是指你的無名指（注意男左女右）從上往下數第三關節長的男女更容易招致桃花運。古人正所謂有「月下台長多子多福」一說。

魚際線與情感線相交處越長桃花運越多

魚際線又稱生命線，該線如果在你情感線較長處相交，那麼，不用說，你的桃花運會不斷閃現。

☑ 佩戴合適首飾的手

如果你的手（注意男左女右）能夠佩戴合適的首飾，比如金指環、手鐲等，那麼，自然會增加桃花運。但是如果佩戴不合適的首飾或佩戴方式不對勁，那麼，桃花運就會離你遠去，甚或變成桃花劫。

☑ 指甲的修剪和染甲

如果一個人的指甲長期不修剪留長指甲，那麼桃花運會慢慢喪失;而且，如果在指甲上染的色與你陰陽五行不吻合，那麼也會強烈影響你的桃花運，或者轉為桃花劫。

由上可見，一個人的桃花運會有許多方面，光看一個人的手，我們也能猜出幾分。無論我們的手是否天生具有桃花運，都需要後天注意手的保護，注意首飾的佩戴，甚至是指甲的修剪和染甲的顏色。

如何從鼻子大小看一個人的財運

☑ 孤峰獨聳

鼻子的大小要與臉型大小以及五官互相配合，如顴低、面小、額平而鼻非常豐隆的話，古書中稱之為「孤峰獨聳」，這類人非但不能聚財且有破財之虞，尤其以男性上唇無胡者更是靈驗。

☑ 過於短小

鼻與臉型相比之下過於短小者，表示此人在事業發展上難有前途，如果自行創業，很可能賠錢又惹禍。

☑ 鼻小面大

鼻小面大，或鼻瘦臉型肥的人，往往不能獨當一面，一生少成多敗，財難入庫，勞多獲少。在官場則難掌正權，並往往會把功勞歸於他人，過錯則歸於自己，受人欺壓而一籌莫展。

☑ 鼻孔大

如鼻子小而鼻孔大，或者鼻翼很明顯的一大一小，表示這人的情感理智和理財觀念有問題，容易意氣用事，一生難成大事，難聚錢財。

☑ 上唇有胡

鼻子如果過小，再加上人中細窄的話，表示此人一生事業多波折而少收穫，而且財運和健康狀況都不理想，不過上唇有胡者可以稍稍挽救劣勢。

如何從臉型看透一個人的個性和運氣

☑ 甲字臉

特徵：上大下細，前額大而闊，鼻大直。

個性表現：思想敏捷，反應快，做事有計畫，理性大於感性，處事負責認真，早年運氣好，少年得志，為人自尊心較強，所以容易自滿，容易與人相處。

運氣：從出生之日至三十五歲，運氣相當好。感覺敏銳（前額低陷有橫紋則相反，不能受愛情打擊），善於捉摸別人的心思，待人接物相當得體。意志力不夠堅強，做事容易灰心，產生疑慮，猶豫不決。

☑ 圓字臉

特徵：臉型圓而肥胖，鼻頭較大。

個性表現：有隨和之外表，有較強的同情心，樂於助人，為人固執而有脾氣，缺乏主見。適應力較強，欲望較強，但不太貪心，容易與人相處，朋友不少，但知己不多，做事如有興趣，做得很好，如無興趣做得不好，還會隨時放棄，容易起惰性，喜享受，處事較鎮定，忍耐持久。

運氣：一生運氣好，沒有多大波折（圓字臉人最忌鼻細）。

☑ 同字臉

特徵：臉型較方，腮骨、顴骨較大，鼻直，前額低矮。

個性表現：思維較主觀，好勝心強，體力好，能吃苦，雖遇困難也能盡力克服，個性率直，坦白，做事相當認真，有計畫也比較實際，要求報酬與所做相等，容易衝動，但在最衝動時幸能及時抑制，過分重感情，心腸相當軟，此為最大缺點。

運氣：一生的運氣亦都不會太壞，人生波折不大。

☑ 由字臉

特徵：上細下大，前額窄，腮骨大。

個性表現：做事踏實，早年運氣欠佳，對人對事較倔強，不容易與別人相處，對家人感情非常好，重家庭，非常率直，倔強，不易忍耐，較急躁，知足，不會過分，容易答應別人請求。女性則欠溫柔，但可助夫興家立業，愛恨都較極端化。

運氣：從十五歲至三十五歲運氣較差，三十五歲至死亡，運氣較安定（由字臉者忌眼皮腫，早年運氣較差）。

☑ 申字臉

特徵：上下皆小，中間較大，前額窄，顴骨闊，下巴尖。

個性表現：性格複雜，有雙重性格，想得多而雜念亦多，計畫多難實行，有主見但缺乏信心，舉棋不定，重感情，但較有理智，時時需要別人的讚美，缺乏自制力，適應力較強，但欠穩定，聰明，想得非常長遠。

運氣：從十五歲至三十歲，運氣不好，三十一歲至五十歲，運氣較佳，五十一歲至死亡，運氣轉差（申字臉忌面腫，面腫則婚姻、戀愛多麻煩）。

☑ 田字臉

特徵：圓而帶方，肥而有骨，面短，腮骨較方。

個性表現：個性較穩重，做事實際，利己心重，但不容易損害別人，欲望強，野心大，計畫非常實際，實行能力亦相當好，比較重感情。

運氣：一生沒有多大波折，較平穩（田字臉而勾鼻者，則會損人）。

☑ 目字臉

特徵：臉型狹長，鼻直，天庭高狹。

個性表現：個性剛而倔強，主觀性極強，脾氣猛烈，不易與人相處，疑心大，做事死板，應變能力差，性格較自大。

運氣：一生無大波折及變化（很難發跡）。

☑ 王字臉

特徵：瘦骨嶙峋，腮骨、顴骨都大，額亦大。

個性表現：工作能力強，但不善主動工作，多是被指揮，適應力不強，朋友不多，交遊不廣，個性非常固執，做事缺乏周詳計畫，理財不當，只顧目前，無遠見。

運氣：一生波折較大，一年好，一年差。

☑ 用字臉

特徵：歪臉，一邊臉大，一邊臉小。

個性表現：有雙重性格，一方面喜說話，欲望強，活動多，一方面易憂鬱，缺信心，易有消極情緒，朋友多但少交往。

運氣：一生波折較大，時好時壞，運氣極不穩定。

☑ 風字臉

特徵：前額闊，腮骨突出，腦後見腮。

個性表現：應變能力較強，做事負責，有遠見，非常愛面子，自尊心極強，（當離開自己工作職位時，建立的規劃盡情破壞）容易見異思遷，不講道義，力求實際，愛惡分明，學習能力強，不易信服人。

運氣：運氣一生分段落起伏，從十五歲至三十五歲，運氣較好。從三十五歲至五十歲，波折大，五十歲至晚年，較為安定。

如何從食相看透一個人

食相如面相，多少可以反映出一個人的處世態度，跟一個人一起用餐，細細觀察他在餐桌上的舉動，就能猜出對方幾分個性了。有些人吃東西時，唇不閉，從嘴裡頭盡發出一些吱吱喳喳的聲音，雖然是美食當口，但會讓旁人覺得有欠教養，也許就這麼一次惡劣的表現便讓很好的機會飛掉了。

吃飯時拿碗的方式也有學問，拇指在上輕按碗沿，而其餘四指稍並，托拿住碗底，整體來說就有如龍口含珠，手臂輕輕的夾住腋下，以碗就口，拿筷子的手將飯輕撥入口，這正是古人傳承下來的較為正確的姿勢，而拿筷夾菜也是有些規矩的，除了須夾得準也講究夾得穩，而最忌諱的是在碟子上東挑西揀的，不雅的動作往往會留下不好的印象！

(1) 夾菜徐而有序、細嚼慢嚥之人：心細，有耐性，也是擁有鑽研之心的。

(2) 吞嚥快速之人：會是急性子的人，雖有果斷力，但常會流於魯莽及衝動，如遇雜亂難理之事，則無法靜下心來謀求解決之道。

(3) 以食物或以碗就口之人：較有榮譽感及優越感，其人的自信心平實，且自尊心強。

(4) 以口就食物的人：做事較草率，雖然個性隨和，但也較為隨便。

(5) 吃飯時，張開雙臂，吃飯迅速，嘴裡喳喳作響之人：欠缺教養，也是位我行我素，聽不進好言相勸之人。

(6) 飯後將碗筷放置整齊，能將桌上殘渣、骨頭收拾乾淨而無狼藉之狀：是位循規蹈矩、品德高尚、愛惜名譽、注重形象之人，其人做事常能有始有終。

(7) 飯後杯盤狼藉，湯汁殘渣骨頭滿桌：凡事不拘小節，行為常會流於失態，只顧眼前小利而不計嚴重後果之人，其人往往難以成就大器。

(8) 吃飯時毛毛躁躁或嘴裡尚有食物卻說話說個不停的人：個性急，凡事無法沉著，意志力薄弱或缺乏耐性，自我節制力不夠，常會公私不分，缺乏高瞻遠矚之能力，夫妻運也不太好，此外，如果不小心將口水、飯菜噴出也會惹人厭。

(9)　匆匆進餐，完畢後，便立即離席，不在意同桌之人是否完膳：此人主觀意識強，凡事常以自我為中心，少為別人設想，對於周遭朋友或家人之付出，會視若無睹或視為當然，我行我素，難以溝通。

如何從面相看你最近走什麼運

人不可能一輩子都發財，也不會一輩子都倒楣。正如諺語中常說：風水輪流轉，明年到我家。這句諺語不僅能從命理、堪輿風水中解釋，亦可以在面相中看出來。

假如你正在走運、心情非常好且周圍的環境舒適安逸，最簡單明顯的表現會出現在你的臉部顴位，就像是打了腮紅一樣，粉紅有光澤。

假如最近不順心，很辛苦，或者是走霉運。面部會沒有光澤，就像皮膚缺水一樣乾燥，臉上會籠罩一層灰氣，整個人沒有任何精神；耳朵顏色也會發黑發暗，沒有一點光亮。

眼睛是人心靈的窗戶，如果你對前途充滿希望，對自己有信心，內心憋足了力氣準備蓄勢而發時。你便會目光如炬、眸如星光、神采奕奕，這種面相表情，正預示著你只要再用心去做，事情就會很容易成功。

在平常照鏡的時候，多數人發現鼻頭發暗，臉色也很暗淡，這個時候就要注意了。一般面上出現這樣的氣色，就代表你可能要遇到小人阻礙，前行的路會坎坷一些，需要朋友幫助協作才能走出困境。

走好運的人要珍惜機會，把握機遇，讓自己借助好運氣走向成功。反之，不順利走壞運氣的人也不要太過擔心，除了做事的時候更加專心踏實之外，也可以借助吉祥物和改變辦公室、家居風水的辦法讓小人與霉運趕緊離開。

如何從嘴巴的形狀看一個人的人生運勢

嘴在中華傳統相學中又稱之為口，是五官中的「出納官」，五行中的「水星」位，主管人的飲食、富貴。不同的嘴型在相學中具有不同的含義，但是從整體來說，以雙唇紅潤光澤，口方齒正為佳。下面向大家介紹幾種比較常見的口型，在相學中不同的含義。

☑ 四字口 —— 出類拔萃

所謂「四字口」是指嘴角齊整光潔並略向上翹起，上下嘴唇相勻稱。這種嘴形的人往往容易在自身所從事的領域中取得良好的成績，憑藉著自身的聰明才智和辛勤努力，即使是白手起家，也會在較短的時間內取得傲人的業績，如果能夠得到家人朋友的協助，便可在生活上豐衣足食，名利雙收。

☑ 弓子口 —— 發達名揚

所謂「弓子口」是指上唇如彎弓一樣稜角分明飽滿紅潤，下唇與之對應也是豐滿潤澤的嘴形。這種嘴形的朋友們在生活和工作中始終以一種積極年輕的心態來面對一切，精力充沛，樂於開拓進取。對於這種人而言，一般到了中年時期是自身事業發展的一個黃金時期，如果能夠把握機會，大幹一場，會比其他人更容易取得成功，是越老越吃香的類型。

☑ 虎口 —— 德威並濟

所謂「虎口」是指嘴形寬大，雙唇厚實飽滿。有這種嘴形的人往往屬很講義氣的一類人，很注意自身修養和德行。在工作中因為自身的仗義和樂於幫助而交到很多的知心朋友，得到最有利的幫助，因而事業蒸蒸日上，財富也會隨之日進斗金，如能保持這種性格，將來家庭便可成為「大富之家」。

☑ 方口 —— 食祿千鐘

「方口」是主名貴之口，主要是指雙唇紅潤齊整，緊包牙齒，笑不露齒，牙齒潔白亮色。有這種嘴形的人往往口福不淺，喜歡飲食，飽覽天下美味，此外，這類人更加適合進入仕途，這樣會比其他人更容易得到主管的賞識和重用，如能積極表現，晉升的速度和潛力都很大，並且到中年以後，這種優勢會顯現得更加明顯，屬官途穩定有升遷的類型。

☑ 牛口 —— 福壽悠遠

「牛口」是指雙唇像牛唇一樣，其最主要的特徵就是雙唇肥厚豐滿。有這種嘴形的人首先從家世而言往往不錯，容易得到家人的幫助和支持，因此會取得事業上的成功，此外這種人做事往往粗中帶細，雖然表面上可能無所顧忌，但是在真正做事時更加容易創出「精品工程」，因此得到大家的好評。這種人性格開朗溫和，不易與人產生矛盾衝突，健康運勢也正因為心態良好而穩定中有升遷。

☑ 龍口 —— 珠覆簪纓

「龍口」是指雙唇寬長堅厚，嘴角潤澤略向上翹。有這種嘴形的人是權勢之人，在年輕時就已經顯現出自己的領導才能，善於統配和管理，到了中年時期，這種能力會隨著自身綜合素養的提升而更加明顯，因此到中年之後發跡的可能性最高，容易登上主管的職位，因此權勢、名聲也會隨之到來。

☑ 櫻桃口 —— 聰明秀學

「櫻桃口」就是大家俗稱的「櫻桃小嘴」，主要是指嘴形尖小飽滿，雙唇紅潤亮澤，牙齒像石榴一樣飽滿緊湊。這種人往往接受新鮮事物的能力很強，善於從不同的領域獲取知識，提高自身的綜合素養，也正因為如此，會成為自己從事領域中的佼佼者，得到同行的認可和羨慕。此外，這種人往往也會運用自己的聰明智慧去解決一些棘手的問題，因而人緣運很好，有利於自身的發展。

第十一章

如何選擇佩戴飾品
—— 常見晶石的風水功效

黃水晶的風水性能是什麼

黃水晶在寶石界被稱為「水晶黃寶石」，其顏色從淺黃、正黃、橙黃到金黃都有。由於亮度與彩度都十分出色，只要是透明而光潔，都稱上品，而且又遠比黃玉剔透，因此備受消費者青睞，常被切割成墜飾或戒面。由於天然黃水晶極為稀少，價格也比較昂貴。

黃水晶最主要的風水功能為聚財，主偏財。企業家、商場、辦公室或住家裡面擺幾個黃水晶，可以聚集財富因緣。

黃水晶還是智慧與喜悅的象徵，可以令我們充滿自信，並可減輕恐懼，排除內疚感，所以對於比較神經質的人有良好的鎮定及平穩作用。

在身體健康方面，黃水晶對於胰臟和內分泌神經系統疾病有很好的療效，對糖尿病患者更不可或缺，也可治療腫脹和胃抽筋。

由於黃水晶主偏財，所以對於股票族更是不可或缺的利器，尤其是球體黃水晶，更有凝聚財運的作用。除了置於家中的財位外，如果常去看股市者，最好戴上黃水晶手珠，效果更為明顯。

黃水晶所發生的溫和的黃光能給人的心靈注入和諧的動力，加強靈氣，令人們充滿自信與喜悅。黃光是「物理界」裡最強能量的顯現之一，因此，黃水晶的能量很強烈對應著物質和財富。並且黃水晶能結合精神與肉體的力量，建立並保持一個人的精神元氣，使人腳踏實地，增強落實能力。黃水晶能增強氣場中的黃光，黃光會影響物質生活和財運，可創造意想不到的財富，是從事服務性的商業公司及商家不可或缺的招財寶，並有招財之功效。

白水晶的風水性能是什麼

白水晶是石英的一種，我們通常把不透明的叫做石英，而透明的分子結構為六稜柱晶體的石英稱為白水晶。白水晶透明無色，清瑩通透，白色是紅、橙、黃、綠、藍、靛、紫所有光色的綜合體，代表著平衡和美滿。

白水晶在整個水晶的族群來說，分布最廣，數量最多，運用最廣，被譽為「水晶之王」。一般來說，白水晶的自然形成形狀種類相當多，有最普遍的塊狀、六角柱狀、柱狀群生的白晶簇、重疊成長形的骨乾等。而大部分的白水晶都有包含冰裂、雲霧等內涵物。

☑ 白水晶七星陣

白水晶提供精神力量，對精神力及靈性的開發有莫大的幫助，有很強的增加記憶力及集中力的功效，這是因為白水晶可以使精神、靈性的力量有效對抗物質世界的衝擊，因而有助於思維的集中，不被外在的物象所蒙蔽。

白水晶是佛教七寶之一，又稱為「摩尼寶珠」，白水晶所製成的佛像或文物對於練氣、供佛、避邪、擋煞、鎮宅、占卜都擁有強大的正向及神佛加持能力，對於清除負性能量更是擁有其強大功效。

白水晶在光線中會產生持續、穩定的氣場，所以對於使人頭腦清晰、增強記憶力和理解力有顯著的幫助，但是應避免放置於睡床附近，否則會有失眠傾向。

白水晶的風水性能如下：

（1）　主健康，平衡個人身心及情緒，有助集中精神，對家人健康有莫大幫助。

（2）　可放白水晶於書桌上，有助小朋友加強集中力和記憶力，從而提高學業成績。

（3）　白水晶吊墜，最具有平衡的能量，當「護身符」、「平安符」最好。

（4）　將白水晶簇放在財位方，能使得氣機旺盛，有助於生財、發財。

（5）　將白水晶簇放在主管右後方，有助於建立威信，屬下對其命令的貫徹執行，不敢拖延、敷衍。

(6) 對於室內外的沖煞，可以在相對的地方擺上水晶球或是水晶柱，可以有效化解沖煞。

(7) 在書桌、辦公桌上，按照「左圓右方」或「前圓後方」的擺放原則，擺放水晶球和晶柱，一方面可以防小人騷擾，另一方面亦可使自己處世更加圓融。

(8) 利用白水晶柱來擺設七星陣，可以作各種風水效用，效果極為明顯。

紫水晶的風水性能是什麼

紫水晶代表靈性、精神、高層次的愛意，可作為戀愛中的一種定情物、信物。紫水晶作為傳統意義上的護身符，通常可驅趕邪運、增強個人運氣，並能促進智慧，平穩情緒，提高直覺力、幫助思考、集中注意力，增強記憶力，給人以勇氣與力量。紫色主宰右腦世界，即直覺與潛意識，尤其對於白羊座的人來說，特別適宜擁有紫水晶，可促使其精神集中，提高思維活力，使人能在困擾中沉著思考，冷靜面對現實的挑戰。

紫水晶的能量很高，不僅可以開發智慧，幫助思考，集中念力，增加記憶能力，並且可以增加腦細胞的活力及腦袋的運轉，對於需要長時間動腦的學生及上班族，紫水晶是不可或缺的水晶風水利器。

紫水晶也是社交之石，但這裡指的社交並不是通常意義上所講的帶來人緣，而是屬由魅力引發的人緣，經常佩帶有助於常遇貴人，增加機智，提高直覺力與潛意識。

紫水晶在西方國家代表著「愛的守護石」，能賦予情侶、夫妻間深厚之愛、貞節、誠實及勇氣。在希臘教義中，紫水晶是豐饒之神 —— 巴克斯

(Bacchus) 神祕「性活力」的象徵，據說它能將性愛之活力轉變為精神活力，對於解決性愛問題及尋得適合對象能發揮很大的力量。

當主管或上司的職場人士也應該多佩帶紫水晶飾品，可以消除霸氣，帶來貴氣，加強包容心、容忍性，是最有利於領導統馭的水晶，也可以讓步屬信服的為你工作，具有風水學裡「因貴得財」之意。

紫水晶原本就代表著高貴、典雅、華麗、幽靜、高尚、莊重和權勢，而這個美麗的傳說更是給紫水晶染上了一層浪漫的色彩。在西方習俗中，紫水晶是二月的生辰石，象徵誠實、心地善良、廣結人緣、平安吉祥和心平氣和。同時，由於「情人節」正處於二月，而紫水晶，自然也就成為了情人們互贈的禮品，成了表達愛慕之情的信物，成了相愛到永久的象徵。

粉晶的風水性能是什麼

粉晶，又叫芙蓉石，可加強心、肺功能的健康，可鬆弛緊張的情緒，舒緩煩躁心情，使心胸廣闊。粉晶對於人際關係、愛情以及加強自身的魅力有絕對的加值作用。粉晶是愛情寶石的第一品牌，可以增強自身氣場裡的粉紅光，粉紅光也是阿芙蘿黛蒂（愛之女神）顯示愛的顏色，對於增加異性緣，有非常強大的風水功效。若有情侶者，可以改善你與另一半的感情，帶給你愉快的感情生活；若不幸的與另一半鬧翻了，佩戴粉晶首飾也可助你治癒愛情創傷，減少感情煩惱，進而享受愛情，把握愛情。

粉晶主人際關係，增進人緣。生意場所或人員進出頻繁的地方，擺設粉晶，可建立良好的公共關係，促進生意緣，並且有助於降低消費者的警覺性、比較心與防備能力，能夠放心大膽購買，是開門做生意的服務業最佳的利器。

使用粉晶時要注意兩點：

(1)　戴左手可以柔化自己的性情，戴右手可以增強自身對外界的吸引力。

(2) 粉晶遇高溫容易褪色成白色，淨化時最好避免用日晒法。

茶晶的風水性能是什麼

茶晶又稱煙水晶、墨晶。放射性茶晶大部分呈六角柱體，跟其他的透明水晶一樣，裡面有時會有冰裂、雲霧等的內涵物。

茶晶的風水性能如下：

(1) 隨身佩戴茶晶飾品，是一種很好的護身符、辟邪物。

(2) 將茶晶佩戴在左手，有助於過濾體內的濁氣、病氣。

(3) 在繁忙的工作中，有助於理清思緒，可以看清複雜的狀況，做出最有效率、最直接的反映與處理方式。

(4) 女性佩帶茶晶飾品可以增強體力、活力和對性愛的熱望。

(5) 可加強人的落實力量，平衡情緒，有安全感。促進青春，減緩人的老化，促進再生能力的發達，使傷口癒合更快，增進免疫力，活化細胞，能增強對事情的分析及掌握能力，助品味的提升。尤其是對吸收濁氣，避邪效果最佳。

茶晶按色彩的深淺，分成茶、墨、煙三種，這也是大家要注意的，當別人問起來說要知道他們三種全是一類，統稱為茶晶。茶晶有時也會形成完全不透光的黑棕色。而茶晶的顏色深淺不一是因為在形成的時候受到天然的輻射線影響而導致的。

金髮晶的風水性能是什麼

髮晶是指水晶中包含不同種礦石針狀內包物，含有金紅石的多呈金色、紅色或黑色。髮晶，因顏色不同而對應不同的靈性作用。所有髮晶均能有效加強全身氣場，建立勇氣與信心，也可當護身符、幸運符使用，有防止濁氣及靈異干擾的作用。

金髮晶的風水性能如下：

(1) 正財偏財都招，氣場很強大。可當護身符、幸運符使用，尤其常要夜間工作，或是出入各種雜氣病氣很重的場所的人，比方說醫療場所、特種營業場所等，有辟邪化煞、逢凶化吉的效果，對邪氣干擾也有化解的作用。

(2) 對優柔寡斷、猶豫不決、缺乏主見與魄力的人，也有加強其果斷的決策力，以及增加勇氣魄力的功用，尤其對常做決策的領導人物或高級主管，佩戴髮晶，會更有領導決策能力，帶領屬下一起開創新局面，在事業上成就非凡的成績！

(3) 耳根太軟，心腸太軟，常常忍不住別人的懇求、哀求，而做出有違自身利益承諾的人，或容易被他人甜言蜜語迷惑的人，佩戴髮晶有助於堅定自己的立場，且不易上當受騙。

綠幽靈水晶的風水性能是什麼

綠幽靈水晶又稱綠色幻影水晶，在通透的白水晶裡，浮現如雲霧、水草、漩渦甚至金字塔等天然異象，內包物顏色為綠色的即綠幽靈水晶，同樣道理，因火山泥灰顏色的改變，也會形成紅幽靈、白幽靈、紫幽靈、灰幽靈水晶等。美元是綠色的，而水晶中的綠色金字塔反映出了宇宙的機理，是從無到有，創建根基的原始力量，因此代表了現今社會白手起家的創業者和事業成功人士的奮鬥精神，故而備受人們的追捧。

綠幽靈的風水性能如下：

（1） 綠色是宇宙間的幸運光，因此，綠色的各種水晶寶石就代表「財富水晶」，而且是廣義上的財富，包括所有的好運、好機會、好朋友、貴人相助等等，綠色也被稱為「正財」，表示是由我們努力工作所獲得的正當報酬，有別於不勞而獲、意外之財的「偏財」。用於開心、求財，效果最好。

（2） 由於綠色位於光譜中心，是最平衡的顏色。壓力大時，拿著綠幽靈冥想綠光充滿全身，可以有效解除緊張情緒，放鬆心情。

黑瑪瑙的風水性能是什麼

瑪瑙自古以來就是應用廣泛的玉料，古代人們常以「珍珠瑪瑙」來形容財富；國外很多的傳說中提到瑪瑙能給佩戴者帶來愉快和信心，帶來美夢。

瑪瑙也是水晶家族成員，它是隱晶族，它的六面晶狀非常細小，必須透過顯微鏡才能看得清。按顏色和紋路瑪瑙可分為條紋瑪瑙、纏絲瑪瑙、苔蘚瑪瑙、角礫瑪瑙、豹紋瑪瑙、水瑪瑙、苔紋瑪瑙、紅瑪瑙、縞瑪瑙等。瑪瑙可以加強下盤力量，緩和不平衡的毛病，使人愛惜身體，加強勇氣、忍耐力，使意志堅定。可使人繁雜的思慮回到「原點」，思維敏銳，平衡做事態度及細節，使行為更快、更好、更有效率。

黑瑪瑙象徵著堅毅，是著名的長壽之石，具有促進幸福及富足之效，能招好運降臨，有助舒緩壓力，加強膽色與勇氣，減低戾氣、嫉妒及沮喪。可消除恐懼，讓人產生安全感。黑瑪瑙是居家、事業防護的寶石。可增加人對事物的宏觀認識，尤其是在開創未來時，不會失了分寸及目標，並且使人在做事時不會失去立場。可降低原始的性欲，而不受欲念所制。黑瑪瑙具有強大的投射能量，其黑色的作用除了可以吸附負能量外，還可去除氣場上的雜質，繼而有效啟發其自身的魅力。佩帶黑瑪瑙的人未必擁有過人的美貌與智慧，未必擁有天然的親和力與好人緣，但其性格中與生俱來的「稜角」卻是一種足以致命的誘惑。

紅瑪瑙的風水性能是什麼

紅瑪瑙是佛教七寶之一，可平衡正負能量，消除精神緊張及壓力。維持身體及心靈和諧，增強愛和忠誠，同時也具有激發勇氣，使人信心果敢的功效，對於比較情緒化的人來說，需要紅瑪瑙強大的力量來穩定思緒的困擾。

紅瑪瑙的顏色嬌嫩鮮麗令人驚豔！透光看時會有明顯的天然紋路，非常可愛，戴上後會使皮膚更加白皙細嫩，自古以來學者把瑪瑙視為寶石中的「第三眼」，象徵友善的愛心，也代表希望。正紅色的紅瑪瑙則可改善內分泌，加強血液循環，讓氣色變好。

對目前現況消極，沒有目標及衝勁的人，紅瑪瑙有刺激其好奇心及行動力的作用，讓其認清目標，急起直追，也能消除敵人的惡意與忌妒，帶來和平的新關係。對於創意工作的人，還可加強創意與創作力，在創作的過程中靈感泉湧。

黑曜石的風水性能是什麼

黑曜石有極強的辟邪功能，能有效化解負能量，中華古代的佛教文物中，就有相當多有關鎮宅或避邪的黑曜石聖物或佛像。黑曜石也是現在供佛門弟子修持的最佳寶石。在水晶家族之中，黑曜石是排除負性能量最強的水晶之一。

在印第安傳說中，黑曜石也被稱為「亞帕奇之淚」。部落內的一支隊伍中了敵人的埋伏，寡不敵眾，全軍覆沒，噩耗傳來，家人們痛哭的眼淚，撒落到地上，就變成了一顆顆黑色的小石頭，「亞帕奇之淚」因此得名。

☑ **黑曜石手鍊**

由於黑曜石的精純能量屬吸納性能量，一般建議將黑曜石佩戴右手為佳，所有的水晶來說幾乎全部都是佩戴左手，唯獨黑曜，是佩戴右手，因為根據古代氣法，一般都是左進右出為原則，所以，左手是進氣而右手是排氣，右手佩戴黑曜石有助於將自身的負性能量給吸納掉，包括比較不乾淨的東西或者病氣，甚至是比較不好的運氣都可以，而且還可有效避邪。

因為具有強大且又精純的能量，所以黑曜石可以放在煞氣較重的地方，甚至做成佛像，對於避邪擋煞有非常好的效果，但是請注意，黑曜石本身主要是可以大量的吸納負性能量，但是並不會清除，所以在一定的時間之內，一定要淨化黑曜石。

虎眼石的風水性能是什麼

虎眼石是印度人的聖石，它有著如同虎眼般的活力能量，可以使人更容易在事業上有所突破，懂得自律，化解壓力達成目標，過上幸福快樂的生活。流動的虎眼閃爍著財富光芒，具有極強的生命力，有招財辟邪之功效。

虎眼石能發揮如王者般的力量，令事件容易達成協議，使名成利就，有避邪招財及聚財的作用。能激發勇氣，帶來信心，使人勇敢；做事能貫徹始終，做人能堅守原則；亦可加強肉體生命力，適合體弱多病或剛痊癒的人佩戴。

橄欖石的風水性能是什麼

橄欖石被譽為黃昏的祖母綠，是八月分的誕生石，象徵著「夫妻幸福」。

橄欖石之所以被用作夫妻幸福的象徵，也許和它的綠色有關。橄欖綠，是一種淡綠，這種顏色是這樣的穩定單純，就像是人生旅途上攜手同行的中年夫婦，他們擁有過少年人的夢幻，經歷了青年人的癲狂，生命對他們來說是這樣的美好，他們專注的情感是如此的平凡而又綿延無盡。因而他們沒有選擇象徵春色的俏豔青翠的祖母綠，也沒有選擇象徵火熱愛情的鴿血紅，而選擇了恆久不變的淡綠來表達可信賴的夫妻之間恆久的幸福感情。

橄欖石也有屬自己的許多傳奇。埃及人稱橄欖石為「太陽的寶石」，相信它擁有太陽的力量，佩戴它的人可消除夜間的恐懼；而在美國夏威夷，人們稱橄欖石為「火神」的眼淚，這也許是因為當地橄欖石大多產在火山口周圍的火山岩石中，斑斑點點，彷彿是火山噴出的淚滴，包裹在黑的火山岩中。

石榴石的風水性能是什麼

石榴石是現在比較常見的中低檔寶石之一（綠色屬高級寶石）。顏色濃豔、純正，透明度高的品種是風水的佳品。它的折光率高，光澤強，顏色美麗多樣，是人們喜愛的寶石品種。世界上許多國家把石榴石定為「一月誕生石」，象徵忠實、友愛和貞操。西方人認為石榴石具有治病救人的神奇功效；在中東，石榴石被選做王室信物。

石榴石的風水性能如下：

（1）　有助於改善血液方面的毛病，促進循環、增進活力，進而可以達到美容養顏的功效，是女士們的首選至愛。

（2）　對於經常熬夜、加班和日夜疲勞的工作者，能夠積極恢復體力。

（3）　可讓人擁有難以抗拒的魅力，招來幸福與永恆的愛情，增加自信，對抗憂鬱，幫助人面對過去的創傷回憶，用另一個角度去詮釋理解，達到平靜喜悅的境地。也能增加人思考時的靈感，避邪化煞，成為不受外力侵犯的護身石。

紅珊瑚的風水性能是什麼

紅珊瑚文化在中國以及印度、印第安民族傳統文化中都有悠久的歷史，尤其是印第安土著民族和藏族等游牧民族對紅珊瑚更是喜愛有加，甚至把紅珊瑚作為護身和祈禱「上天（帝）」保佑的寄託物。根據歷史記載，人類對紅珊瑚的利用可追溯到古羅馬時代。古羅馬人認為珊瑚具有防止災禍、給人智慧、止血和驅熱的功能，一些航海者則相信佩戴紅珊瑚，可以防閃電、颶風，使風平浪靜，旅途平安！因而，羅馬人稱其為「紅色黃金」，使紅珊瑚蒙上了一層神祕的色彩。現代西方人把珊瑚與珍珠和琥珀並列為三大有機寶石，是西方的「三月誕辰石」之一。

風水診療室

換個風水換人生，不用大師自己終結水逆

作　　者：趙惠玲，易玄大師　著
發 行 人：黃振庭
出 版 者：崧燁文化事業有限公司
發 行 者：崧燁文化事業有限公司

E-mail：sonbookservice@gmail.com
粉 絲 頁：https://www.facebook.com/sonbookss/
網　　址：https://sonbook.net/
地　　址：台北市中正區重慶南路一段六十一號八樓 815 室
Rm. 815, 8F., No.61, Sec. 1, Chongqing S. Rd., Zhongzheng Dist., Taipei City 100, Taiwan (R.O.C)
電　　話：(02)2370-3310
傳　　真：(02) 2388-1990

印　　刷：京峯彩色印刷有限公司（京峰數位）

- 版權聲明

本書版權為源知文化出版社所有授權崧博出版事業有限公司獨家發行電子書及繁體書繁體字版。若有其他相關權利及授權需求請與本公司聯繫。

定　　價：420 元
發行日期：2021 年 04 月第一版
◎本書以 POD 印製

國家圖書館出版品預行編目資料

風水診療室：換個風水換人生，不用大師自己終結水逆 / 趙惠玲，易玄大師著. -- 第一版. -- 臺北市：崧燁文化事業有限公司, 2021.04
　面；　公分
POD 版
ISBN 978-986-516-513-0(平裝)
1. 堪輿
294　　109017535

電子書購買

臉書